T0280843

Leitfäden der Informatik

Rolf Wanka

Approximationsalgorithmen

Leitfäden der Informatik

Herausgegeben von

Prof. Dr. Bernd Becker
Prof. Dr. Friedemann Mattern
Prof. Dr. Heinrich Müller
Prof. Dr. Wilhelm Schäfer
Prof. Dr. Dorothea Wagner
Prof. Dr. Ingo Wegener

Die Leitfäden der Informatik behandeln

- ■ Themen aus der Theoretischen, Praktischen und Technischen Informatik entsprechend dem aktuellen Stand der Wissenschaft in einer systematischen fundierten Darstellung des jeweiligen Gebietes.

- ■ Methoden und Ergebnisse der Informatik, aufgearbeitet und dargestellt aus Sicht der Anwendungen in einer für Anwender verständlichen, exakten und präzisen Form.

Die Bände der Reihe wenden sich zum einen als Grundlage und Ergänzung zu Vorlesungen der Informatik an Studierende und Lehrende in Informatik-Studiengängen an Hochschulen, zum anderen an „Praktiker", die sich einen Überblick über die Anwendung der Informatik (-Methoden) verschaffen wollen; sie dienen aber auch in Wirtschaft, Industrie und Verwaltung tätigen Informatikern und Informatikerinnen zur Fortbildung in praxisrelevanten Fragestellungen ihres Faches.

Rolf Wanka

Approximations-algorithmen

Eine Einführung

Teubner

Bibliografische Information der Deutschen Bibliothek
Die Deutsche Bibliothek verzeichnet diese Publikation in der Deutschen Nationalbibliographie; detaillierte bibliografische Daten sind im Internet über <http://dnb.ddb.de> abrufbar.

Prof. Dr. Rolf Wanka
Geboren 1964 in Hagen. 1983-1989 Studium der Informatik mit Nebenfach Maschinenbau an der Universität Dortmund. Diplom 1989. 1989-2004 wissenschaftlicher Mitarbeiter, später wissenschaftlicher Assistent an der Universität Paderborn. 1994 Promotion. 1996/1997 PostDoc am International Computer Science Institute der University of California, Berkeley. Seit 2004 Professor für Effiziente Algorithmen und Kombinatorische Optimierung an der Friedrich-Alexander-Universität Erlangen-Nürnberg.

E-Mail: rwanka@cs.fau.de

1. Auflage Oktober 2006

Alle Rechte vorbehalten
© B.G. Teubner Verlag / GWV Fachverlage GmbH, Wiesbaden 2006

Lektorat: Ulrich Sandten / Kerstin Hoffmann

Der B.G. Teubner Verlag ist ein Unternehmen der Fachverlagsgruppe BertelsmannSpringer.
www.teubner.de

Das Werk einschließlich aller seiner Teile ist urheberrechtlich geschützt. Jede Verwertung außerhalb der engen Grenzen des Urheberrechtsgesetzes ist ohne Zustimmung des Verlags unzulässig und strafbar. Das gilt insbesondere für Vervielfältigungen, Übersetzungen, Mikroverfilmungen und die Einspeicherung und Verarbeitung in elektronischen Systemen.

Die Wiedergabe von Gebrauchsnamen, Handelsnamen, Warenbezeichnungen usw. in diesem Werk berechtigt auch ohne besondere Kennzeichnung nicht zu der Annahme, dass solche Namen im Sinne der Warenzeichen- und Markenschutz-Gesetzgebung als frei zu betrachten wären und daher von jedermann benutzt werden dürften.

Umschlaggestaltung: Ulrike Weigel, www.CorporateDesignGroup.de
Druck und buchbinderische Verarbeitung: Strauss Offsetdruck, Mörlenbach
Gedruckt auf säurefreiem und chlorfrei gebleichtem Papier.
Printed in Germany

ISBN-10 3-519-00444-5
ISBN-13 978-3-519-00444-8

Im Andenken an meinen Vater

Vorwort

Die Theorie der NP-Vollständigkeit legt nahe, daß viele wichtige kombinatorische Probleme exakt nur durch langsame Algorithmen gelöst werden können. Bereits in ihrem legendären Buch „Computers and Intractability – A Guide to the Theory of NP-Completeness" empfahlen Garey und Johnson, schnelle, aber suboptimale Verfahren zu entwerfen und zu benutzen.

Darauf aufbauend hat sich das hochinteressante Gebiet der Approximationsalgorithmen entwickelt. Viele Methoden zum Entwurf und zur Analyse von kombinatorischen Algorithmen, die schnell Lösungen berechnen, die zwar nicht optimal sind, aber beweisbare Qualität haben, wurden entwickelt. Eine reiche innere Struktur dieser Probleme entfaltet sich vor den Wissenschaftlerinnen und Wissenschaftlern, die sich diesem schönen Gebiet widmen.

Dieses Buch entstand aus den Vorlesungen über Approximationsalgorithmen, die ich regelmässig an der Universität Paderborn und der Friedrich-Alexander-Universität Erlangen-Nürnberg gehalten habe und halte. Für das gewissenhafte und erfrischend kritische Durcharbeiten einer frühen Version bin ich Silvia Götz sehr dankbar. Ihre Anmerkungen haben den Aufbau des Buchs erheblich beeinflußt.

Eine englische Übersetzung einer weiteren frühen Version fertigte Christian Scheideler an, die er als Grundlage seiner Vorlesung an der Johns Hopkins University in Baltimore benutzt hat. Für seine Anmerkungen bin ich ebenfalls sehr dankbar.

Die Voraussetzungen zum Verständnis dieses Buches sind eine Ausbildung in grundlegenden Algorithmen und die Kenntnis der Grundbegriffe der NP-Vollständigkeitstheorie, wie sie in den ersten zwei Jahren eines Informatik-Studiums vermittelt werden. Es richtet sich an Hörerinnen und Hörer eines universitären Masterstudiengangs der Informatik und an Hörerinnen und Hörer eines universitären Bachelorstudiengangs der Informatik im dritten Jahr.

Das Buch besteht aus zwei Teilen. Im ersten Teil werden die grundlegenden Begriffe vorgestellt und anhand ausführlicher Beispiele mit Leben erfüllt.

Der zweite Teil präsentiert Techniken, die beim Algorithmendesign helfen, für neue Probleme Approximationsalgorithmen zusammen mit Qualitätsaussagen zu entwickeln. Randomisierte Verfahren, lineare Optimierung und Markov-Ketten seien als ein paar Schlagwörter genannt.

Die Leserin und der Leser soll interessante Algorithmen kennenlernen und in die Fachsprache und Techniken der Approximationsalgorithmen eingeführt werden. Der Spaß und die Freude, die man bei der Entdeckung neuer Algorithmen und Beweise empfindet, soll nachvollziehbar werden. Mit dem Basiswissen aus diesem Buch hat die Leserin und der Leser das Rüstzeug gelernt, um die Veröffentlichungen – im Wissenschaftsjargon *Papers* genannt – auf den einschlägigen Konferenzen verfolgen und sie sich inhaltlich erschließen zu können. Solche Konferenzen sind die *International Workshops on Approximation Algorithms for Combinatorial Optimization Problems and on Randomization and Computation* (RANDOM-APPROX), der *Workshop on Approximation and Online Algorithms* (WAO) und die klassischen Theorie- und Algorithmik-Konferenzen wie das *ACM Symposium on Theory of Computing* (STOC), das *IEEE Symposium on Foundations of Computer Science* (FOCS), das *European Symposium on Algorithms* (ESA) und das *ACM-SIAM Symposium on Discrete Algorithms* (SODA)

Mir persönlich gefällt am Gebiet der Approximationsalgorithmen am besten, daß man die berechnete Lösung zur optimalen Lösung in Beziehung setzen kann, ohne die optimale Lösung zu kennen. Neben der Vorstellung eines *richtigen* Resultats liegt mir auch daran, die *Schönheit*, die in diesen Algorithmen und ihren Analysen angelegt ist, der Leserin und dem Leser zu vermitteln.

Parallele Approximationsalgorithmen werden leider noch nicht abgedeckt. Die interessierte Leserin und der interessierte Leser findet sehr viel Material zu diesem spannenden Gebiet in der Monographie „Paradigms for fast parallel approximability" von Díaz *et al.*

Dieses Buch ist in der klassischen Orthographie aufgeschrieben. Reiner Kunze hat in seiner Denkschrift zur Rechtschreibreform „Die Aura der Wörter" meisterhaft dargelegt, daß man nicht verordnen kann, wie Wörter zu schreiben sind. Wörter *wollen* so geschrieben werden, wie sie geschrieben werden. Solange es vorkommt, daß man eine Aufgabe richtig stellen oder richtigstellen muß, solange wird auch die klassische Orthographie die richtige Orthographie bleiben.

Für alle Anmerkungen bin ich sehr dankbar. Diese können an rwanka@cs.fau.de geschickt werden.

Zu guter Letzt möchte ich Frau Hoffmann und Herrn Sandten vom Teubner Verlag für die Geduld und konstruktive Zusammenarbeit danken.

Erlangen, September 2006   Rolf Wanka

Inhaltsverzeichnis

Teil I

Grundlagen

Kapitel 1

Schnelle Algorithmen und hartnäckige Probleme

Die ersten elektronischen Computer waren vorrangig Maschinen, die eines besonders gut konnten: Schnell und fehlerfrei lange mathematische Berechnungen durchführen. Ihre ersten Einsatzgebiete – übrigens vor militärischem Hintergrund – waren die Berechnung physikalischer Eigenschaften von Flugkörpern und die Entschlüsselung geheimer Codes. Sie entlasteten damit Ingenieure und Mathematiker von als zu recht „mechanisch" empfundenen Aufgaben, die viel Zeit in Anspruch nehmen und höchst fehleranfällig sind, und ermöglichten es, viel größere Instanzen desselben Problems als bisher anzugehen[1].

Als es durch die Entwicklung höherer Programmiersprachen in einem sich wechselseitig befruchtenden Prozeß[2] möglich wurde, ohne großen Aufwand Computer zur Lösung kombinatorischer Probleme einzusetzen, bemerkte man bald, daß neben der Geschwindigkeit des Computers und der Größe der Probleminstanz auch der eingesetzte Algorithmus darüber entscheidet, ob man das zu berechnende Ergebnis in der zur Verfügung stehenden Zeit überhaupt berechnen kann oder nicht. Die Anzahl der vom Algorithmus ausgeführten Operationen kann unter Umständen so groß sein, daß die Geschwindigkeit des Computers nicht ausreicht, sie in vertretbarer Zeit abzuarbeiten. Deswegen ist es das Ziel, Algorithmen zu entwerfen, die ihr Problem mit möglichst wenig Operationen lösen.

Bei der Suche nach Algorithmen, die wenig Operation benötigten, stieß man bald auf Pro-

---

[1]Heutzutage, im Zeitalter der billigen Taschenrechner, ist niemand unter uns abgeschreckt von der Aufgabe, lange Zahlenkolonnen aufzusummieren oder Wurzeln oder die krummsten Werte von Winkelfunktionen auszurechnen. Überlege Dir einmal, wieviel Zeit Genies wie Isaac Newton, Leonhard Euler und Carl Friedrich Gauß, um nur ein paar Namen zu nennen, damit verbringen *mußten*, so etwas *von Hand* auszurechnen. 1666 berechnete Newton π auf 16 Stellen genau, eine für die damalige Zeit höchst beeindruckende Leistung.

[2]Ohne Hilfe durch Computer und deren Möglichkeiten bis an die Grenzen ausnutzende Algorithmen würde man heute keine neuen, besseren Computer und Algorithmen entwerfen können.

bleme, für die es zwar prinzipiell möglich ist, Algorithmen anzugeben, die zur Eingabe nach
äußerst langer Laufzeit die korrekte Lösung berechnen, die sich aber als hartnäckig in der Hinsicht erwiesen, daß man keine schnellen Algorithmen für sie fand.

Eine Formalisierung des Begriffs „schneller Algorithmus" führte dazu, Algorithmen mit einer
Operationszahl, die polynomiell in der Größe der Eingabe ist, als „schnell" zu bezeichnen.

1.1   Lösungen berechnen und überprüfen in Polynomialzeit: P vs. NP

Wir wollen im folgenden die Rechenzeit eines Algorithmus A in der Anzahl $T(n)$ der benötigten Basis-Operationen in Abhängigkeit von der Größe n der Eingabe angeben. $T(n)$ nennen wir
die Laufzeit von A. Dieses Maß hat den Vorteil gegenüber der *tatsächlichen Laufzeit* in Sekun-
den, daß es unabhängig von der Geschwindigkeit v_C, der Anzahl, der pro Sekunde ausführbaren
Operationen, des konkreten Computers C ist, auf dem der Algorithmus ausgeführt wird. Die
tatsächliche Laufzeit ist dann $T(n)/v_C$.

Wann können wir nun von einem „schnellen" Algorithmus sprechen? Angenommen, wir haben
die Laufzeit eines Algorithmus so gut analysiert, daß wir $T(n)$ konkret ausgerechnet haben.
Die Tabelle 1.1 zeigt einige solcher möglichen Laufzeitfunktionen. Die oberen fünf Zeilen
beschreiben *polynomielle* Laufzeiten, die unteren drei *superpolynomielle* Laufzeiten.

Tabelle 1.1: Einige mögliche Laufzeitfunktionen und die Anzahl der Operationen (entnommen aus [HF04])

n	20	60	100	300	1000
$5n$	100	300	500	1500	5000
$n \cdot \log n$	86	354	665	2469	9966
n^2	400	3600	10 000	90 000	1 000 000
n^3	8000	216 000	1 000 000	27 000 000	1 000 000 000
2^n	1 048 576	19 Stellen	31 Stellen	91 Stellen	302 Stellen
$n!$	19 Stellen	82 Stellen	161 Stellen	623 Stellen	unvorstellbar
n^n	27 Stellen	107 Stellen	201 Stellen	744 Stellen	unvorstellbar

Wie verhält es sich mit den tatsächlichen Laufzeiten? Nehmen wir an, die Geschwindigkeit unseres Computers sei $v_C = 10^9$ Operationen / Sekunde. Dann ist die längste tatsächliche Laufzeit
der oberen fünf Zeilen gerade 1 s. Die tatsächlichen Laufzeiten aller anderen bis auf den Eintrag 2^{20} sind immer mehr als 100 Jahre. Aus diesem Grund spricht nennt man Algorithmen mit

polynomieller Laufzeit *schnell*. Man muß sich allerdings darüber klar sein, daß dies eine Abstraktion ist. Eine Laufzeit von $T(n) = n^{1000}$ ist zwar polynomiell, wird aber sicherlich immer zu tatsächlichen Laufzeiten führen, die jenseits von Gut und Böse sind.

Ein weiterer idealer Vorteil polynomieller Laufzeiten liegt in der Entwicklung der Rechengeschwindigkeit von Computern begründet. Die Entwicklung dieser Geschwindigkeit ist gegenwärtig derart, daß sich in vergleichsweise kurzen Zeiträumen – man rechnet mit 18 bis 24 Monaten – die Geschwindigkeit verdoppelt. In seinem berühmten Aufsatz [Moo65] hat Gordon E. Moore 1965 vorhergesagt, daß sich in kurzen, regelmäßigen Zeitabständen die Integrationsdichte integrierter Schaltkreise verdoppeln wird. Mit dieser Integrationsdichte steigt auch die Rechengeschwindigkeit. Diese Vorhersage hat sich bis heute bestätigt, weshalb man hier auch von *Moore's Law* spricht.

Wenn wir die zur Verfügung stehende Zeit festhalten, wie groß ist dann bei doppelter Geschwindigkeit die neue Problemgröße N, die in dieser Zeit angegangen werden kann? Es muß gelten:

$$\frac{T(n)}{v_C} = \frac{T(N)}{2 \cdot v_C} \ ,$$

also $N = T^{-1}(2 \cdot T(n))$. Ist $T(n) = n^k$, so ist $N = \sqrt[k]{2} \cdot n$. Ist $T(n) = k^n$, so ist $N = n + \log_k 2$. D. h., daß bei polynomieller Anzahl an Operationen durch die Verdoppelung der Rechengeschwindigkeit die handhabbare Problemegröße auf jeden Fall um einen konstanten Faktor anwächst, während sie bei exponentieller Anzahl an Operationen nur um eine additive Konstante größer wird. Deswegen sagt man auch, daß Polynomialzeitalgorithmen *skalieren*.

Die Menge aller Probleme, die man in Polynomzeit lösen kann, faßt man zur Komplexitätsklasse P zusammen. Formal wird ein solches Problem als Entscheidungsprobleme formuliert und dann als Sprache L bezeichnet. Als Beispiel betrachte $L_{kP} = \{\langle G, \text{dist}\rangle \mid G = (V,E)$ ein Graph und $\text{dist}(u,v)$ ist die Länge eines kürzesten Pfades in G von u nach v für alle Knotenpaare $(u,v)\}$. Es[3] ist $L_{kP} \in P$.

Genauer formuliert ist die Sprache L in P, wenn es ein Polynom p gibt und einen Algorithmus M, so daß M gestartet mit x höchstens $p(|x|)$ Operationen ausführt und dann als Ausgabe ausgibt, ob $x \in L$ oder ob $x \notin L$ gilt. Wir nennen die Operationen nun auch *Schritte*.

Mit unserer Definition von „schnell" als „mit polynomieller Laufzeit" ist P also die Klasse der schnell entscheidbaren Probleme.

Wie bereits oben erwähnt, hat man viele Probleme identifiziert, für die es bis heute nicht gelungen ist, sie in Polynomialzeit zu lösen. Unter diesen fallen einige Probleme auf. Sie haben die

---

[3]Die auf den ersten Blick gleich schwierige Frage nach einem *längsten* Pfad ohne doppelte Knoten ist NP-vollständig [GJ79, S. 213], d. h. nach weitverbreiteter Meinung nicht in P, und zudem nur sehr schwierig approximierbar [KMR93] (siehe Übung 4.11).

Besonderheit, daß man sie zwar bislang nicht schnell lösen kann, aber wenn jemand eine mutmaßliche Lösung angibt, kann man schnell nachweisen, ob es sich tatsächlich um eine Lösung handelt oder nicht. Das ist ganz ähnlich zu der in der Schule benutzten Methode der „Probe". Hat man z. B. eine Nullstelle einer Funktion berechnet, setzt man sie in die Funktion ein, um die Korrektheit der mutmaßlichen Lösung zu überprüfen.

Die Probleme, für die man die Korrektheit mutmaßlicher Lösungen in Polynomzeit nachweisen kann, werden zur Klasse NP zusammengefaßt.

Um auch hier Entscheidungsprobleme zu haben, ist NP folgendermaßen definiert. NP enthält die Sprachen L, für die es Polynome p_1, p_2, p_3 gibt, so daß man bei Eingabe x, wenn es *von außen* eine *kurze* Hilfe y_x – kurz heißt $|y_x| = p_1(|x|)$ – gibt, in Zeit $p_2(|x|, |y_x|) = p_3(|x|)$ nachweisen kann, daß $x \in L$ ist. Die Hilfe wird auch *Zertifikat* genannt[4].

1.1 Beispiel:

- CLIQUE $= \{ \langle G, k \rangle \mid G = (V, E)$ ein Graph, der einen vollständigen Teilgraphen aus mindestens k Knoten besitzt$\} \in$ NP.

- IS $= \{ \langle G, k \rangle \mid G = (V, E)$ ein Graph, in dem es eine Knotenmenge U aus k Knoten gibt, so daß kein Knoten $u \in U$ durch eine Kante aus E mit einem anderen Knoten $v \in U$ verbunden ist$\} \in$ NP.

- HAMILTON $= \{ \langle G \rangle \mid G = (V, E)$ ein Graph, der einen Hamilton-Kreis enthält$\} \in$ NP.

Ist x tatsächlich in CLIQUE, IS bzw. HAMILTON, so besteht die „Hilfe" bei CLIQUE in der Angabe eines vollständigen Teilgraphen mit k Knoten, bei IS in der Angabe einer Menge von Knoten mit der gewünschten Eigenschaft und bei HAMILTON aus der Angabe eines Hamilton-Kreises.

Offensichtlich ist P $\subseteq$ NP. Das algorithmische Problem besteht gewissermaßen darin, die Hilfe zu berechnen. Wir wissen, daß es sogenannte NP-vollständige Probleme gibt, die in einem gewissen Sinn die schwierigsten Probleme in NP überhaupt darstellen. Kann man für eine solche Sprache L zeigen, daß $L \in$ P ist, dann ist P = NP. Da man allerdings vermutet, daß P $\neq$ NP ist, heißt das umgekehrt, daß es keinen Polynomzeit-Algorithmus für L gibt! Die Laufzeiten aller bislang bekannten exakten Algorithmen für NP-vollständige Probleme sind exponentiell[5]. Die oben erwähnten Probleme CLIQUE, IS und HAMILTON sind NP-vollständigen Probleme. In-

---

[4]Beachte, daß wir keine Aussage über die Frage „$x \notin L$?" gemacht haben! Für die Beantwortung dieser Frage gibt es (vermutlich) kein Zertifikat.

[5]Laufzeiten mit einem Faktor von 2^n sind nicht immer nötig. Beispielsweise kennt man einen Algorithmus für das NP-vollständige Problem 3SAT, der bei Eingaben aus m Klauseln über n Variablen eine Laufzeit von $O(m \cdot 1.62^n)$ hat [MS79].

zwischen sind tausende solcher Probleme bekannt, und für keines kennt man einen Algorithmus polynomieller Laufzeit. Auch dies ist ein Indiz dafür, daß P $\neq$ NP ist. Da sie sich der Lösung durch Polynomialzeit-Algorithmen bislang entziehen, bezeichnet man sie als *hartnäckige* Probleme.

Das Konzept der NP-Vollständigkeit wurde 1971 von Cook [Coo71] eingeführt. Bemerkenswert ist, daß es 1956 einen Brief von Kurt Gödel an John von Neumann gegeben hat, der viele der Ideen von Cook vorwegnimmt. Diesen vierseitigen Brief, der in deutscher Sprache geschrieben wurde, findet man als Faksimile in dem Aufsatz [Sip92] von Sipser.

Ein – gerade im Bereich der NP-Vollständigkeit – sehr wichtiges Konzept ist das der Polynomialzeit-Reduktionen. Wenn man zwei Fragen F_1 und F_2 hat, wie z. B. die zu CLIQUE gehörende Frage „Hat der Graph G einen vollständigen Teilgraphen der Größe mindestens k?", dann schreibt man $F_1 \leq_p F_2$, wenn man die Frage F_1 in Polynomzeit vollständig (also sowohl mit „ja" bzw. mit „nein") beantworten kann mit Hilfe von „umsonst" erhaltenen Antworten[6] auf F_2. D. h. wenn man F_2 in Polynomzeit beantworten kann, dann kann man auch mit ihrer Hilfe F_1 schnell beantworten. Den genannten NP-vollständigen Problemen entsprechen Fragen F_2, durch deren Beantwortung automatisch *alle* Fragen F_1 zu Problemen aus NP in Polynomzeit beantwortet werden können. Die Fragen müssen natürlich dabei nicht unbedingt in Frageform vorliegen, sondern können auch als „Aufgabenstellung" formuliert sein. Z. B. kann man statt der oben gestellten Frage für CLIQUE die Aufgabe stellen: „Finde im Eingabegraphen G einen vollständigen Teilgraphen der Größe k."

Zu Entscheidungsproblemen gibt es häufig – und damit sind wir beim Thema dieses Buches – entsprechende Optimierungsprobleme. Z. B. ist eine Optimierungsvariante von CLIQUE die Ü. 1.3 Aufgabe, zu jedem Eingabegraphen einen *größtmöglichen* vollständigen Teilgraphen zu be- Ü. 1.4 stimmen. Eine Optimierungsvariante von HAMILTON besteht darin, in jedem Eingabegraphen Ü. 1.5 einen längsten einfachen Kreis zu finden. Die folgende Definition formalisiert den Begriff des Optimierungsproblems.

1.2 Definition:

Ein *kombinatorisches Optimierungsproblem* Π ist charakterisiert durch vier Komponenten:

- $\mathcal{D}$: die Menge der (Problem)-Instanzen, Eingaben.

- $S(I)$ für $I \in \mathcal{D}$: die Menge der zu Eingabe I zulässigen Lösungen.

- Die Bewertungs- oder Maßfunktion $f : S(I) \to \mathbb{N}^{\neq 0}$.

- ziel $\in \{\min, \max\}$.

---

[6]Natürlich kostet das Stellen der Frage Zeit. Es ist also nicht so, daß hier Fragen nichts kostet.

Gesucht ist zu $I \in \mathcal{D}$ eine zulässige Lösung $\sigma_{\text{opt}} \in S(I)$, so daß

$$f(\sigma_{\text{opt}}) = \text{ziel}\{f(\sigma) \mid \sigma \in S(I)\} \ .$$

$f(\sigma)$ ist der *Wert* der zulässigen Lösung σ. Wir schreiben $\text{OPT}(I) = f(\sigma_{\text{opt}})$ für den Wert einer optimalen Lösung.

Beachte, daß wir hier nicht fordern, daß die Menge $S(I)$ der zulässigen Lösungen endlich ist. In den Problemen, die wir untersuchen werden, ist die Anzahl $|S(I)|$ der Lösungen in der Regel exponentiell in der Länge der Eingabe I.

In der Bewertungsfunktion haben wir nur Werte zugelassen, die größer als 0 sind. Mit dieser Konvention vermeiden wir in späteren Kapiteln unangenehme Fallunterscheidungen (vgl. dazu auch die Bemerkung nach Definition 3.1 auf S. 35). Damit ist natürlich nicht ausgeschlossen, daß in der Probleminstanz negative Zahlen vorkommen. Z. B. können in einem linearen Optimierungsproblem negative Koeffizienten auftauchen. Gesucht ist dann nach einer Lösung, die eine Zielfunktion, die in den positiven Bereich abbildet, optimiert.

Wir haben zudem darauf verzichtet, andere als natürliche Zahlen für die Wertefunktion zuzulassen. Ebensogut hätten wir rationale Zahlen erlauben können, da diese noch einfach durch natürliche Zahlen dargestellt werden können. Eine Schwierigkeit, derer man sich zumindest bewußt sein muß, besteht dann allerdings schon darin, daß es zu einem „Mißverhältnis" zwischen dem Wert der dargestellen Zahl und der Anzahl der für die Darstellung benötigten Bits kommen kann: Z. B. ist $654321/654320$ eine lange Darstellung für eine nah bei 1 liegende Zahl. Irrationale Zahlen sollen auf jeden Fall ausgeschlossen sein, da man sie in der Regel nicht geeignet, d. h. mit „wenigen" Bits, darstellen kann. In Probleminstanzen selbst dürfen rationale Zahlen vorkommen.

1.3 Beispiel:

(a) Das (volle) *Traveling Salesperson Problem* (TSP) ist charakterisiert durch:

- $\mathcal{D} = \{\langle K_n, c \rangle \mid K_n \text{ vollständiger Graph auf } n \text{ Knoten}, c : E \to \mathbb{N} \text{ Kantengewichtung}\}$.
- $S(\langle K_n, c \rangle) = \{C \mid C = (v_{i_1}, v_{i_2}, \ldots, v_{i_n}, v_{i_1}) \text{ ist ein Hamilton-Kreis}\}$.
- $f(C) = c(v_{i_n}, v_{i_1}) + \sum_{j=1}^{n-1} c(v_{i_j}, v_{i_{j+1}})$
- min

(b) Das *Rucksackproblem* (RUCKSACK) ist charakterisiert durch:

- $\mathcal{D} = \{\langle W, \text{vol}, p, B \rangle \mid W = \{1, \ldots, n\}, \text{vol} : W \to \mathbb{N}, p : W \to \mathbb{N}, B \in \mathbb{N} \text{ und } \forall w \in W : \text{vol}(w) \leq B\}$
  W ist das Warenangebot, vol die Zuordnung von Volumina zu den Waren, p die

Zuordnung von Werten zu den Waren, und B die Kapazität des Rucksacks. Anstatt $p(w)$ schreiben wir auch p_w.

- $S(\langle W, \mathrm{vol}, p, B \rangle) = \{A \subseteq W \mid \sum_{w \in A} \mathrm{vol}(w) \leq B\}$
- $f(A) = \sum_{w \in A} p_w$
- max

Beachte, daß jede Ware einzeln in den Rucksack paßt.

Als abkürzende Schreibweise werden wir im folgenden Funktionen g, die auf Einzelobjekten a definiert sind, auf Mengen oder sogar Anordnungen M solcher Objekte fortsetzen: $g(M) = \sum_{a \in M} g(a)$. Dann können wir z. B. für die Bewertungsfunktion beim TSP schreiben: $f(C) = c(C)$ oder für eine Rucksackfüllung A das Volumen durch $\mathrm{vol}(A)$ bezeichnen und ihren Wert durch $p(A)$.

Das zum Optimierungsproblem TSP gehörende Entscheidungsproblem hat einen weiteren Parameter K. Entschieden werden soll, ob es einen Hamilton-Kreis gibt, der *höchstens* die Länge K hat. Diese Entscheidungsvariante von TSP ist NP-vollständig. Eine wichtige Nebenbedingung für die NP-Vollständigkeit des TSP ist, daß die Kantenlängen ganzzahlig sind. Legt man dagegen die Knoten auf Gitterpunkte mit ganzzahligen Koordinaten und wählt als Abstand die „normale" Euklidische Norm, so daß die Abstände Werte aus $\mathbb{R}^+$ sein können, so weiß man bislang nicht, ob das Problem in NP liegt[7]. Erst wenn die Abstände auf eine beliebige, aber feste Anzahl an Nachkommastellen gerundet werden, weiß man, daß das Problem tatsächlich NP-vollständig ist (vgl. Übung 3.8). Um Dir dieser Problematik[8] bewußt zu werden, betrachte

$$
\begin{aligned}
a &= \sqrt{5} + \sqrt{6} + \sqrt{18} \quad \text{und} \\
b &= \sqrt{4 + 2\sqrt{12}} \ .
\end{aligned}
$$

Ist $a > b$ oder $a < b$? Berühmt ist auch die irrationale Zahl $\mathrm{e}^{\pi\sqrt{163}} \approx 2^{57.8653}$, die nur um 10^{-12} von einer ganzen Zahl abweicht.

Das zum Optimierungsproblem RUCKSACK gehörende Entscheidungsproblem hat gleichfalls einen weiteren Parameter K. Hier soll entschieden werden, ob es eine Rucksackfüllung gibt, die *mindestens* den Wert K hat. Diese Entscheidungsvariante von RUCKSACK ist NP-vollständig.

Es ist auch nicht immer naheliegend, ob ziel nun min oder max sein sollte. Für RUCKSACK ist es klar, daß das Problem, eine minimale, nichtleere Rucksackfüllung zu finden, ganz einfach zu lösen ist, also bei der „interessanten" ☺ Variante ein Maximierungsproblem zu lösen

---

[7]Gut, daß wir solche Kantenlängen nicht erlauben!

[8]Eine Übersicht über die Bemühungen, die maximale Anzahl der Stellen abzuschätzen, in denen sich Wurzelsummen in Abhängigkeit von der größten Zahl und der Anzahl der Summanden unterscheiden, gibt der Aufsatz [QW06].

ist. Dagegen können wir die Kantengewichte beim TSP auch als Profit interpretieren, der erzielt wird, wenn man die entsprechende Kante benutzt. Dann ist die natürliche Frage die nach einer Rundreise mit *maximalem* Kantengewicht. Dieses Problem heißt Max-TSP und wird in Übung 3.6 betrachtet.

Wenn man genau hinschaut, sieht man, daß zwischen Entscheidungsproblem und Optimierungsproblem noch ein dritter Problemtyp liegt, nämlich die Aufgabe, ausschließlich den Wert einer optimalen Lösung zu bestimmen. So etwas wird z. B. bei der Berechnung der kürzesten Weglänge gemacht, wenn man gar nicht an kürzesten Wegen selbst interessiert ist. Das bekannte Verfahren, bei dem die Adjazenz-Matrix des Eingabegraphen geschickt potenziert wird (siehe z. B. [CLR90, S. 552ff]), tut genau das. Dieses Verfahren muß erst entsprechend erweitert werden, um explizit konkrete kürzeste Wege zu bestimmen. Als weiteres Beispiel sei der in Abschnitt 4.1 vorgestellte Algorithmus genannt, der den Wert einer optimalen Lösung zu einer Eingabe aus RUCKSACK berechnet und auch erst nach einer Erweiterung eine optimale Rucksackfüllung bestimmt.

1.2   Approximationsalgorithmen: Schnell, aber nicht optimal

Die NP-Vollständigkeit der zugehörigen Entscheidungsprobleme legt nun nahe, daß es keine Polynomzeitalgorithmen für die Lösung dieser Optimierungsprobleme gibt. Trotzdem müssen diese hartnäckigen Probleme bearbeitet werden. Wenn man sie nur schwer exakt lösen kann, muß man sich also mit Näherungslösungen zufrieden geben, die man schnell berechnen kann. Wir suchen somit möglichst gute zulässige Lösungen, die schnell berechnet werden können.

1.4 Definition:
Sei Π ein kombinatorisches Optimierungsproblem. Ein $t(n)$-Zeit-*Approximationsalgorithmus* A berechnet zu Eingabe $I \in \mathcal{D}$ in Zeit $t(|I|)$ eine Ausgabe $\sigma_I^A \in S(I)$. Wir schreiben $A(I) = f(\sigma_I^A)$.

Wenn für uns „Polynomzeit" gleichbedeutend mit „schnell" ist, suchen wir natürlich nach Approximationsalgorithmen, die Polynomzeit benötigen. Wichtig ist, daß die Zeit in der Eingabe*länge* gemessen wird. Beachte, daß wir mit m Bits natürliche Zahlen zwischen 0 und $2^m - 1$ darstellen können. Das ist wichtig, wenn wir z. B. eine Instanz von RUCKSACK mit n Waren betrachten. Die Warenwerte können sehr viel größer als n sein.

Ü. 1.5

Man muß sich darüber im klaren sein, daß es nicht unbedingt einfach, d. h. in Polynomzeit möglich ist, überhaupt an eine zulässige Lösung zu kommen. Z. B. könnten wir das Rucksackproblem variieren und unter allen wertvollsten Rucksackfüllungen eine mit möglichst wenigen Waren suchen. Für diese Variation wären die zulässigen Lösungen alle optimalen Lösungen des oben definierten „normalen" Rucksackproblems.

Auch wenn wir in diesem Buch nur Probleme behandeln, die NP-vollständig oder vermutlich sogar noch schwerer sind (sog. #P-vollständige Probleme in Kapitel 8), so werden doch auch schnelle Approximationsalgorithmen zur Lösung von Problemen entworfen, die zwar in P liegen, für die aber nur Algorithmen bekannt sind, deren Laufzeit „große" Polynome sind[9].

Eine gewisse Einschränkung für die in diesem Buch untersuchten Probleme ist die, daß wir davon ausgehen, daß die Eingabe *I* vollständig vorliegt, d. h. wir werden keine *Online-Probleme* untersuchen[10], bei denen Teile der zu lösenden Aufgabe erst während der Laufzeit des Algorithmus erzeugt werden.

Wenn wir einen Approximationsalgorithmus *A* haben, ist es natürlich höchst wünschenswert, beweisbare – die Beweisbarkeit ist für uns in diesem Zusammenhang wesentlich – Aussagen über die Qualität einer Ausgabe von *A* machen. Auf den ersten Blick sieht es durchaus überraschend aus, wenn man den Wert der erzielten Lösung σ_I^A mit dem Wert von σ_{opt} vergleichen kann, ohne σ_{opt} zu kennen. Mit dieser Aufgabe werden wir uns in diesem Buch ausführlich beschäftigen. Man beachte dabei, daß solche Qualitätsaussagen in zwei Richtungen zu erfolgen haben: Zum einen müssen wir angeben, wie „weit" eine von *A* ausgegebene Lösung höchstens „daneben" liegen kann, wir müssen uns also um eine *obere Schranke* für die von *A* erreichte Lösungsqualität bemühen. Zum anderen ist es aber auch wichtig, daß wir uns über die Schwächen von *A* klar werden. D. h., wir sind auch daran interessiert, Eingaben für *A* zu finden, für die sich *A* möglichst schlecht verhält. Wir suchen also auch eine *untere Schranke* für die von *A* erreichbare Lösungsqualität. Diese *algorithmusbezogene* untere Schranke darf man nicht verwechseln mit einer *problembezogenen* unteren Schranke für das Optimierungsproblem Π selbst. Bei einer solchen werden Aussagen getroffen wie „*Jeder* Approximationsalgorithmus für Π ist mindestens *so und so* schlecht" oder „Es gibt keinen Approximationsalgorithmus für Π mit *der und der* Qualität". Solche unteren Schranken zu beweisen, ist häufig besonders schwierig.

Es gibt viele Approximationsalgorithmen und algorithmische Ansätze, für die es entweder bis heute nicht gelungen ist, Qualitätsaussagen im oben beschriebenen Sinn zu treffen, oder die beliebig schlechte Lösungen liefern können. Für solche Verfahren ist der Ausdruck *Heuristik* in Gebrauch. Heuristiken folgen oft „Daumenregeln", die sich (zumindest bislang) nicht ana-

---

[9]Als Beispiel sei hier ein Approximationsalgorithmus für das *Maximum Weighted Matching Problem* auf beliebigen Graphen $G = (V, E)$ genannt, der in Zeit $O(|E|)$ eine Ausgabe berechnet, die mindestens die Hälfte des maximal möglichen Gewichts erreicht. Dagegen benötigt man bis heute zur optimalen Lösung $O(|V| \cdot |E| + |V|^2 \log(|V|))$ Zeit. Der Approximationsalgorithmus findet sich in: R. Preis. Linear time 1/2-approximation algorithm for maximum weighted matching in general graphs. *Proc. 16th Symposium on Theoretical Aspects of Computer Science (STACS)*, pp. 259–269.

[10]Außer in Übung 3.17. Mehr zu Online-Algorithmen, die in einigen modernen Teilen ein Teilgebiet der Approximationsalgorithmen sind, findet man im Lehrbuch: A. Borodin, R. El-Yaniv. *Online Computation and Competitive Analysis*. Cambridge University Press, 1998.

lytisch fassen lassen. Die Qualität von Heuristiken wird experimentell bestimmt, indem man sie u. a. mit Eingaben aus *Benchmark*-Mengen[11], d. h. Eingaben, die man für „typisch" oder für besonders schwierig in Anwendungen hält, startet und dann ihre Ausgaben mit den Ergebnissen anderer Approximationsalgorithmen oder mit den vielleicht für diese speziellen Eingaben bekannten optimalen Lösung vergleicht. Heuristiken haben zwar manchmal ein beweisbar schlechtes *worst-case*-Verhalten, können in der Praxis aber häufig sehr erfolgreich deshalb eingesetzt werden, weil dort die schlechten Fälle selten oder gar nicht auftreten.

Die Bücher von Vazirani [Vaz01], von Mayr/Prömel/Steger [MPS98], von Hochbaum [Hoc96b], von Ausiello *et al.* [ACG+99] und von Hromkovič [Hro01] stellen, je nach Autorengeschmack, unterschiedliche Aspekte der von Approximationsalgorithmen dar. Grundlegend ist auch das Kapitel 6 im Buch von Garey/Johnson [GJ79] und interessant das Kapitel 36 in [CLR90].

Für die graphentheoretischen Begriffe empfehlen sich [Bol98] und, gerade für algorithmisch orientierte Begriffe, [CLR90]. Für die ein oder andere Abschätzung oder den ein oder anderen Begriff aus der Wahrscheinlichkeitsrechnung sei auf die wunderschönen Mathematikbücher [GKP95, Ste01, SS01] für Informatiker verwiesen.

1.3   Literatur zu Kapitel 1

[ACG+99] G. Ausiello, P. Crescenzi, G. Gambosi, V. Kann, A. Marchetti-Spaccamela, and M. Protasi. *Complexity and Approximation – Combinatorial Optimization Problems and Their Approximability Properties*. Springer, Berlin, 1999.

[Bol98]   B. Bollobás. *Modern Graph Theory*. Springer, New York, 1998.

[CLR90]   T. H. Cormen, C. E. Leiserson, and R. L. Rivest. *Introduction to Algorithms*. MIT Press, Cambridge, 1990.

[Coo71]   S. Cook. The complexity of theorem proving procedures. In *Proc. 3rd ACM Symposium on Theory of Computing (STOC)*, pages 151–158, 1971.

[GJ79]   M. R. Garey and D. S. Johnson. *Computers and Intractability – A Guide to the Theory of NP-Completeness*. Freeman, New York, 1979.

[GKP95]   R. L. Graham, D. E. Knuth, and O. Patashnik. *Concrete Mathematics*. Addison-Wesley, Reading, MA, 2nd edition, 1995.

---

[11]Eintrag in Merriam-Webster's Dictionary: "**bench·mark**. Function: *noun*. Date: circa 1842. **1** *usually* **bench mark** : a mark on a permanent object indicating elevation and serving as a reference in topographic surveys and tidal observations. **2 a** : a point of reference from which measurements may be made. **b** : something that serves as a standard by which others may be measured or judged. **c** : a standardized problem or test that serves as a basis for evaluation or comparison (as of computer system performance)."

[HF04]   D. Harel and Y. Feldman. *Algorithmics – The Spirit of Computing*. Pearson, 3rd edition, 2004.

[Hoc96]   D. S. Hochbaum, editor. *Approximation Algorithms for NP-Hard Problems*. PWS, Boston, 1996.

[Hro01]   J. Hromkovič. *Algorithmics for Hard Problems*. Springer, Berlin, 2001.

[KMR93]   D. Karger, R. Motwani, and G. D. S. Ramkumar. On approximating the longest path in a graph. In *Proc. 3rd Workshop on Algorithms and Data Structures (WADS)*, pages 421–432, 1993.

[Knu97]   D. E. Knuth. *The Art of Computer Programming, Volume 1: Fundamental Algorithms*. Addison-Wesley, Reading, Massachusetts, 3rd edition, 1997.

[Moo65]   G. E. Moore. Cramming more components onto integrated circuits. *Electronics*, 38:114–117, 1965. Reprinted in *Proc. of the IEEE*, Vol. 86(1):82–85, 1998.

[MPS98]   E. W. Mayr, H. J. Prömel, and A. Steger, editors. *Lectures on Proof Verification and Approximation Algorithms*. Springer, Berlin, 1998.

[MS79]   B. Monien and E. Speckenmeyer. 3-Satisfiability is testable in $O(1.62^z)$ steps. Technischer Bericht Nr. 3, Universität-GH Paderborn, 1979.

[QW06]   J. Qian and C. A. Wang. How much precision is needed to compare two sums of square roots? *Information Processing Letters*, 100:194–198, 2006.

[Sip92]   M. Sipser. The history and status of the P versus NP question. In *Proceedings of the 24th ACM Symposium on Theory of Computing (STOC)*, pages 603–618, 1992.

[SS01]   T. Schickinger and A. Steger. *Diskrete Strukturen, Band 2: Wahrscheinlichkeitstheorie und Statistik*. Springer, Berlin, 2001.

[Ste01]   A. Steger. *Diskrete Strukturen, Band 1: Kombinatorik – Graphentheorie – Algebra*. Springer, Berlin, 2001.

[Vaz01]   V. V. Vazirani. *Approximation Algorithms*. Springer, Berlin, 2001.

Übungen zu Kapitel 1

Aufgabe 1.1

(a) Die Kreiszahl $\pi = 3.14159\ldots$ ist, wie Johann Heinrich Lambert in einem 1766 verfaßten und 1770 erschienenen Buch[12] zeigte, irrational, d.h. es gibt keinen Bruch $\frac{a}{b}$ mit $a, b \in \mathbb{N}$ und $\pi = \frac{a}{b}$. Darum sucht man nach Brüchen, die gute Näherungen von π sind. Die Aufgabe ist, a_n und b_n mit $a_n, b_n \in \{1, 2, \ldots, n\}$ zu bestimmen, so daß $\left|\frac{a_n}{b_n} - \pi\right|$ minimal ist. Bestimme Werte für $n = 100$ und $n = 1000$. Wo tauchen informatiktypische Probleme auf?

Diskutiere die Auswirkungen, die ein Erfolg des Gesetzesvorhabens Nummer 246 des US-Bundesstaates Indiana von 1897 gehabt hätte, π per Gesetz zur rationalen Zahl $\frac{16}{5}$ zu machen.

(b) Die Eulersche Zahl $e = 2.71828\ldots$ ist ebenfalls irrational, wie Euler 1737 bewies[13]. Nach dem Satz von Taylor ist

$$e^x = \sum_{i=0}^{k} \frac{x^i}{i!} + R_k(x)$$

mit $R_k(x) = \frac{x^{k+1}}{(k+1)!} \cdot e^{\theta x}$ für $\theta \in]0, 1[$. Gib einen Algorithmus an, der bei Eingabe von x und n auf n Nachkommastellen genau die Dezimaldarstellung von e^x bestimmt. Was wird hier minimiert? Wo tauchen hier die informatiktypischen Probleme auf?

(c) $n! = 1 \cdot 2 \cdot 3 \cdot \ldots \cdot n$ kann man sehr grob durch n^n abschätzen, da offensichtlich $n! \leq n^n$ ist. Doch ist $\lim\limits_{n\to\infty} \frac{n!}{n^n} = 0$, also $n! = o(n^n)$. Es ist

$$\lim_{n\to\infty} \frac{n!}{\left(\frac{n}{e}\right)^n \cdot \sqrt{n}} = \sqrt{2\pi} \approx 2.50663 \ .$$

Dieses ist die Stirlingsche Näherungsformel für die Fakultätsfunktion. Diese und noch genauere Approximationen finden sich in [Knu97, S. 115]. Sollte man diese Formel in einer konkreten Anwendung benutzen? (Überlege Dir dafür, für wieviele verschiedene n Du auf Deinem Taschenrechner $n!$ überhaupt ausrechnen kannst). Warum mögen Theoretische Informatiker die Stirling-Formel trotzdem? ☺

(d) Welche weiteren Optimierungsaufgaben und Approximationsverfahren sind Dir aus der Mathematik bekannt und welche Unterschiede fallen Dir (schon jetzt) auf?

---

[12]J. H. Lambert. *Beyträge zum Gebrauche der Mathematik und deren Anwendungen.* Zweyter Theil, Erster Abschnitt. Kapitel V: *Vorläufige Kenntnisse für die, so die Quadratur und Rectification des Circuls suchen.* pp. 140–169, Berlin 1770.

[13]Präsentiert 1737 in St. Petersburg, veröffentlicht 1744: L. Euler. *De fractionibus continuis dissertatio. Commentarii Academiae Scientiarum Petropolitanae.* 9:98–137, 1744. Englische Übersetzung: An essay on continued fractions. *Mathematical Systems Theory* 18: 295–328, 1985.

Aufgabe 1.2

Betrachte die folgende rekursive Beziehung:

$$w_0(x) = x \,,$$
$$w_{i+1}(x) = \frac{1}{2}\left(w_i(x) + \frac{x}{w_i(x)}\right) \,.$$

(a) Bestimme $W(x) = \lim\limits_{i\to\infty} w_i(x)$ für $x \in \mathbb{N}$.

(b) Verwende die rekursive Beziehung als Ausgangspunkt für ein Approximationsverfahren für $W(x)$ und untersuche es aus Informatik-Sicht („Kann man das als Optimierungsproblem formulieren?", „Was wird als Eingabe benötigt?", „Wie ist die Laufzeit?", „Wie soll $w_i(x)$ dargestellt werden?" ...).

(c) So ziemlich jeder Taschenrechner hat eine Taste, über die $W(x)$ berechnet werden kann. Weißt Du, wie er das macht?

Aufgabe 1.3

Beschreibe die Optimierungsvariante von CLIQUE gemäß Definition 1.2 durch ihre vier Komponenten.

Aufgabe 1.4

Zeige: Wenn es einen Polynomzeit-Algorithmus A_{ent} für das Entscheidungsproblem CLIQUE $= \{\langle G, k\rangle \mid G$ ein Graph, der einen vollständigen Teilgraphen aus mindestens k Knoten besitzt$\}$ gibt, dann gibt es auch einen Polynomzeit-Algorithmus A_{opt} zur Lösung des zugehörigen Optimierungsproblems, in dem zu einem Graphen ein größter vollständiger Teilgraph berechnet werden soll (ein solcher Teilgraph muß ausgegeben werden!). Gehe dabei in zwei Stufen vor: (a) berechne zuerst die Größe eines maximalen vollständigen Teilgraphen und (b) bestimme erst dann einen solchen.

Nimm an, daß A_{ent} die Laufzeit $t(n)$ hat. Bestimme die Laufzeit von A_{opt}.

Wenn CLIQUE$_{\text{opt}}$ die Optimierungsvariante bezeichnet, soll also die folgende Beziehung gezeigt werden: CLIQUE$_{\text{opt}} \leq_p$ CLIQUE.

Aufgabe 1.5

(a) Betrachte die folgende Eingabe I von RUCKSACK: $W = \{1, \ldots, n\}$, $p(w) = 2^n$ für alle $w \in W$, $\text{vol}(w) = 1$ für alle $w \in W$, $B = 1$.

Bestimme den Wert $\text{OPT}(I)$, d. h. den Wert einer optimalen Lösung, in Abhängigkeit der Eingabelänge $|I|$.

(b) Bezeichne RUCKSACK$_{\text{ent}}$ das Entscheidungsproblem von RUCKSACK. Zeige wie in Aufgabe 1.4: RUCKSACK $\leq_p$ RUCKSACK$_{\text{ent}}$

Kapitel 2

Approximation mit absoluter Gütegarantie

Im vorhergehenden Kapitel haben wir für einen Approximationsalgorithmus die Forderung gestellt, daß wir beweisbare Aussagen über die Qualität der berechneten Lösung haben wollen. Diese Qualität wollen wir messen, indem wir einen mathematischen Zusammenhang zwischen dem Wert der berechneten und einer optimalen Lösung herstellen. Ein erster Ansatz für diesen Zusammenhang ist Bestimmung der absoluten Differenz dieser Werte. Er entspricht der alltäglichen Redewedung „Auf einen mehr oder weniger kommt es nicht drauf an". Das wollen wir im folgenden formalisieren. Danach werden wir als Beispiel passende Approximationsalgorithmen für die Färbung von Knoten bzw. Kanten in Graphen vorstellen. Abschließend zeigen wir, daß es Probleme gibt, für die vermutlich jeder Approximationsalgorithmus im *worst case* Ausgaben berechnen *muß*, deren Abstand zum Wert einer optimalen Lösung beliebig groß sein muß.

2.1 Definition:
Sei Π ein Optimierungsproblem und A ein Approximationsalgorithmus für Π.

(a) A hat bei Eingabe I eine *absolute Güte* von

$$\kappa_A(I) = |A(I) - \mathrm{OPT}(I)| \ .$$

(b) Die *absolute worst-case-Güte* von A ist die Funktion

$$\kappa_A^{\mathrm{wc}}(n) = \max\{\kappa_A(I) \mid I \in \mathcal{D}, \ |I| \leq n\} \ .$$

(c) Sei $\kappa_A : \mathbb{N} \to \mathbb{N}$ eine Funktion. *A garantiert* eine absolute Güte von $\kappa_A(n)$, falls für alle n gilt: $\kappa_A^{\mathrm{wc}}(n) \leq \kappa_A(n)$.

(d) Sei $\kappa'_A : \mathbb{N} \to \mathbb{N}$ eine Funktion. A hat eine *absolute Abweichung* von $\kappa'_A(n)$, falls für unendlich viele n gilt

$$\kappa'_A(n) \leq \kappa^{\mathrm{wc}}_A(n) \ .$$

Eine unendlich große Menge $\mathcal{D}'$, $\mathcal{D}' \subseteq \mathcal{D}$, heißt $\kappa'_A(n)$-*Zeugenmenge* gegen A, wenn für alle $I \in \mathcal{D}'$ gilt: $\kappa_A(I) \geq \kappa'_A(|I|)$. Eine einzelne solche Eingabe nennen wir dann (etwas ungenau) einen $\kappa'_A(n)$-*Zeugen*.

Beachte, daß die absolute Güte nur ganzzahlige Werte annehmen kann. Am schönsten ist es natürlich, wenn die absolute Güte eine (möglichst kleine) Konstante ist.

Im kommenden Abschnitt werden wir einige relativ einfache Beispiele bringen, in denen die Approximationsalgorithmen schließlich bis auf kleine Differenzen an den optimalen Wert herankommen. Danach werden wir zeigen, daß es Probleme gibt, die, könnte man sie mit konstanter absoluter Güte approximieren, dann P = NP implizieren würden.

2.1   Graphfärbbarkeit

Sei $G = (V, E)$ ein ungerichteter Graph. Für $u \in V$ ist $\Gamma_G(u) = \{v \mid \{u, v\} \in E\}$ die Menge der *Nachbarn* von u und $\deg_G(u) = |\Gamma_G(u)|$ der *Grad* von u. Der *Grad* von G ist $\Delta(G) = \max\{\deg_G(u) \mid u \in V\}$. G heißt r-*regulär*, wenn $\deg_G(u) = r$ für alle Knoten $u \in V$. Wenn aus dem Zusammenhang klar wird, welcher Graph gemeint ist, dann lassen wir G als Index an den Bezeichnungen weg.

2.2 Definition:
Gegeben sei ein Graph $G = (V, E)$.

(a) Eine Abbildung $c_V : V \to \mathbb{N}$ heißt *Knotenfärbung* von G, falls für alle $\{u, v\} \in E$ gilt: $c_V(u) \neq c_V(v)$.

(b) Eine Abbildung $c_E : E \to \mathbb{N}$ heißt *Kantenfärbung* von G, falls für alle an einem Knoten u aufeinandertreffenden Kanten $\{u, v\}, \{u, w\} \in E$ gilt: $c_E(\{u, v\}) \neq c_E(\{u, w\})$

$c_V(u)$ und $c_E(\{u, v\})$ werden in diesem Zusammenhang *Farben* genannt. $|c_V(V)|$ bzw. $|c_E(E)|$ ist die Anzahl der benutzten Farben.

Oft wird auch eine *beliebige* Abbildung $c_V : V \to \mathbb{N}$ bzw. $c_E : E \to \mathbb{N}$ als Färbung bezeichnet. Die beiden Begriffe aus Definition 2.2 werden dann als *korrekte* Färbungen bezeichnet.

Mit dieser Definition ergeben sich die beiden folgenden Optimierungsprobleme (wir werden bei der Definition zum letzten Mal so formal sein).

2.3 Definition:

Das *Knoten-* bzw. *Kantenfärbungsproblem* ist charakterisiert durch

- $\mathcal{D} = \{\langle G\rangle \mid G = (V,E)$ ein ungerichteter Graph mit mindestens einer Kante$\}$.

- $S(\langle G\rangle) = \{c_V \mid c_V$ ist Knotenfärbung von $G\}$ bzw. $S(\langle G\rangle) = \{c_E \mid c_E$ ist Kantenfärbung von $G\}$.

- $f(c_V) = |c_V(V)|$ bzw. $f(c_E) = |c_E(E)|$.

- min.

D. h. die Aufgabe besteht darin, zum Eingabegraphen $G = (V,E)$ eine Knotenfärbung bzw. eine Kantenfärbung zu berechnen, die möglichst wenig Farben benutzt.

Die kleinstmögliche Farbenanzahl heißt im Fall der Knotenfärbungen *chromatische Zahl* von G Ü. 2.1
und wird mit $\chi(G)$ bezeichnet. Im Fall der Kantenfärbungen heißt diese Anzahl *chromatischer Index* und wird mit $\chi'(G)$ abgekürzt. In unserer Schreibweise ist ist also beim Knotenfärbungsproblem $\mathrm{OPT}(G) = \chi(G)$ und beim Kantenfärbungsproblem $\mathrm{OPT}(G) = \chi'(G)$.

Das Entscheidungsproblem „Ist der Graph G mit k Farben knotenfärbbar?" ist NP-vollständig für $k \geq 3$ [GJ79, S. 191]. Ebenso ist es die Frage „Ist der Graph G mit $\Delta(G)$ Farben kantenfärbbar?" [Hol81].

2.4 Bemerkung:

(a) *Es gibt Graphen G, die mindestens $\Delta(G) + 1$ Farben zur Knotenfärbung benötigen.*   Ü. 2.6

(b) *Es gibt Graphen G, die mindestens $\Delta(G) + 1$ Farben zur Kantenfärbung benötigen.*

Wie unsere nachfolgenden Algorithmen zeigen, sind beim Knoten- wie beim Kantenfärben nie mehr als $\Delta(G) + 1$ Farben nötig.

2.1.1   Knotenfärbungen

Unsere Betrachtungen beginnen nun damit, daß wir den ersten konkreten Approximationsalgorithmus dieses Buches vorstellen. Er ist sehr einfach und schafft es, beliebige Graphen zu färben.

Knotenfärbung beliebiger Graphen

Gegeben sei der Graph $G = (V,E)$ mit $V = \{u_1, \ldots, u_n\}$. Der folgende Algorithmus berechnet eine zulässige Knotenfärbung für G.

ALGORITHMUS GREEDYCOL

>   **for** $i := 1$ **to** n **do** $c_V(u_i) := \infty$;
>   **for** $i := 1$ **to** n **do**
> $c_V(u_i) := \min(\mathbb{N} \setminus \{c_V(\Gamma(u_i))\})$;   [$c_V(u_i)$ bekommt die kleinste freie Farbe]
>   gib c_V aus;

Der Algorithmus arbeitet also wie folgt: Wir benutzen den Wert ∞, um Knoten als ungefärbt zu bezeichnen. Die Knoten werden in der Reihenfolge $u_1, \ldots, u_n$ eingefärbt. Knoten u_i bekommt die kleinste Farbe, die keiner seiner schon gefärbten Nachbarn (die sind nur aus der Knotenmenge $\{u_1, \ldots, u_{i-1}\}$) hat.

GREEDYCOL ist ein typischer Vertreter der Klasse der „greedy" (d. h. gierigen) Algorithmen.

2.5 Satz:

Sei $G = (V, E)$ ein Graph. Algorithmus GREEDYCOL berechnet in Zeit $O(|V| + |E|)$ eine Knotenfärbung aus höchstens $\Delta(G) + 1$ Farben, d. h. GREEDYCOL $(G) \leq \Delta(G) + 1$.

Beweis:

Eine Implementierung mit der behaupteten Laufzeit ist einfach durchzuführen.

Im folgenden geben wir eine obere Schranke für die Anzahl der Farben an, die der Algorithmus vergeben kann.

Wenn Algorithmus GREEDYCOL beim Knoten u_i angelangt ist, können nicht alle der Farben $\{1, \ldots, \deg(u_i) + 1\}$ an die Nachbarn von u_i vergeben worden sein, da dies mehr Farben sind, als u_i Nachbarn hat. Also gibt es eine kleinste freie Farbe in *dieser* Menge, die u_i zugewiesen werden kann.   □

Da Graphen, die mindestens eine Kante haben, auch mindestens zwei Farben zur Knotenfärbung benötigen, also OPT$(G) \geq 2$ ist, haben wir unmittelbar die folgende Aussage über die absolute Güte dieses Algorithmus (hier ist es also sehr einfach, an eine untere Schranke für OPT(G) zu kommen, obwohl die natürlich sehr weit weg vom tatsächlichen Wert sein kann).

2.6 Satz:

Algorithmus GREEDYCOL garantiert eine absolute Güte von

$$\kappa_{\text{GREEDYCOL}}(G) = \text{GREEDYCOL}\,(G) - \text{OPT}(G) \leq \Delta(G) + 1 - 2 = \Delta(G) - 1\ .$$

Diese Aussage führt uns gleich vor, daß wir die Güte nicht unbedingt als Funktion der Eingabelänge darstellen. Hier z. B. messen wir die Güte in Abhängigkeit des Kriteriums „Grad von G", das nicht direkt nur aus der Eingabelänge erkennbar ist.

Wie verhält es sich nun mit der Qualität dieser Analyse, d. h. wie steht es mit der absoluten Abweichung? Wir haben bislang ja lediglich gezeigt, daß GREEDYCOL höchstens $\Delta(G) + 1$ Farben vergibt. Es könnte einerseits der Fall sein, daß unsere Analyse zu schwach war (wer weiß, vielleicht vergibt der Algorithmus ja bloß $\Delta(G)/2$ Farben?), andererseits könnte der Algorithmus auch so gut sein, daß er immer die richtige Anzahl an Farben vergibt (also eine Abweichung von 0 hätte). Daß dem nicht so ist, kann und muß man zeigen, indem man eine Graphenmenge $\mathcal{G} = \{G_1, G_2, \ldots\}$ angibt, so daß es für jeden Graphen G_i eine Rechnung von GREEDYCOL gibt, die eine Färbung mit $\Delta(G_i) + 1$ Farben ausgeben kann, obwohl G_i mit sehr wenigen Farben (in unserem Fall werden es 2 sein) gefärbt werden kann. $\mathcal{G}$ ist also eine $(\Delta(G) - 1)$-Zeugenmenge gegen GREEDYCOL, und mit der Angabe von $\mathcal{G}$ beweisen wir eine algorithmusbezogene untere Schranke.

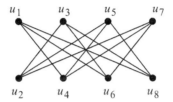

Abbildung 2.1: Ein Eingabegraph G_{bad}, für den GREEDYCOL eine schlechte Ausgabe berechnet: ein $(\Delta(G_{\text{bad}}) - 1)$-Zeuge.

Dazu betrachten wir den in Abb. 2.1 dargestellten Graphen G_{bad}. Für ihn erzeugt die angegebene Benennung der Knoten eine Knotenfärbung mit $\Delta(G_{\text{bad}}) + 1 = 4$ Farben, aber er ist knoten-2-färbbar. Dieser Graph kann leicht zu einer Graphenmenge $\mathcal{G}$ wie oben gewünscht ausgebaut werden. Mit anderen Worten: GREEDYCOL hat eine absolute Abweichung von $\Delta(G) - 1$. Die   Ü. 2.2 Aussage von Satz 2.6 ist also scharf.

Worin liegt das Scheitern von GREEDYCOL an der Eingabe G_{bad} begründet? Ein Blick auf die Graphenmenge G_{bad} zeigt, daß die Benennung der Knoten für den Algorithmus „ungünstig" war. Würde man erst den Knoten der ersten Reihe und dann denen der zweiten ihre Namen geben, würde GREEDYCOL die optimale Lösung liefern. Tatsächlich kann man zeigen, daß es   Ü. 2.3 für *jeden* Graphen eine Benennung der Knoten gibt, so daß GREEDYCOL die optimale Lösung liefert.[1]

Wir haben gerade gesehen, daß GREEDYCOL den Zeugengraphen G_{bad} schlecht einfärbt, und daß das von der Benennung der Knoten abhängt. Wie ist es mit der folgenden Variante von GREEDYCOL?

---

[1]Hier schließt sich die Frage an, ob es den Algorithmus „im Durchschnitt" verbessert [vgl. zu derartigen Fragen Kapitel 6], wenn man den Knoten vor der Ausführung des Algorithmus zufällige Nummern gibt. Eine negative Antwort gibt Kučera [Kuč91].

ALGORITHMUS GREEDYCOL_VAR

> **for** alle Knoten u **do** $c_V(u) := \infty$;
> **while** es noch einen Knoten u mit $c_V(u) = \infty$ gibt **do**
> $c_V(u) := \min(\mathbb{N} \setminus \{c_V(\Gamma(u))\})$;
> gib c_V aus;

GREEDYCOL_VAR ist offensichtlich eine Variante von GREEDYCOL mit unveränderter absoluter Gütegarantie, in der wir die Reihenfolge, in der die Knoten besucht werden, nicht vorgegeben haben. Hier sehen wir, daß zur Angabe des Zeugen G_{bad} auch die Angabe gehört, in welcher Reihenfolge der Algorithmus die Knoten einfärbt. Um es noch einmal zu betonen: Um die Abweichung eines Approximationsalgorithmus A zu beweisen, muß man eine Eingabe I für A angeben *und* eine mögliche Rechnung. Wenn in der Beschreibung des Algorithmus eine Formulierung steht wie „Wähle einen Knoten mit der Eigenschaft ...", so reicht es, einen Graphen und eine schlechte Wahl anzugeben. Nicht zu zeigen braucht man, daß der Algorithmus sich unabhängig von der Auswahl schlecht verhält.

Wenden wir uns wieder dem Algorithmus zu. Der Grad eines Graphen G kann von der Anzahl $n = |V|$ der Knoten abhängen, er kann sogar $\Theta(n)$ sein. In diesem Fall ist die absolute Abweichung von GREEDYCOL sehr groß, er kann Ergebnisse liefern, deren Wert sehr weit vom Wert der optimalen Lösung entfernt ist. In Abschnitt 3.2 ab Seite 46 stellen wir einen weiteren sehr einfachen greedy Algorithmus vor, der mit $O(n/\log n)$ Farben auskommt. Viel bessere Verfahren kennt man noch immer nicht, es gibt ein recht komplexes Verfahren, das asymptotisch nur „etwas" besser ist [Hal93][2]. Im nachfolgenden Abschnitt werden wir sehen, daß die garantiert erreichbare Qualität bei planaren Graphen als Eingabe erheblich besser ist.

Knotenfärbung planarer Graphen

Ein Graph $G = (V, E)$ heißt *planar*, wenn man ihn kreuzungsfrei in die Ebene einbetten kann, d. h. wenn man die Knoten so in den $\mathbb{R}^2$ oder, besser, auf eine Kugeloberfläche abbilden kann, daß die Kanten zwischen Knoten so geführt werden können, daß sie sich nicht schneiden. Eine von Kanten begrenzte Region der Fläche, in der keine Knoten liegen, heißt *Facette*. Abb. 2.2 zeigt einen planaren und zwei nichtplanare Graphen. Der planare Graph der Abbildung hat 7 Facetten, d. h. die Fläche „um den Graphen herum" zählt auch als Facette. Bei den beiden Graphen aus Abbildung 2.2(b) handelt sich um den sog. K_5, d. h. den vollständigen Graphen auf 5 Knoten, und den $K_{3,3}$, den vollständigen bipartiten Graphen mit je 3 Knoten auf jeder Seite[3]. Beachte, daß man wirklich *beweisen* muß, daß die beiden Graphen nicht kreuzungsfrei

Ü. 2.5   in die Ebene eingebettet werden können.

---

[2]Dieses Verfahren garantiert auf n Knoten eine absolute Güte von $O(n(\log\log n)^2/(\log n)^3)$, was wirklich nur einen Hauch besser als $O(n)$ bzw. $O(n/\log n)$ ist.

[3]$K_{3,3}$ wird manchmal auch der *Wasserwerk-Graph* genannt.

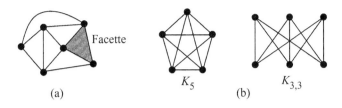

Abbildung 2.2: (a) Ein planarer und (b) zwei nichtplanare Graphen.

Wir betrachten im folgenden das Problem, die Knoten planarer Graphen zu färben, d. h. wir modifizieren die Menge $\mathcal{D}$ aus Definition 2.3 dahingehend, daß die Graphen planar sein sollen.

Das nachfolgende Faktum listet für uns wichtige Ergebnisse auf. Alle für unseren unten angegebenen Approximationsalgorithmus benötigten Resultate werden in den Übungen bewiesen.

2.7 Fakt:

(a) *Jeder planare Graph kann in Polynomzeit mit 6 Farben knotengefärbt werden.*   Ü. 2.5

(b) *[Der berühmte Vier-Farben-Satz; 1977 bewiesen von Appel & Haken]*
   Jeder planare Graph kann mit 4 Farben knotengefärbt werden.

(c) *Das Entscheidungsproblem „Ist der planare Graph G knoten-3-färbbar?" ist NP-vollständig [GJ79, S. 87ff].*

(d) *Es kann in Polynomzeit entschieden werden, ob ein Graph G knoten-2-färbbar ist, und,*   Ü. 2.4
   falls ja, kann eine solche Färbung berechnet werden.

Den Beweis des Vier-Farben-Satzes kann man in einen Algorithmus zur Konstruktion einer Knoten-4-Färbung verwandeln, der dann eine Laufzeit von $O(|V|^2)$ hat [RSST96]. Ein wesentlicher Teil dieses Verfahrens ist eine Fallunterscheidung, die aus 633 Fällen besteht (bei Appel & Haken waren es ursprünglich sogar 1818 Fälle). Obwohl dieser Algorithmus natürlich von großem theoretischen Interesse ist, ist er nicht wirklich realisierbar. Wir geben uns im folgenden mit einer Knoten-6-Färbung zufrieden.

Dazu betrachte nun den folgenden Algorithmus:

ALGORITHMUS COLPLAN

(1)   Teste gemäß Fakt 2.7 (d), ob G knoten-2-färbbar ist;

(2)   Falls nicht: Färbe die Knoten gemäß Fakt 2.7 (a) mit 6 Farben.

Für diesen Algorithmus gilt offensichtlich:

2.8 Satz:
COLPLAN *garantiert eine absolute Güte von* $\kappa_{\text{COLPLAN}}(G) \leq 3$, *d. h.*

$$|\text{COLPLAN}(G) - \text{OPT}(G)| \leq 3 \ .$$

Würden wir in (2) den oben erwähnten Algorithmus des Vier-Farben-Satzes einsetzen, bekämen wir als absolute Güte sogar den Wert 1.

2.1.2   Kantenfärbung beliebiger Graphen

Wir wenden uns nun der Aufgabe zu, gute Kantenfärbungen zu berechnen. Ein erster Ansatz
Ü. 2.7   könnte wieder in einem greedy Algorithmus bestehen. Diesen analysieren wir in den Übungen.

Es gibt einen interessanten Satz der Graphentheorie über Kantenfärbungen allgemeiner Graphen, der im Gegensatz zum Vier-Farben-Satz für planare Graphen (Fakt 2.7 (b)) einen schönen, relativ leicht nachvollziehbaren Beweis besitzt [Bol98, S. 153f] und einen fast optimalen Kantenfärbungsalgorithmus liefert.

2.9 Satz: (Vizing, 1964)
Jeder Graph G braucht mindestens $\Delta(G)$ und höchstens $\Delta(G) + 1$ Farben für eine Kantenfärbung.

Beweis:
Daß mindestens $\Delta(G)$ Farben benötigt werden, ist klar.

Die obere Schranke beweisen wir, indem wir einen Algorithmus angeben, der eine Kantenfärbung mit höchstens $\Delta(G) + 1$ Farben berechnet.

Wenn die Kanten von G gefärbt sind, dann sagen wir, daß die Farbe c an Knoten u *fehlt*, wenn keine zu u inzidente Kante mit c gefärbt ist. Beachte, daß an jedem Knoten immer mindestens eine Farbe fehlt, da wir $\Delta(G) + 1$ Farben vergeben dürfen.

Wesentlich für den Beweis ist die folgende Beobachtung:

2.10 Lemma:
Sei G kantengefärbt mit den Farben $\{1, \ldots, \Delta(G) + 1\}$, und seien u und v Knoten mit $\{u, v\} \notin E$ und $\deg(u), \deg(v) < \Delta(G)$. Dann kann G so umgefärbt werden, daß an u und v dieselbe Farbe fehlt.

Beweis:
An u möge die Farbe s fehlen, an v die Farbe c_1. Wir sorgen im folgenden dafür, daß c_1 auch an

u fehlt. Dazu konstruieren wir mit folgendem Algorithmus eine Knotenfolge $(v_1, \ldots, v_h)$ von Nachbarn von u und eine Farbenfolge $(c_1, \ldots, c_{h+1})$, für die gilt: Kante $\{u, v_i\}$ ist mit c_i gefärbt, und an v_i fehlt c_{i+1}.

$i := 1;$
while es gibt eine mit c_i gefärbte Kante $\{u, v_i\} \in E$, $v_i \notin \{v_1, \ldots, v_{i-1}\}$
do
    $c_{i+1} :=$ eine an v_i fehlende Farbe;
    $i := i + 1$
done

Sei h die Anzahl der Schleifendurchläufe, d. h. die Kante $\{u, v_h\}$ wurde als letzte betrachtet. Abb. 2.3 zeigt die berechneten Folgen.

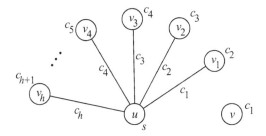

Abbildung 2.3: Die Bestimmung der v_i und c_i.

Da nur Nachbarn von u betrachtet werden, wird die while-Schleife höchstens $\Delta(G) - 1$ Mal durchlaufen. Es gibt zwei Möglichkeiten, die Schleife abzubrechen:

(a) Es gibt keine zu u inzidente Kante, die mit c_{h+1} gefärbt ist.

(b) Es gibt eine Kante $\{u, v_j\}$, so daß $c_j = c_{h+1}$ ist.

Bei Fall (a) können wir die Farben ganz einfach „verschieben": Färbe alle Kanten $\{u, v_i\}$ mit der Farbe c_{i+1}. c_1 wird dadurch zu einer an u und v fehlenden Farbe (vgl. Abb. 2.4).

Die Behandlung von Fall (b) ist etwas komplizierter. Zuerst führen wir die Farbverschiebung wie in Fall (a) mit den Kanten $\{u, v_{j-1}\}, \ldots, \{u, v_1\}$ durch und entfärben die Kante $\{u, v_j\}$ (vgl. Abb 2.5). Dadurch wird c_1 wieder zu einer an u fehlenden Farbe, und wir müssen nun $\{u, v_j\}$ färben.

Dazu betrachten wir den Teilgraphen $H(s, c_{h+1})$ von G, der nur aus den Kanten besteht, die mit den Farben s oder c_{h+1} gefärbt sind, und den zugehörigen Knoten. Da in $H(s, c_{h+1})$ jeder Knoten an höchstens zwei Kanten beteiligt ist, sind die Zusammenhangskomponenten höchstens

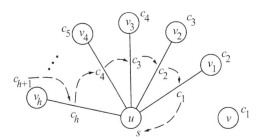

Abbildung 2.4: Behandlung von Fall (a).

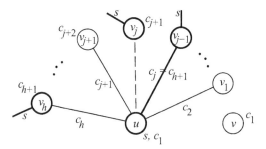

Abbildung 2.5: Fall (b) nach dem Verschieben der Farben. Mögliche Teile
von $H(s, c_{h+1})$ sind fett dargestellt.

Kreise und Pfade. Die Knoten u, v_j und v_h sind in $H(s, c_{h+1})$ sogar nur an höchstens einer Kante beteiligt, sie sind also alle Endpunkte von Pfaden des $H(s, c_{h+1})$. u, v_j und v_h können somit
nicht alle in derselben Zusammenhangskomponente von $H(s, c_{h+1})$ liegen. Die Kante, die von
v_j bzw. v_h wegführen kann, muß mit s gefärbt sein. Wir unterscheiden:

(b1) u und v_j liegen in verschiedenen Zusammenhangskomponenten.

(b2) u und v_h liegen in verschiedenen Zusammenhangskomponenten.

Im Fall (b1) können wir in der Komponente von v_j die Farben s und c_{h+1} vertauschen, so daß
nun sowohl an u, als auch an v_j die Farbe s fehlt, wir also $\{u, v_j\}$ mit s färben können.

Im Fall (b2) können wir das Verschieben der Farben wie in Fall (a) mit den Kanten $\{u, v_{h-1}\}, \dots,$
$\{u, v_j\}$ durchführen und nun die Kante $\{u, v_h\}$ entfärben. Damit ist dieser Fall auf Fall (b1)
zurückgeführt worden und wird nun wie dort weiterbehandelt.   □ (Lemma 2.10)

In Lemma 2.10 brauchen wir eine Farbe mehr, als der Knotengrad $\Delta(G)$ erzwingt, da an *jedem* Knoten eine Farbe fehlen muß. Beachte ebenso, daß die Anzahl der tatsächlich benutzten
Farben größer werden kann: s muß nicht unbedingt in der Anfangsfärbung auftauchen.

Mit Lemma 2.10 können wir nun Satz 2.9 einfach durch einen rekursiven Algorithmus beweisen. Wir nehmen eine beliebige Kante aus G heraus, färben den verbliebenen Graphen rekursiv und behandeln die Knoten der entnommenen Kante gemäß Lemma 2.10.

ALGORITHMUS FÄRBEKANTEN($G = (V, E)$)

   if $|E| = \emptyset$
   then return
   else
       wähle eine beliebige Kante $\{u, v\} \in E$;
       $G' := G \setminus \{u, v\}$;
       FÄRBEKANTEN(G') ; [*Jetzt ist G' mit höchstens $\Delta(G') + 1$ Farben kantengefärbt*]
       if $\Delta(G') < \Delta(G)$
          then färbe die Kante $\{u, v\}$ mit der kleinstmöglichen an u und v fehlenden Farbe
               aus $\{1, \ldots, \Delta(G) + 1\}$
          else färbe G' gemäß Lemma 2.10 so um, daß an u und v dieselbe Farbe c fehlt,
               und färbe $\{u, v\}$ mit c
   end.

Den Algorithmus kann man auch so rekursionsfrei umformulieren, daß man, beginnend mit dem kantenfreien Graphen auf V, jeweils eine Kante von E einfügt und diese gemäß der obigen if-Abfrage färbt. □

Da es Graphen gibt, die mindestens $\Delta(G) + 1$ Farben zur Kantenfärbung benötigen (z. B. die vollständigen Graphen mit ungerader Anzahl an Knoten), kann die Aussage des Satzes von Vizing nicht schärfer formuliert werden. Ü. 2.6

2.11 Satz:
Algorithmus FÄRBEKANTEN *kann in Zeit $O(|V| \cdot |E|)$ ausgeführt werden und garantiert absolute Güte 1.* Ü. 2.8

Daß die absolute Abweichung ebenfalls 1 ist, wird in den Übungen behandelt. Ü. 2.9

Wie bereits erwähnt, ist das Entscheidungsproblem, ob ein Graph G mit $\Delta(G)$ Farben kantengefärbt werden kann, NP-vollständig [Hol81]. Holyer schränkt die untersuchte Graphklasse sogar sehr ein: Es wird gezeigt, daß die Beantwortung der Frage „Kann der 3-reguläre Graph G mit 3 Farben kantengefärbt werden?" NP-vollständig ist.

2.2   Ein Unmöglichkeitsergebnis für das Rucksackproblem

Leider gibt es (sogar sehr viele) Probleme, für die es wohl keinen polynomiellen Approximationsalgorithmus gibt, der konstante absolute Güte erreichen kann. Wir werden jetzt eine
problembezogene untere Schranke für ein konkretes Problem Π angeben (anstatt „nur" eine algorithmusbezogene untere Schranke für einen speziellen Algorithmus A für Π). Für Π
wählen wir RUCKSACK (siehe Beispiel 1.3(b)).

2.12 Satz:
Falls P $\neq$ NP *ist, gibt es keine Konstante* $k \in \mathbb{N}$, *so daß es einen polynomiellen Approximationsalgorithmus* A *für das Rucksackproblem gibt mit*

$$|A(I) - \mathrm{OPT}(I)| \leq k \ .$$

Beweis:
Wir nehmen an, daß k und A doch existieren, und zeigen, daß man dann sogar einen *exakten* Algorithmus A' mit polynomieller Laufzeit für das Rucksackproblem angeben kann. Da mit dieser optimalen Lösung dann die NP-vollständige Entscheidungsvariante des Rucksackproblems
(siehe nach Beispiel 1.3) gelöst werden kann, folgt damit, daß P = NP ist, im Widerspruch zur
Annahme.

Sei $I = \langle W, \mathrm{vol}, p, B \rangle$ eine Probleminstanz des Rucksackproblems. Dazu konstruieren wir die
Probleminstanz $I' = \langle W', \mathrm{vol}', p', B' \rangle$ mit $W' = W$, $\mathrm{vol}' = \mathrm{vol}$, $B' = B$ und $p'(w) = (k+1) \cdot p(w)$.
Offensichtlich ist eine zulässige Lösung σ für I auch eine zulässige Lösung für I' und umge-
kehrt, da vol unverändert geblieben ist, d. h. $S(I) = S(I')$.

Die Werte von $\sigma \in S(I) = S(I')$ sind:

$$
\begin{aligned}
f_I(\sigma) &= \sum_{w \in \sigma} p(w) \\
f_{I'}(\sigma) &= \sum_{w \in \sigma} (k+1) \cdot p(w) = (k+1) \cdot f_I(\sigma)
\end{aligned}
$$

Wegen der Monotonie der Multiplikation mit $k+1$ ist eine optimale Lösung σ_{opt} für I auch
eine optimale Lösung für I'.

Nun stellen wir uns die zulässigen Lösungen ansteigend nach ihren Werten angeordnet vor, d. h.
$S(I) = \{\sigma_1, \ldots, \sigma_{|S(I)|}\}$ mit $f_I(\sigma_i) \leq f_I(\sigma_{i+1})$. Beachte, daß gleichfalls $f_{I'}(\sigma_i) \leq f_{I'}(\sigma_{i+1})$ gilt,
da keine zulässige Lösung durch die monotone Multiplikation eine andere zulässige Lösung
„überholen" kann.

Sei j der Index mit $f_I(\sigma_{j-1}) < \mathrm{OPT}(I)$ und $f_I(\sigma_j) = \mathrm{OPT}(I)$. Damit ist $f_I(\sigma_j) - f_I(\sigma_{j-1}) \geq 1$
und

$$f_{I'}(\sigma_j) - f_{I'}(\sigma_{j-1}) = (k+1) \cdot (f_I(\sigma_j) - f_I(\sigma_{j-1})) > k \ .$$

D. h. zwischen dem Wert einer optimalen Lösung von I' und den Werten aller nichtoptimalen Lösungen von I' klafft eine additive Lücke von mehr als k.

Nun sind wir soweit, daß wir den einfachen Algorithmus A' angeben können:

1. berechne die Probleminstanz I';

2. bestimme mittels A eine Lösung σ für I';

3. gib $\sigma_{A'} = \sigma$ aus.

A' läuft offensichtlich in polynomieller Zeit. Nun gilt $\text{OPT}(I') - f_{I'}(\sigma_{A'}) \leq k$ wegen Schritt 2. Da es für I' keine zulässigen Lösungen mit dieser Eigenschaft außer den optimalen Lösungen gibt, ist $\sigma_{A'}$ eine optimale Lösung für I' und damit auch für I. $\qquad\square$

Dieser Beweis enthält eine typische Vorgehensweise, um zu zeigen, daß ein Problem schlecht approximierbar ist: Durch eine Transformation der ursprünglichen Probleminstanz I von Π in eine Probleminstanz I' von Π' wird die Lücke zwischen dem optimalen Wert und dem nächst-besten nichtoptimalen Wert, die für I relativ klein ist, in I' sehr groß. Diese Vorgehensweise wird *Scaling* oder auch *Gap Amplification* genannt.

Eine weitere markante Eigenschaft beim gerade geführten Beweis ist die Tatsache, daß wir das Problem auf sich selbst reduziert haben, weshalb dieser Ansatz *Selbstreduktion* genannt wird. Wenn wir das Problem „Approximiere das Rucksackproblem mit absoluter Güte k" mit RUCKSACK$\{k\}$ bezeichnen, haben wir damit gezeigt, daß RUCKSACK$\{0\} \leq_p$ RUCKSACK$\{k\}$ für alle $k \in \mathbb{N}$ gilt, oder ganz lax gesprochen, daß die exakte Lösung des Rucksackproblems nicht schwieriger ist, als das Rucksackproblem mit absoluter Güte k zu approximieren.

Das Rucksackproblem hat also, etwas allgemeiner formuliert, die folgende Eigenschaft. Kann man es mit absoluter Gütegarantie k approximieren, dann kann man es auch für alle k' mit $1 \leq k' \leq k$ mit absoluter Gütegarantie k' approximieren. Man sagt, daß RUCKSACK die (absolute) *self-improvement property* habe.

Das ganze kann man sich vorstellen wie ein geometrisches Problem, das man auf einem kleinen Luftballon lösen soll und bei dem ein Punkt mit einer bestimmten Eigenschaft gefunden werden soll, der Approximationsalgorithmus aber nur Punkte im Umkreis mit dem Radius k um den gesuchten Punkt auszugeben vermag. Wird der Luftballon aufgeblasen, entfernen sich alle Punkte voneinander, ohne daß der gesuchte Punkt die ihn bestimmende Eigenschaft verliert. Wird der Luftballon so weit aufgeblasen, daß es im Umkreis mit dem Radiusvon k keine anderen Punkte mehr gibt, muß der Approximationsalgorithmus zwangsläufig den gesuchten Punkt ausgeben. Hierbei ist auch wichtig, daß die Veränderung in polynomieller Zeit stattfinden kann. Diese Beweismethode wird in den Übungen für weitere Probleme angewandt. Ü. 2.12

Beachte, daß k nicht einmal eine Konstante sein muß. In Übung 2.11 wird bestimmt, wie stark Ü. 2.11 k in der Eingabegröße wachsen kann, so daß noch immer P = NP folgen würde.

Das Rucksackproblem kann also (falls, wie alle vermuten, $P \neq NP$ ist) nicht mit konstanter absoluter Güte approximiert werden. Wenn wir uns aber nur wünschen, daß die additive Abweichung von der optimalen Lösung klein sein soll im Verhältnis zum Wert der optimalen Lösung (d. h. eine Abweichung von 10 bei einem Wert der optimalen Lösung von 20 zwar zu viel, aber bei einem Wert der optimalen Lösung von 1000 gut genug ist), dann ist dieses Ziel tatsächlich erreichbar, wie wir in Kapitel 4 sehen werden.

2.3   Literatur zu Kapitel 2

[Bol98]   B. Bollobás. *Modern Graph Theory*. Springer, New York, 1998.

[GJ79]   M. R. Garey and D. S. Johnson. *Computers and Intractability – A Guide to the Theory of NP-Completeness*. Freeman, New York, 1979.

[Hal93]   M. M. Halldórsson. A still better performance guarantee for approximate graph coloring. *Information Processing Letters*, 45:19–23, 1993.

[Hol81]   I. Holyer. The NP-completeness of edge-coloring. *SIAM Journal on Computing*, 10:718–720, 1981.

[Kuč91]   L. Kučera. The greedy coloring is a bad probabilistic algorithm. *Journal of Algorithms*, 12:674–684, 1991.

[RSST96]   N. Robertson, D. P. Sanders, P. Seymour, and R. Thomas. Efficiently four-coloring planar graphs. In *Proc. 28th ACM Symposium on Theory of Computing (STOC)*, pages 571–575, 1996.

Übungen zu Kapitel 2

Aufgabe 2.1

Sei $G = (V, E)$ ein Graph. $\chi(G)$ bezeichnet die minimale Zahl an Farben, mit der man auskommt, eine Knotenfärbung von G durchzuführen.

Zeige:

$$\chi(G) \le \tfrac{1}{2} + \sqrt{2 \cdot |E| + \tfrac{1}{4}}$$

Aufgabe 2.2

Gib eine unendliche Menge $\mathcal{G} = \{G_1, G_2, \dots\}$ von knoten-2-färbbaren Graphen an, so daß es für jeden Graphen G_i eine Rechnung von GREEDYCOL gibt, die eine Färbung mit $\Delta(G_i) + 1$ Farben ausgeben kann.

Aufgabe 2.3

Zeige: Für jeden Graphen G mit n Knoten gibt es eine Benennung der Knoten mit $u_1, u_2, \dots, u_n$ derart, daß Algorithmus GREEDYCOL eine optimale Knotenfärbung für G berechnet.

Aufgabe 2.4

Zeige, daß in Polynomzeit für jeden Graphen G entschieden werden kann, ob G knoten-2-färbbar ist. Falls G knoten-2-färbbar ist, soll der Algorithmus eine Knoten-2-Färbung bestimmen.

Aufgabe 2.5

Sei G ein *beliebiger* zusammenhängender planarer Graph mit n Knoten, m Kanten und f Facetten.

(a) Zeige durch Induktion nach f, daß gilt: $n - m + f = 2$.

Anmerkung: Diese Aussage ist der berühmte *Eulersche Polyedersatz* (überlege Dir, was planare Graphen mit Polyedern zu tun haben). Aus der genannten Beziehung kann man übrigens dann auch folgern, daß es nur eine Möglichkeit gibt, einen Fußball aus 5- und 6-eckigen Lederstücken so zusammenzunähen, wie es beim klassischen Fußball üblich ist, nämlich so, daß die Fünfecke nur von Sechsecken umgeben sind, und daß um die Sechsecke abwechselnd ein Fünfeck und ein Sechseck liegen (vgl. den abgebildeten Fußball). Das geht so nur mit 12 Fünfecken und 20 Sechsecken.

(b) Sei g die Länge eines kürzesten Kreises in G. Ist G kreisfrei, setzt man $g = \infty$. g heißt die *Taillenweite* (engl.: *girth*) von G.

Zeige: $m \le \frac{g}{g-2} \cdot (n-2)$. Folgere, daß $m \le 3n - 6$ ist.

Hinweise: (i) Eine *Brücke* ist eine Kante in einem Graphen, deren Entfernung die Anzahl der Zusammenhangskomponenten erhöht. Behandle Brücken gesondert. (ii) Sei *f* die Anzahl der Facetten in einem brückenlosen Graphen, die durch *i* Kanten begrenzt werden. Was ist $\sum_i i \cdot f_i$?

Nutze diese Eigenschaft planarer Graphen, um zu zeigen, daß K_5 und $K_{3,3}$ (vgl. Abbildung 2.2(b)). nicht planar sind.

Anmerkung: Daß $m \leq 3n - 6$ ist, ist eine für Algorithmen auf planaren Graphen sehr nützliche Eigenschaft, denn sie bedeutet, daß die Zahl der Kanten planarer Graphen linear in der Anzahl der Knoten ist!

(c) Zeige, daß G mindestens einen Knoten mit Grad 5 odr kleiner enthält.

(d) Gib einen Algorithmus an, der eine Knotenfärbung von G mit 6 Farben berechnet.

Aufgabe 2.6
Sei K_n der vollständige Graph auf n Knoten.

(a) Wieviele Farben braucht man für eine Knotenfärbung von K_n?

(b) Sei n ungerade, $n \geq 3$. Zeige: Jede Kantenfärbung des K_n besteht aus mindestens $n = \Delta(G) + 1$ Farben.

Aufgabe 2.7
Betrachte den Algorithmus GREEDYEDGECOL, der ganz analog zu GREEDYCOL die Kanten des Eingabegraphen G auf „greedy" Art und Weise färbt.

(a) Bestimme die absolute Gütegarantie κ in Abhängigkeit vom Grad $\Delta(G)$.

(b) Zeige, daß der in Abbildung 2.6 dargestellte Graph ein κ-Zeuge gegen den greedy Algorithmus ist.

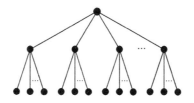

Abbildung 2.6: κ-Zeuge gegen GREEDYEDGECOL

Aufgabe 2.8

Entwickle aus dem Beweis des Satzes von Vizing (Satz 2.9) einen Algorithmus, der als Eingabe eine Beschreibung von G bekommt und als Ausgabe eine Kanten-$(\Delta(G)+1)$-Färbung von G berechnet. Bestimme die Laufzeit des Algorithmus.

Aufgabe 2.9

Gib einen kanten-$\Delta(G)$-färbbaren Graphen G an, für den der Algorithmus FÄRBEKANTEN aus dem Beweis des Satzes von Vizing (Satz 2.9) eine Kanten-$(\Delta(G)+1)$-Färbung berechnen kann.

Mit anderen Worten: Gib einen 1-Zeugen gegen FÄRBEKANTEN an.

Aufgabe 2.10

Beim Problem Max-2BINPACKING ist eine Probleminstanz I gegeben durch eine Menge S von n Objekten der Volumina $s_1, \ldots, s_n \in \mathbb{N}$ und zwei Kisten (engl.: *bins*) mit Fassungsvermögen jeweils $C \in \mathbb{N}$. Eine zulässige Lösung $L = [S_1, S_2]$ besteht aus zwei disjunkten Teilmengen S_1, S_2 von S, so daß das Volumen von S_1 und das von S_2 jeweils höchstens C ist, also die beiden Mengen in je eine Kiste gepackt werden können. Der Wert einer zulässigen Lösung ist die Anzahl der eingepackten Objekte, d. h. $|S_1| + |S_2|$. Gesucht ist L^* mit der maximalen Anzahl verpackbarer Objekte.

Der Einfachheit halber nehmen wir an, daß die Objekte schon nach ihrem Volumen sortiert vorliegen, d. h. $s_1 \leq \cdots \leq s_n$.

Die Entscheidungsvariante von Max-2BINPACKING ist NP-vollständig.

(a) Beschreibe Max-2BINPACKING formal durch seine vier Komponenten.

(b) Gib einen polynomiellen Algorithmus PACK für Max-2BINPACKING mit absoluter Güte $\kappa_{\text{PACK}}(I) \leq 1$ an. Beweise die Gütegarantie und die absolute Abweichung.

Hinweis: Greedy Algorithmus.

Aufgabe 2.11

(a) Bestimme eine möglichst große Funktion $\kappa(n)$, so daß gilt: Kann man das Rucksackproblem mit absoluter Güte $\kappa(n)$ in Polynomzeit approximieren, so ist P = NP.

(b) Welche absolute Gütegarantie hat der Approximationsalgorithmus für das Rucksackproblem, der die wertvollste Ware in den Rucksack packt und diese Rucksackfüllung als Lösung ausgibt?

Aufgabe 2.12

Zeige durch Selbstreduktion, daß, falls $P \neq NP$ ist, die folgenden Probleme nicht mit absoluter konstanter Güte approximierbar sind. Ihre Enscheidungsprobleme sind NP-vollständig.

(a) Das Traveling Salesperson Problem TSP.

(b) Mengenüberdeckung minimaler Kardinalität: SETCOVER

Gegeben sei eine endliche Menge V und eine Sammlung $S = \{S_1, \ldots, S_m\}$ von Teilmengen von V. Bestimme eine möglichst kleine Teilmenge $S_{cov} = \{S_{i_1}, \ldots, S_{i_\ell}\}$ von S mit $\bigcup_{j=1}^{\ell} S_{i_j} = V$.

(c) Max2SAT. (Beachte: Die Entscheidungsvariante von Max2SAT ist NP-vollständig, dagegen ist $2SAT \in P$!)

Zur Definition von Max-SAT siehe Def. 6.2 auf S. 92. Max2SAT ist die Einschränkung dieses Problems, bei der die Oder-Klauseln aus höchstens zwei Literalen bestehen.

(d) Minimale Knotenmenge eines Graphen, so daß das Entfernen dieser Knoten dazu führt, daß der Restgraph bipartit ist.

Kapitel 3

Approximation mit relativer Gütegarantie

Die im vorhergehenden Kapitel untersuchte Approximation mit absoluter Gütegarantie kommt immer dann sehr nah an den Wert einer optimalen Lösung, wenn die Werte der Lösungen sehr groß sind. Eine konstante absolute Abweichung von z. B. 10 bei einem optimalen Wert von 1 000 000 fällt kaum noch „ins Gewicht". Wie wir aber zum Ende des Kapitels gesehen hatten, kann man bei vielen Problemen durch einen vergleichsweise einfachen Multiplikationstrick die Lücke zwischen optimaler und zweitbester Lösung beinahe beliebig groß machen und damit zeigen, daß man das Problem nicht gut im Rahmen einer absoluten Gütegarantie approximieren kann. Deswegen wenden wir uns nun der „prozentualen", bzw. korrekter, der relativen Güte zu, bei der man sich in Abhängigkeit von den Werten der Lösungen mit einer Abweichung von z. B. maximal 10% zufrieden gibt. Dies entspricht der alltäglichen Redewendung „Ein, zwei Prozent Abweichung sind tolerierbar".

Wieder gehen wir vor wie in Kapitel 2. Nach der Definition der benötigten Begriffe stellen wir als Beispiele Approximationsalgorithmen für das metrische TSP, das Independent Set Problem und das Knotenfärbungsproblem vor. Das Kapitel wird mit einem negativen Resultat, nämlich der Nichtapproximierbarkeit bei relativer Güte des vollen TSP abgeschlossen.

3.1 Definition:

Sei Π ein Optimierungsproblem und A ein Approximationsalgorithmus für Π.

(a) A hat bei Eingabe I eine *relative Güte* von

$$\rho_A(I) = \max\left\{\frac{A(I)}{\text{OPT}(I)}, \frac{\text{OPT}(I)}{A(I)}\right\} \ .$$

Der vordere Bruch wird maximal, wenn Π ein Minimierungsproblem ist, der hintere, wenn Π ein Maximierungsproblem ist. Beachte, daß $\rho_A(I) \geq 1$ für alle I ist.

(b) Die *relative worst-case-Güte* von A ist die Funktion

$$\rho_A^{\text{wc}}(n) = \max\{\rho_A(I) \mid I \in \mathcal{D}, |I| \leq n\} \ .$$

(c) Sei $\rho_A : \mathbb{N} \rightarrow \mathbb{N}$ eine Funktion. A garantiert eine relative Güte von $\rho_A(n)$, falls für alle n gilt: $\rho_A^{\mathrm{wc}}(n) \leq \rho_A(n)$.

(d) A macht bei Eingabe I einen *relativen Fehler* von

$$\varepsilon_A(I) = \frac{|A(I) - \mathrm{OPT}(I)|}{\mathrm{OPT}(I)} = \left| \frac{A(I)}{\mathrm{OPT}(I)} - 1 \right| \ .$$

A garantiert einen relativen Fehler von höchstens $\varepsilon_A(n)$, falls für alle $I \in \mathcal{D}$ mit $|I| \leq n$ gilt: $\varepsilon_A(I) \leq \varepsilon_A(n)$. Der relative Fehler setzt also die absolute Güte ins Verhältnis zum Wert einer optimalen Lösung.

(e) Sei $\rho_A' : \mathbb{N} \rightarrow \mathbb{N}$ eine Funktion. A hat eine *relative Abweichung* von $\rho_A'(n)$, falls für unendlich viele n gilt: $\rho_A^{\mathrm{wc}}(n) \geq \rho_A'(n)$. Eine unendlich große Menge $\mathcal{D}'$, $\mathcal{D}' \subseteq \mathcal{D}$, heißt $\rho_A'(n)$-*Zeugenmenge* gegen A, wenn für alle $I \in \mathcal{D}'$ gilt: $\rho_A(I) \geq \rho_A'(|I|)$. Eine einzelne solche Eingabe nennen wir dann (wieder etwas ungenau) einen $\rho_A'(n)$-*Zeugen*.

An dieser Stelle wird klar, warum wir in Definition 1.2 auf Seite 7 verhindert haben, daß $f(\sigma) = 0$ sein darf, denn schließlich wollen wir nicht durch 0 dividieren. Ebenso haben wir dort gefordert, daß die Werte aller zulässigen Lösungen gleiches Vorzeichen haben, was bei der Bewertung der Lösungsqualität durch einen Bruch ebenfalls wichtig ist.

Der relative Fehler kann bei einem Minimierungsproblem beliebig groß werden, bei einem Maximierungsproblem aber nicht einmal 1. Definitionen des relativen Fehlers, die diese Asymmetrie vermeiden, werden in den Übungen diskutiert.

Ü. 3.1

Die oben definierte relative Güte $\rho_A(n)$ wird neben $\rho_A^{\mathrm{wc}}(n)$ ebenfalls als relative *worst-case-Güte* bezeichnet, da $\rho_A(n)$ für *jede* Eingabe I eine obere Schranke für $\rho_A(I)$ ist. Die etwas „großzügigere" Definition der sog. relativen *asymptotischen* Güte $\rho_A^{\infty}(n)$ erlaubt es, ein „schwaches Verhalten" von A für Eingaben I mit kleinem optimalen Lösungswert zu ignorieren. Wir behandeln dies formal in den Übungen. Direkt aus der Definition folgt:

Ü. 3.2

3.2 Bemerkung:

Sei Π ein Optimierungsproblem und A ein Approximationsalgorithmus für Π.

(a) *Bei einem Minimierungsproblem ist $1 + \varepsilon_A(n) = \rho_A(n)$.*

(b) *Bei einem Maximierungsproblem ist $1 - \varepsilon_A(n) = \frac{1}{\rho_A(n)}$.*

(c) *Für beide Problemtypen ist $\varepsilon_A(n) \leq \rho_A(n) - 1$.*

Die Definition der relativen Güte gibt direkt in Abhängigkeit von $\mathrm{OPT}(I)$ eine untere und eine obere Schranke für $A(I)$. Eine interessante Eigenschaft der relativen Gütegarantie (wie gleichfalls der absoluten Güte), so man sie durch eine Analyse von A bestimmt hat, ist, daß man

aus $A(I)$, einem explizit berechneten Wert, umgekehrt auch auf den Wert von OPT(I) zurückschließen kann. Man kann also, je nachdem, ob ein Minimierungs- oder Maximierungsproblem
vorliegt, zusätzlich eine untere bzw. obere Schranke für den Wert einer optimalen Lösung angeben (für ein Beispiel siehe Seite 45). Zusammengefaßt haben wir die Schranken:

3.3 Bemerkung:
Sei Π ein Optimierungsproblem und A ein Approximationsalgorithmus für Π.

(a) *Ist Π Minimierungsproblem, gilt:*

   (1) $\mathrm{OPT}(I) \leq A(I) \leq \rho_A(|I|) \cdot \mathrm{OPT}(I)$ (2) $\frac{1}{\rho_A(|I|)} \cdot A(I) \leq \mathrm{OPT}(I) \leq A(I)$.

(b) *Ist Π Maximierungsproblem, gilt:*

   (1) $\frac{1}{\rho_A(|I|)} \cdot \mathrm{OPT}(I) \leq A(I) \leq \mathrm{OPT}(I)$ (2) $A(I) \leq \mathrm{OPT}(I) \leq \rho_A(|I|) \cdot A(I)$.

(c) *Da die Beziehung $|A(I) - \mathrm{OPT}(I)| \leq \varepsilon_A(|I|) \cdot \mathrm{OPT}(I)$ unmittelbar aus der Definition des
   relativen Fehlers folgt, gilt*

$$(1 - \varepsilon_A(|I|)) \cdot \mathrm{OPT}(I) \leq A(I) \leq (1 + \varepsilon_A(|I|)) \cdot \mathrm{OPT}(I)$$

   bei beiden Problemtypen.

Bemerkung 3.3(c) wird so interpretiert, daß – unabhängig vom Optimierungsziel (min oder
max) – die Werte der berechneten Lösungen in einem ε-Schlauch um die Werte optimaler
Lösungen liegen.

3.1   Das metrische *Traveling Salesperson Problem*

In diesem Abschnitt stellen wir Approximationsalgorithmen für die als „metrisch" oder ΔTSP
bezeichnete Variante des TSP vor und analysieren sie unter dem Gesichtspunkt der relativen
Gütegarantie.

Zuerst betrachten wir eine naheliegende Klasse von Verfahren, und danach untersuchen wir
einen echten „Klassiker" auf dem Gebiet der Approximationsalgorithmen, den Algorithmus
von Christofides.

Da wir im letzten Abschnitt dieses Kapitels zeigen, daß das volle TSP (vermutlich) nicht gut
approximierbar ist, müssen wir eine das Problem „vereinfachende" Annahme machen, die allerdings nichts an der NP-Vollständigkeit des zugehörigen Entscheidungsproblems[1] ändert: Das

---

[1] Auf Seite 54 sehen wir, daß die Entscheidungsvariante des ΔTSP NP-vollständig ist.

metrische TSP ist definiert wie das volle TSP mit folgender Änderung an $\mathcal{D}$:

$$\mathcal{D} = \{\,\langle K_n, c\rangle \mid K_n \text{ vollständiger Graph auf } n \text{ Knoten}, c : E \to \mathbb{N},$$
$$\forall u, v, w \in V : \underbrace{c(u,v) \leq c(u,w) + c(w,v)}_{(\star)}\,\}$$

Die Beziehung $(\star)$ ist die bekannte Dreiecksungleichung, weshalb für dieses Problem auch die Abkürzung ΔTSP gebräuchlich ist.

Daß wir keine Chance haben, dieses Problem mit einer guten absoluten Gütegarantie zu approximieren, zeigt eine ganz einfache *Gap Amplification*: Könnte man ΔTSP mit absoluter Garantie k approximieren, kann man die Abstände der Knoten um den Faktor $k+1$ verlängern, und schon gibt es zwischen einer besten und jeder anderen Lösung eine additive Lücke, die größer als k ist.

Umfangreiche Bücher über das TSP sind von Lawler *et al.* [LLRS85] und von Reinelt [Rei94]. Ein sehr schöner Übersichtsaufsatz von Grötschel/Padberg ist im April 1999 im Spektrum der Wissenschaft erschienen [GP99].

3.1.1   Einfüge-Heuristiken

Wir beginnen unsere Betrachtung des ΔTSP mit der Untersuchung einer ganzen Klasse von recht naheliegenden Approximationsalgorithmen. Da wir sehen werden, daß die Garantie der relativen Güte allgemein recht schlecht ausfällt, sind die Algorithmen dieser Klasse als Einfüge-*Heuristiken* bekannt.

Dieser Name kommt von der wesentlichen Operation dieser Algorithmen. Eine bereits konstruierte, noch nicht alle Knoten besuchende Tour wird durch Einfügen eines neuen Knotens zwischen zwei in der Tour bislang benachbarten Knoten erweitert. Dies geschieht allerdings nicht „irgendwie", sondern kontrolliert. Genauer sei $C = (u_1, \ldots, u_k, u_1)$ ein Kreis in K_n, und sei v ein Knoten, der noch nicht in dem Kreis C enthalten ist (hier und im folgenden identifizieren wir u_1 mit u_{k+1}).

ALGORITHMUS EINFÜGE(C, v)

(1)   bestimme i, so daß $c(u_i, v) + c(v, u_{i+1}) - c(u_i, u_{i+1})$ minimal ist;

(2)   gib $(u_1, \ldots, u_i, v, u_{i+1}, \ldots, u_k, u_1)$ aus

Abbildung 3.1 zeigt das Einfügen eines Knotens in eine bestehende Tour. Für die nachfolgende Analyse ist wichtig, daß Knoten v so zwischen zwei in der Tour benachbarten Knoten eingefügt wird, daß die bestehende Tour dadurch am geringsten verlängert wird.

Mit dieser Operation können wir jetzt die Klasse der Einfüge-Heuristiken definieren:

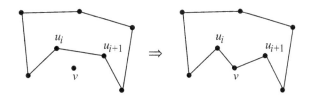

Abbildung 3.1: Einfügen des Knotens v in eine bestehende Tour.

ALGORITHMUS EH

$C_1 := (v_1, v_1)$ für einen beliebigen Knoten v_1;
for $j := 2$ **to** n **do**
   $(*)$ wähle einen Knoten v_j, der nicht in C_{j-1} ist;
     $C_j := \text{EINFÜGE}(C_{j-1}, v_j)$
done

Es handelt sich hierbei um eine ganze Klasse von Algorithmen, da in $(*)$ offen geblieben ist, wie der Knoten v_j ausgewählt wird. Die Folge $(v_1, v_2, \ldots, v_n)$ heißt die *Einfüge-Abfolge* und beschreibt die Wirkung des Algorithmus vollständig.

3.4 Satz: ([RSL77])
Jede Einfüge-Heuristik EH *garantiert* $\text{EH}(\langle K_n, c \rangle) \leq (\lceil \log n \rceil + 1) \cdot \text{OPT}(\langle K_n, c \rangle)$.

Beweis:
Sei zu EH mit Eingabe $I = \langle K_n, c \rangle$ die Einfüge-Abfolge $(v_1, v_2, \ldots, v_n)$ gegeben. Sei $\text{cost}(v_j)$ die Verlängerung der Tour, die durch das Einfügen von v_j in C_{j-1} bewirkt wird. Für $j > 1$ heißt das: $\text{cost}(v_j) = c(C_j) - c(C_{j-1})$. Mit $\text{cost}(v_1) = 0$ haben wir die folgende Teleskop-Summe:

$$\text{cost}(\{v_1, \ldots, v_n\}) = \sum_{j=1}^{n} \text{cost}(v_j) = \sum_{j=2}^{n} \Big(c(C_j) - c(C_{j-1}) \Big) = c(C_n) = \text{EH}(I) \qquad (3.1)$$

Wenn v_j zwischen den Knoten y und z eingefügt wird, ist $\text{cost}(v_j) = c(y, v_j) + c(v_j, z) - c(y, z)$.

3.5 Lemma:
Für v_i, v_j *gilt:*
$$\min\{\text{cost}(v_i), \text{cost}(v_j)\} \leq 2 \cdot c(v_i, v_j)$$

Beweis:
Sei ohne Einschränkung $i < j$, die Tour C_{j-1} gegeben, und in dieser Tour x der Nachfolger

von v_i. In diese Tour wird v_j jetzt an einer Stelle eingefügt, an der die Verlängerung von C_{j-1} minimal ist. Unter anderem ist diese Verlängerung höchstens so groß, als würde v_j zwischen v_i und x eingefügt. Also ist

$$\text{cost}(v_j) \leq c(v_i, v_j) + c(v_j, x) - c(v_i, x) \ .$$

Zudem gilt wegen der Dreiecksungleichung

$$c(v_i, v_j) + c(v_i, x) \geq c(v_j, x), \quad \text{also} \quad c(v_j, x) - c(v_i, x) \leq c(v_i, v_j) \ ,$$

und damit insgesamt $\text{cost}(v_j) \leq 2 \cdot c(v_i, v_j)$. Die Aussage des Lemmas folgt wegen der Minimumbildung. $\hspace{2cm}$ □ (Lemma 3.5)

Mit Hilfe dieser Aussage werden wir jetzt aus einer optimalen Tour immer wieder (genauer: $\lceil \log n \rceil + 1$ Mal) disjunkte Gruppen Z_ℓ von Knoten herausnehmen, deren Kosten bzgl. EH je Gruppe sich zu nicht mehr als $\text{OPT}(I)$ aufsummieren. Diese Herausnahme wird solange wiederholt, bis alle Knoten und damit deren Kosten erfaßt sind, sich also wegen Gleichung (3.1) die gesuchte Beziehung ergibt.

Sei $R^* = (w_1, w_2, \ldots, w_n, w_1)$ eine optimale Tour auf I und $R = (w_{i_1}, w_{i_2}, \ldots, w_{i_k}, w_{i_1})$ ein Kreis aus k Knoten auf I mit $i_j < i_{j+1}$. Wir sagen, daß R an R^* angelehnt ist. R ist also kein völlig beliebiger Kreis. Wegen der Dreiecksungleichung gilt $c(R) \leq c(R^*) = \text{OPT}(I)$. Wir zeigen jetzt, daß man aus *jedem* an einer optimalen Tour angelehnten Kreis ca. die Hälfte der Knoten so auswählen, daß deren Kosten höchstens $\text{OPT}(I)$ sind.

3.6 Lemma:
Seien R^* und R wie oben. Dann gibt es eine Menge $Z \subseteq \{w_{i_1}, \ldots, w_{i_k}\}$ mit $|Z| = \lfloor k/2 \rfloor$ und $\text{cost}(Z) \leq \text{OPT}(I)$.

Beweis:
R wird in zwei Mengen aufgeteilt (wenn k ungerade ist, fehlt die „letzte" Kante des Kreises): $M_1 = \{\{w_{i_1}, w_{i_2}\}, \{w_{i_3}, w_{i_4}\}, \ldots\}$ und $M_2 = \{\{w_{i_2}, w_{i_3}\}, \{w_{i_4}, w_{i_5}\}, \ldots\}$. Es ist $|M_1| = |M_2| = \lfloor k/2 \rfloor$.

Sei M diejenige der beiden, für die $c(M) \leq \frac{1}{2} c(R) \leq \frac{1}{2} c(R^*)$ gilt, und sei Z die Menge der Knoten, die je Kante von M den kleineren cost-Wert haben, d. h. mit

$$\text{billigst}(u, v) = \begin{cases} u & \text{falls cost}(u) \leq \text{cost}(v) \\ v & \text{sonst} \end{cases}$$

ist $Z = \{\text{billigst}(w_{i_j}, w_{i_{j+1}}) \mid \{w_{i_j}, w_{i_{j+1}}\} \in M\}$. Die Wahl von Z hängt von der Heuristik ab, d. h. dies ist die Stelle der Analyse, an der die Verknüpfung von optimaler Tour und Einfüge-

Abfolge stattfindet! Es ist $|Z| = \lfloor k/2 \rfloor$ und

$$
\begin{aligned}
\text{cost}(Z) &= \sum_{\{w_{i_j}, w_{i_{j+1}}\} \in M} \min\{\text{cost}(w_{i_j}), \text{cost}(w_{i_{j+1}})\} \overset{(+)}{\leq} \sum_{\{w_{i_j}, w_{i_{j+1}}\} \in M} 2 \cdot c(w_{i_j}, w_{i_{j+1}}) \\
&= 2 \cdot c(M) \leq 2 \cdot \tfrac{1}{2} \cdot c(R) \leq \text{OPT}(I) \ ,
\end{aligned}
$$

wobei an $(+)$ Lemma 3.5 angewandt wurde. $\qquad\qquad\qquad\qquad$ □ (Lemma 3.6)

Jetzt setzen wir $R_1 = R^*$, bestimmen gemäß Lemma 3.6 das zugehörige Z_1 und wiederholen dies mit $R_{\ell+1} = R_\ell - Z_\ell$ für $\ell \geq 1$. Beachte, daß jedes R_ℓ an R^* angelehnt ist und daß damit Lemma 3.6 für jedes R_ℓ gilt. Wie man leicht sieht, ist $|R_\ell| \leq n/2^{\ell-1}$, so daß nach spätestens $\lceil \log n \rceil + 1$ Wiederholungen des Auswahlprozesses $\bigcup_\ell Z_\ell = \{v_1, \ldots, v_n\}$ die Menge aller Knoten ist und deren Gesamtkosten also höchstens

$$
\text{cost}(\{v_1, \ldots, v_n\}) = \text{cost}\Big(\bigcup_\ell Z_\ell\Big) = \sum_\ell \text{cost}(Z_\ell) \leq (\lceil \log n \rceil + 1) \cdot \text{OPT}(I)
$$

sind. $\qquad\qquad\qquad\qquad\qquad\qquad\qquad\qquad\qquad\qquad\qquad\qquad\qquad$ □ (Satz 3.4)

Bis heute ist nicht bekannt, ob diese obere Schranke für die relative Güte dieser Heuristik scharf ist. Als untere Schranke kennt man Auswahlstrategien für $(*)$ im Algorithmus EH und zugehörige Zeugen, die eine relative Abweichung von $\Omega(\log n / \log\log n)$ zur Folge haben [Hoc96b, S. 301].

Dagegen kann man die Auswahl von v in $(*)$ auch so steuern, daß man relative Güte 2 garantieren kann! Dazu wird als Knoten v derjenige noch nicht in C_{j-1} vorkommende Knoten gewählt, der am nächsten zu einem in C_{j-1} vorkommenden Knoten liegt. Der resultierende Algorithmus heißt dann NEARESTINSERTION[2].

3.7 Satz:
NEARESTINSERTION *garantiert bei Eingaben über n Knoten eine relative Güte von $2 - \frac{2}{n}$ und hat eine Laufzeit von $O(n^2)$.*

Die Auswahlstrategie von NEARESTINSERTION ist sehr ähnlich zum Vorgehen bei der Berechnung minimaler Spannbäume in Prims Algorithmus [CLR90, S. 505ff], und in der Tat werden wir dies in den Übungen nutzen, um dieses Verfahren zu analysieren. $\qquad$ Ü. 3.7

In Abschnitt 3.1.2 werden wir sehen, daß man mit einem global agierenden Ansatz eine noch bessere Güte garantieren kann.

Weitere Einfüge-Methoden sind:

---

[2]Eine weitere Bezeichnung ist *closest-point heuristic*.

- CHEAPESTINSERTION. Dabei wird der Knoten in die Tour aufgenommen, der die bestehende Tour insgesamt am wenigsten verlängert. Diese Methode hat wie NEARESTINSERTION eine relative Güte von $2 - \frac{2}{n}$.

- RANDOMINSERTION. Dabei wird v zufällig und gleichverteilt unter den noch nicht eingefügten Knoten gewählt. Eine relative Abweichung von $\Omega(\log\log n / \log\log\log n)$ ist hier bekannt [Aza94].

- FARTHESTINSERTION. Dabei wird wie bei NEARESTINSERTION für jeden Knoten außerhalb der Tour der kürzeste Abstand zur Tour bestimmt. Eingefügt wird aber der Knoten, der den größten ermittelten Abstand hat. Für diesen Algorithmus ist noch keine spezielle Gütegarantie bekannt. Man weiß nur, daß die relative Abweichung mindestens $6.5 - \delta(n)$ ist[3] [Hur92]. Dabei hängt $\delta(n)$ von der Knotenzahl n ab und geht für große n gegen 0, ist also so etwas wie $\frac{1}{n}$. Damit gilt $6.5 - \delta(n) \leq \rho_{\text{FARTHESTINSERTION}}(\langle K_n, c\rangle) \leq \lceil \log n \rceil + 1$. Interessant ist, daß diese Auswahlstrategie in Experimenten alle anderen Strategien deutlich zu schlagen scheint.

3.1.2   Christofides' Algorithmus

Im folgenden geben wir einen Algorithmus an, der das metrische TSP mit relativer Güte $3/2$ approximiert. Er heißt nach seinem Erfinder *Christofides' Algorithmus* [Chr76]. Im Algorithmus werden neben den uns wohlbekannten minimalen Spannbäumen (MSTs), die mit Prims Algorithmus in Zeit $O(|E| + |V| \cdot \log |V|)$ berechnet werden können [CLR90, S. 505ff], leichteste Matchings und Euler-Touren auf Multi-Graphen benutzt. Diese Begriffe werden wir jetzt definieren:

Ein *Matching* M eines kantengewichteten Graphen G ist ein Teilgraph von G, in dem jeder Knoten maximalen Grad 1 hat. Das Gewicht von M ist die Summe der Gewichte der in M vorkommenden Kanten. Ist G ein vollständiger Graph mit gerader Anzahl n an Knoten, so gibt es *perfekte Matchings*, d. h. Matchings, in denen alle n Knoten den Grad genau 1 haben, also Matchings, in denen $n/2$ Kanten beteiligt sind. Ein perfektes Matching mit kleinstmöglichem Gewicht nennen wir ein *leichtestes* Matching. Die Berechnung eines leichtesten Matchings ist in Zeit $O(n^{2.5}(\log n)^4)$ möglich [Vai89]. Da der Eingabegraph $\Theta(n^2)$ Kanten hat, ist diese Laufzeit ziemlich gut.

Ein *Multi-Graph* ist ein Graph, in dem zwei Knoten durch mehrere Kanten miteinander verbunden sein können.

Ein *Euler-Pfad* in einem zusammenhängenden (Multi-)Graphen $G = (V, E)$ ist ein Weg $(u_1, u_2, \ldots, u_{|E|+1})$ mit $u_i \in V$ in G, in dem jede Kante von G genau einmal vorkommt. Ein bekanntes

---

[3]Bei Euklidischer Metrik sogar nur mindestens $2.43 - \delta(n)$.

Beispiel ist das berühmte „Haus vom Nikolaus"[4], das man in einem Zug, ohne abzusetzen, zu zeichnen hat. Man beachte, daß die u_i nicht notwendigerweise verschieden sind. Ist $u_1 = u_{|E|+1}$, dann spricht man von einer *Euler-Tour* oder auch einem *Euler-Kreis*.

Wenn alle Knoten in G geraden Grad haben, genau dann hat G eine Euler-Tour (Satz von Euler, 1736; mit diesem Satz hat Euler die Graphentheorie begründet; zum Beweis siehe etwa [Bol98, S.16f]). Sie kann in Zeit $O(|V| + |E|)$ berechnet werden.

Mit diesen Begriffen können wir Christofides' Algorithmus folgendermaßen beschreiben:

ALGORITHMUS CH

(1) berechne einen minimalen Spannbaum T_{CH} von $I = \langle K_n, c \rangle$;

(2) $S := \{v \in T_{CH} \mid \deg_{T_{CH}}(v) \text{ ist ungerade}\}$;   [*Es gilt: $|S|$ ist gerade*]

(3) berechne auf dem durch S induzierten Teilgraphen des K_n ein leichtestes Matching M_{CH};

(4) berechne eine Euler-Tour $E = (u_1, u_2, \dots)$ auf $T_{CH} \uplus M_{CH}$;

   [*$T_{CH} \uplus M_{CH}$ kann Multi-Graph sein; alle Knoten haben geraden Grad*]

(5) entferne in E Wiederholungen von Knoten, so daß man E' erhält, und gib E' aus;

Abbildung 3.2 zeigt ein Beispiel für seine Arbeitsweise.

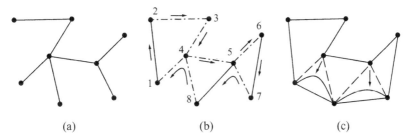

(a)   (b)   (c)

Abbildung 3.2: Beispiel für Christofides' Algorithmus: (a) Ein MST; (b) ein leichtestes Matching und die Euler-Tour; (c) Löschen von Duplikaten.

3.8 Satz: ([Chr76])

CH, gestartet mit einer Eingabe auf n Knoten, garantiert eine relative Güte von $\rho_{CH} \leq \frac{3}{2} - \frac{1}{n}$. Seine Laufzeit ist $O(n^{2.5}(\log n)^4)$.

Beweis:

Sei R^* eine optimale Rundreise für Probleminstanz $I = \langle K_n, c \rangle$, d. h. $c(R^*) = \text{OPT}(I)$. Wir wollen zeigen, daß $CH(I) = c(E') \leq (\frac{3}{2} - \frac{1}{n}) \cdot c(R^*)$ ist.

---

[4]Dies ist das Haus vom Nikolaus:

Zu (1): Da R^* aus n Kanten besteht, gibt es mindestens eine Kante $\hat{e}$ in R^*, die mindestens die Länge $c(R^*)/n$ hat, für die also $c(\hat{e}) \geq c(R^*)/n$ gilt. Entfernt man $\hat{e}$ aus dem Hamiltonkreis R^*, erhält man einen Spannbaum des K_n. Da T_{CH} ein *minimaler* Spannbaum ist, muß gelten:

$$c(T_{\mathrm{CH}}) \leq c(R^*) - c(\hat{e}) \leq c(R^*) - \frac{c(R^*)}{n} = \left(1 - \frac{1}{n}\right) \cdot c(R^*) \tag{3.2}$$

Zu (2): Daß in einem (beliebigen) Baum die Anzahl der Knoten mit ungeradem Grad gerade ist, kann man ganz einfach induktiv nach der Struktur des Baumes zeigen.

Zu (3): Jetzt müssen wir $c(M_{\mathrm{CH}})$ in Beziehung zu $c(R^*)$ setzen. Zur Vereinfachung benennen wir die Knoten so um, daß $R^* = (u_1, u_2, \ldots, u_n, u_1)$ ist. Dann können wir $S = \{u_{i_1}, \ldots, u_{i_{|S|}}\}$ mit $i_1 < \cdots < i_{|S|}$ schreiben. Für den Kreis $H = (u_{i_1}, \ldots, u_{i_{|S|}}, u_{i_1})$, der, in der Terminologie von Abschnitt 3.1.1, an R^* angelehnt ist, gilt wegen der Dreiecksungleichung: $c(H) \leq c(R^*)$ (vgl. Abb. 3.3).

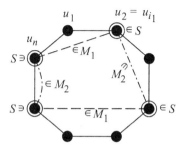

Abbildung 3.3: Die Matchings M_1 und M_2 zu H in R^*.

Da $|S|$ gerade ist, kann H in zwei perfekte Matchings M_1 und M_2 auf den Knoten aus S zerlegt werden. Sei ohne Einschränkung $c(M_1) \leq c(M_2)$. Es ist wegen der Minimalität von M_{CH}

$$c(M_{\mathrm{CH}}) \leq c(M_1) \leq \tfrac{1}{2}\big(c(M_1) + c(M_2)\big) = \tfrac{1}{2}c(H) \leq \tfrac{1}{2}c(R^*) \tag{3.3}$$

Zu (4): Da jeder Knoten in $M_{\mathrm{CH}} \cup T_{\mathrm{CH}}$ geraden Grad hat, gibt es eine Euler-Tour E. Diese benutzt nur Kanten aus $T_{\mathrm{CH}} \cup M_{\mathrm{CH}}$, ihre Länge ist also mit den Ungleichungen (3.2) und (3.3) höchstens $c(E) = c(T_{\mathrm{CH}} \cup M_{\mathrm{CH}}) \leq (1 - \frac{1}{n}) \cdot c(R^*) + \frac{1}{2}c(R^*) = (\frac{3}{2} - \frac{1}{n}) \cdot \mathrm{OPT}(I)$.

Zu (5): Das Löschen von Duplikaten in E kann wegen der Dreiecksungleichung die Länge der Tour nur verkürzen.

Die Laufzeit von CH wird dominiert von der Berechnung des leichtesten Matchings in (3). $\square$

Berechnet man lediglich einen minimalen Spannbaum T auf dem Eingabegraphen und verdoppelt dessen Kanten, so hat man ebenfalls einen Multi-Graphen, in dem alle Knoten geraden Grad haben und somit die Existenz einer Euler-Tour sichergestellt ist. Die Schritte (4) und (5) von Algorithmus CH liefern dann mit Ungleichung (3.2) eine Rundreise E' der Länge $c(E') \leq 2c(T) \leq (2 - \frac{1}{n/2}) \cdot \text{OPT}(I)$. Dieser schlechteren Güte steht eine bessere, in $|I|$ lineare Laufzeit von lediglich $O(n^2)$ und eine deutlich einfachere Implementierung gegenüber.

Ein Blick in den Beweis von Satz 3.8 könnte zu der Frage führen, warum man ein leichtestes Matching auf S bestimmt, da doch die einfache Zerlegung von H ausreichende Matchings liefert. Das kann man aber leider nicht in einem Algorithmus machen, da der Kreis H von der unbekannten optimalen Tour R^* abhängt!

Die Güte-Analyse von Christofides' Algorithmus kann nicht verschärft werden, wie der folgende Satz zeigt. Dazu wird der in Abbildung 3.4 dargestellte Graph $G_{\text{bad}}(n)$ untersucht. Die eingezeichneten Kanten sollen dabei die Länge 1 haben, die übrigen Abstände sollen die aufgerundeten Euklidischen Abstände sein.

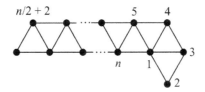

Abbildung 3.4: Ein $(\frac{3}{2} - \frac{1}{n})$-Zeuge $G_{\text{bad}}(n)$ gegen CH

3.9 Satz: ([CN78])
Sei n gerade. $G_{\text{bad}}(n)$ ist ein $(\frac{3}{2} - \frac{1}{n})$-Zeuge gegen CH.

Beweis:
Da alle nicht eingezeichneten Kanten mindestens die Länge 1 haben, ist $R^* = (1, 2, \ldots, n, 1)$ eine optimale Rundreise, d. h. $\text{OPT}(G_{\text{bad}}) = n$.

Die Kanten des Pfades $(n/2 + 3, n/2 + 4, \ldots, n, 1, 3)$ zusammen mit den Kanten $(1,2)$, $(1,4)$, $(1,5)$ und $(n/2+2, n/2+4)$, $(n/2+1, n/2+5), \ldots, (6,n)$ bilden einen minimalen Spannbaum T_{CH} mit Kosten $c(T_{\text{CH}}) = n - 1$. Alle Knoten des Spannbaums haben ungeraden Grad. Die Kanten $(1,n)$, $(2,3)$, $(4,5)$ sowie $(n/2+2, n/2+3), \ldots, (6,n)$ bilden ein leichtestes Matching M_{CH} mit Kosten $c(_{\text{CH}}) = n/2$.

Ein Eulerkreis ist $(1, 4, 5, 1, 2, 3, 1, n, 6, n-1, \ldots, n/2, n/2+5, n/2+1, n/2+4, n/2+2, n/2+3, n/2+4, n/2+5, \ldots, n-1, n, 1)$. Streichen der Duplikate ergibt die Rundreise $E' = (1, 4, 5, 2, 3, n, 6, n-1, \ldots, n/2, n/2+5, n/2+1, n/2+4, n/2+3, 1)$. Die Kosten der Rundreise sind gleich den Kosten des Eulerkreises, also $c(E') = 3/2n - 1$. $\square$

3.1.3 Abschließende Bemerkungen

Beachte, daß wir aus der Lösung, die CH berechnet, gemäß Bemerkung 3.3 auch auf den Wert einer optimalen Lösung zurückschließen können. Gibt CH z. B. eine Tour der Länge 100 002 aus, dann wissen wir, daß eine optimale Tour mindestens die Länge 66 668 hat. Wir haben also eine untere *und* eine obere Schranke und wissen, daß die Länge der bestmöglichen Tour zwischen diesen beiden Zahlen liegen muß.

Das ΔTSP ist eines der „grundlegenden" Probleme der kombinatorischen Optimierung, viele andere Probleme können darauf zurückgeführt und mit den dafür entwickelten Algorithmen Ü. 3.9 bearbeitet werden. Als Beispiel wird das Problem k-ΔTSP, in den Übungen behandelt. Hierbei soll der kantengewichtete vollständige Graph derart in k Kreise aufgeteilt werden, daß sich alle Kreise nur in einem ausgezeichneten Knoten berühren. Der längste der k Kreise soll möglichst kurz sein.

Eine der einfachen, aber zentralen Beobachtungen in unseren Überlegungen ist, daß man durch das Entfernen einer Kante aus einer Rundreise einen Spannbaum erhält. Das Gewicht eines minimalen Spannbaums ist also eine untere Schranke für die Länge einer optimalen Rundreise (Ungleichung (3.2)). Diese Beobachtung wird auch im bekannten exakten *Branch&Bound*-Algorithmus für TSP eingesetzt. Hier werden systematisch rekursiv alle möglichen Rundreisen ausprobiert. Hat man schon eine Tour berechnet und versucht eine weitere Tour zu konstruieren, von der man schon einen Teil festgelegt hat, so kann man den Beitrag der noch fehlenden Knoten durch das Gewicht eines minimalen Spannbaum nach unten abschätzen. Ist dieses Gewicht zusammen mit dem des schon festgelegten Teils größer als das der bislang besten Tour, braucht man mit diesem Versuch gar nicht mehr weiterzumachen.

3.2 Unabhängige Mengen und noch einmal Knotenfärbungen

Konnten wir gerade ΔTSP mit sehr guter, nämlich konstanter relativer Garantie approximieren, so gibt es Probleme, bei denen die Gütegarantie durchaus von der Eingabegröße abhängen kann. So ist es beispielsweise beim Knotenfärbungsproblem, für das wir jetzt einen gegenüber Abschnitt 2.1.1 verbesserten Algorithmus vorstellen werden.

3.2.1 Das Independent Set Problem

Wie man sich leicht überlegen kann, hat der Knotenfärbungsalgorithmus GREEDYCOL aus Abschnitt 2.1.1 (Seite 19) für allgemeine Eingabegraphen mit n Knoten eine relative Gütegarantie von $O(n)$ und eine relative Abweichung von $\Omega(n)$. In diesem Abschnitt stellen wir einen besseren Algorithmus vor. Er hat eine Gütegarantie von $O(n/\log n)$ und verfolgt ebenfalls einen greedy Ansatz: Auf einen Schlag werden so viele Knoten gleichzeitig mit der gleichen Farbe gefärbt, wie man erlaubt finden kann. Insofern ist der neue eine natürliche Erweiterung des ersten Algorithmus.

Knotenmengen, die man mit der gleichen Farbe färben kann, nennt man „unabhängig" und auch „stabil". Die Bestimmung großer derartiger Mengen behandelt der folgende Abschnitt.

3.10 Definition:
Sei $G = (V, E)$ ein Graph, und sei $U \subseteq V$ eine Knotenmenge. U wird *unabhängig* genannt, wenn für alle Knotenpaare $u, v \in U$ gilt: $\{u, v\} \notin E$.

Das *Independent Set Problem* IS ist das Optimierungsproblem, zum Eingabegraphen eine möglichst große unabhängige Menge zu bestimmen.

Natürlich ist die Entscheidungsvariante zu IS NP-vollständig, IS bedarf also eines Approximationsalgorithmus.

Da es keine Kanten zwischen Knoten einer unabhängigen Menge gibt, können die Knoten einer unabhängigen Menge beim Färbungsproblem alle mit der gleichen Farbe gefärbt werden. Umgekehrt bilden alle Knoten mit gleicher Farbe eine unabhängige Menge. Aber aufgepaßt: Ist ein Graph mit möglichst wenigen Farben knotengefärbt, so ist die größte Menge von Knoten gleicher Farbe nicht zwangsläufig eine unabhängige Menge maximaler Größe. Das Färbungsproblem ist in der Sprechweise unabhängiger Mengen die Suche nach einem kleinstmöglichen System unabhängiger Mengen.

Wir untersuchen den folgenden naheliegenden Algorithmus, der der „Daumenregel", daß man immer Knoten mit möglichst kleinem Grad in die unabhängige Menge legen sollte, folgt.

ALGORITHMUS GREEDYIS
$\quad U := \emptyset; t := 0; V^{(0)} := V;$
$\quad$**while** $V^{(t)} \neq \emptyset$ **do** { Runde t }
$\quad\quad G^{(t)} :=$ der durch $V^{(t)}$ induzierte Graph;
$\quad\quad u_t :=$ ein Knoten mit minimalem Grad in $G^{(t)}$;
$(*)\quad V^{(t+1)} := V^{(t)} - (\underbrace{\{u_t\} \cup \Gamma_{G^{(t)}}(u_t)}_{=: l\ddot{o}sch(t)});$
$\quad\quad U := U \cup \{u_t\};$
$\quad\quad t := t + 1;$
$\quad$**done**;
$\quad$gib U aus.

Offensichtlich berechnet GREEDYIS eine nichterweiterbare unabhängige Knotenmenge, und das in Zeit $O(|V| + |E|)$. Wie nah kommt die Ausgabe an eine maximale unabhängige Knotenmenge, und was hat dieser Algorithmus mit Knotenfärbungen zu tun? Diese Fragen werden in den nächsten beiden Unterabschnitten behandelt.

Allgemeine Analyse von GREEDYIS

Die nachfolgende allgemeine Analyse geht auf [HR97] zurück.

3.11 Satz:
Sei $G = (V, E)$ eine Eingabe für GREEDYIS. *Dann gilt:* $\rho_{\text{GREEDYIS}}(G) \leq |E|/|V| + 1$.

Zusammen mit dem Ergebnis von Übung 2.5(b), wo wir zeigten, daß planare Graphen mit n Knoten höchstens $3n - 6$ Kanten haben, heißt das unmittelbar, daß dieser Algorithmus IS für planare Graphen mit relativer Güte 4 approximiert. Für sehr dichte Graphen, d. h. Graphen mit vielen Kanten, z. B. $|E| = \Theta(|V|^2)$, ist diese Schranke dagegen trivial.

Beweis:
Sei $\gamma_t = |lösch(t)|$ die Anzahl der in der Runde t aus $G^{(t)}$ entfernten Knoten. Sei U^* eine maximale unabhängige Menge, d. h. $\text{OPT}(G) = |U^*|$, und sei $\kappa_t = |U^* \cap lösch(t)|$ die Anzahl der in dieser Runde getroffenen Knoten aus U^*. Dann ist offensichtlich

$$\sum_{t=0}^{|U|-1} \gamma_t = |V| \qquad \text{und} \qquad \sum_{t=0}^{|U|-1} \kappa_t = \text{OPT}(G) \tag{3.4}$$

Nun werden wir uns überlegen, wieviele Kanten durch $(*)$ aus $G^{(t)}$ mindestens entfernt werden. Dazu konstruieren wir uns einen möglichst kompakten Graphen, so daß möglichst viele Kanten *beide* Endknoten in $lösch(t)$ haben.

Da u_t den kleinsten Grad in $G^{(t)}$ hat (und dieser ist $\gamma_t - 1$), haben alle seine Nachbarn mindestens denselben Grad. Der kompakteste Graph ist dann der vollständige Graph, der alle γ_t Knoten in $lösch(t)$ miteinander verbindet. Dieser Graph hat $\frac{1}{2}\gamma_t(\gamma_t - 1)$ Kanten.

Allerdings sind die κ_t Knoten in $lösch(t) \cap U^*$ unabhängig, d. h. sie dürfen nicht durch Kanten miteinander verbunden sein. D. h. hier haben wir $\frac{1}{2}\kappa_t(\kappa_t - 1)$ Kanten zu viel gezählt, diese müssen wir abziehen. Nun aber haben die Knoten in $lösch(t) \cap U^*$ noch nicht den erforderlichen Grad, je Knoten fehlen mindestens $\kappa_t - 1$ Kanten. Diese Kanten müssen also außerhalb von $lösch(t)$ enden, weswegen wir $\kappa_t(\kappa_t - 1)$ Kanten addieren können und damit für die Mindestzahl der gelöschten Kanten $\frac{1}{2}\big((\gamma_t - 1)\gamma_t + \kappa_t(\kappa_t - 1)\big)$ erhalten.

Insgesamt gilt damit:

$$\sum_{t=0}^{|U|-1} \frac{1}{2}\big((\gamma_t - 1)\gamma_t + \kappa_t(\kappa_t - 1)\big) \leq |E|$$

Ausklammern, Umformen und Einsetzen der Eigenschaft 3.4 ergibt

$$\sum_{t=0}^{|U|-1} (\gamma_t^2 + \kappa_t^2) \leq 2|E| + |V| + \text{OPT}(G) \ .$$

Die linke Seite wird minimal[5], wenn für alle t

$$\gamma_t = \frac{|V|}{|U|} \qquad \text{und} \qquad \kappa_t = \frac{\text{OPT}(G)}{|U|}$$

gilt. Damit und mit $\text{GREEDYIS}(G) = |U|$ bekommt man

$$\frac{|V|^2 + \text{OPT}(G)^2}{\text{GREEDYIS}(G)} \leq 2|E| + |V| + \text{OPT}(G)$$

und schließlich (mit $\text{OPT}(G) \leq |V|$)

$$\frac{\text{OPT}(G)}{\text{GREEDYIS}(G)} \leq \frac{2|E| + |V| + \text{OPT}(G)}{\frac{|V|^2}{\text{OPT}(G)} + \text{OPT}(G)} = \frac{2\frac{|E|}{|V|} + 1 + \frac{\text{OPT}(G)}{|V|}}{\frac{|V|}{\text{OPT}(G)} + \frac{\text{OPT}(G)}{|V|}} \leq \frac{|E|}{|V|} + 1 \ ,$$

womit der Satz beweisen ist. □

Sei $\delta = \frac{1}{|V|} \cdot \sum_{u \in V} \deg(u) = 2|E|/|V|$ der Durchschnittsgrad des Graphen $G = (V, E)$. Durch Vereinfachung des gerade geführten Beweises kann man zeigen, daß $\text{GREEDYIS}(G) \geq \frac{1}{\delta+1} \cdot |V|$ Ü. 3.15 ist.

Wir machen uns jetzt noch klar, daß der Algorithmus tatsächlich sehr schlechte Ausgaben liefern kann. Wir betrachten den in Abbildung 3.5 dargestellten Graphen, er ist ein Zeuge gegen GREEDYIS.

3.12 Satz:
GREEDYIS *hat eine relative Abweichung von mindestens* $\frac{1}{4}(|V| - 1)$.

Beweis:
Wir konstruieren also eine $\frac{1}{4}(|V| - 1)$-Zeugenmenge gegen GREEDYIS.

Betrachte dazu den Graphen G_{bad} mit $|V| = n$ Knoten, n ungerade, und $\frac{1}{8}(3n-1)(n-1)$ Kanten aus Abbildung 3.5. In diesem Graphen wählt GREEDYIS zuerst den obersten Knoten, dann einen Knoten aus der unteren Reihe, d. h. $\text{GREEDYIS}(G_{\text{bad}}) = 2$. Eine optimale Lösung besteht aus den Knoten der mittleren Reihe, d. h. $\text{OPT}(G_{\text{bad}}) = \frac{n-1}{2}$, womit die Behauptung folgt. □

---

[5]Dies ist das Standardbeispiel einer Anwendung der Cauchy-Schwarzschen Ungleichung: Für welches $\bar{x} = (x_1, \ldots, x_k)$ mit $\sum x_i = n$ wird $s(\bar{x}) = \sum x_i^2$ minimal? Antwort: $x_i = n/k$ und damit $s(\bar{x}) = n^2/k$.

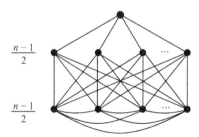

$\dfrac{n-1}{2}$

$\dfrac{n-1}{2}$

Abbildung 3.5: G_{bad} mit n Knoten: ein $\frac{1}{4}(n-1)$-Zeuge gegen GREEDYIS.

Analyse von GREEDYIS in Abhängigkeit von der chromatischen Zahl

Da isolierte Knoten, d. h. Knoten ohne Kanten, sowohl für das Färbungsproblem wie für IS irrelevant sind, gehen wir in den folgenden Analysen davon aus, daß der Eingabegraph immer mindestens eine Kante besitzt und damit mindestens 2 Farben für die Knotenfärbung benötigt. Später auftauchende Graphen dürfen durchaus isolierte Knoten haben.

3.13 Satz:
Sei $G = (V,E)$ ein knoten-k-färbbarer Graph. Dann ist GREEDYIS$(G) \geq \lceil \log_k(|V|/3) \rceil$.

Beachte, daß die Zahl k nicht auf irgendeine Art und Weise Teil der Eingabe für GREEDYIS ist. Dieser Satz stellt also eine Verbindung zwischen dem „unsichtbaren" Parameter k und der Größe der Ausgabe her.

Beweis:
Das folgende Lemma stellt eine Beziehung zwischen der Anzahl der Farben und dem minimalen Grad eines Graphen her.

3.14 Lemma:
Sei $G = (V,E)$ ein knoten-k-färbbarer Graph. Dann gibt es $u \in V$ mit $\deg_G(u) \leq \lfloor (1 - \frac{1}{k}) \cdot |V| \rfloor$.

Beweis:
Sei G mit k Farben gefärbt, und bezeichne U_i die Menge der Knoten, die die Farbe i bekommen haben. Die Knoten in U_i sind untereinander nicht verbunden, d. h. sie sind unabhängig. Es muß unter den Mengen $U_1, \ldots, U_k$ eine Menge U geben, die mindestens $\lceil \frac{1}{k}|V| \rceil$ Knoten enthält (Durchschnittsargument). Jeder Knoten in U kann nur mit den höchstens $|V| - |U| \leq |V| - \lceil \frac{1}{k}|V| \rceil = \lfloor (1 - \frac{1}{k}) \cdot |V| \rfloor$ Knoten außerhalb von U verbunden sein.   □ (Lemma 3.14)

Sei zur Vereinfachung $|V| = n$ und $|V^{(t)}| = n_t$, und wir nehmen an, daß $k \geq 2$ ist. Ist $k = 1$, muß $E = \emptyset$ sein. Der Algorithmus gibt bei dieser Eingabe $U = V$ aus und erfüllt die Behauptung.

Wegen Lemma 3.14 hat u_t höchstens $\lfloor (1 - \frac{1}{k})n_t \rfloor$ Nachbarn. Wenn diese zusammen mit u_t aus $V^{(t)}$ herausgenommen werden, ergibt sich:

$$n_0 = n$$
$$n_{t+1} \geq n_t - \left\lfloor \left(1 - \frac{1}{k}\right) \cdot n_t \right\rfloor - 1 \geq \frac{n_t}{k} - 1$$

und damit

$$n_t \geq \frac{n}{k^t} - \overbrace{\frac{k}{k-1} \cdot \left(1 - \frac{1}{k^t}\right)}^{\leq 2,\ \text{da}\ k \geq 2} \geq \frac{n}{k^t} - 2 \ .$$

Für jede Runde t, für die $n_t \geq 1$ garantiert werden kann, wird ein neuer Knoten nach U gelegt. Das gilt, solange $t \geq \log_k(n/3)$ ist. Damit ist $|U| \geq \lceil \log_k(n/3) \rceil$. $\square$ (Satz 3.13)

Damit schließen wir die Untersuchung des *Independent Set Problems* ab. Eine detaillierte Übersicht über bekannte Verfahren ist im Aufsatz [Hal98] von Halldórsson zu finden. Im folgenden wenden wir den gerade analysierten Approximationsalgorithmus an, um das Knotenfärbungsproblem zu approximieren.

3.2.2 Ein besserer Knotenfärbungsalgorithmus

Wie wir oben schon angemerkt hatten, kann man allen Knoten einer unabhängigen Menge die gleiche Farbe zuweisen. Das nutzen wir jetzt für einen neuen Approximationsalgorithmus für das Knotenfärbungsproblem. Wir bestimmen mit GREEDYIS eine unabhängige Menge, weisen diesen Knoten eine Farbe zu, löschen diese Knoten dann im Graphen und wiederholen dieses Vorgehen, bis alle Knoten gefärbt sind. Auch dieses Verfahren ist ein greedy Algorithmus und wurde von Johnson [Joh74] analysiert.

ALGORITHMUS GREEDYCOL2

$t := 1; V^{(1)} = V$
while $V^{(t)} \neq \emptyset$ **do**
    $G^{(t)} :=$ der durch $V^{(t)}$ induzierte Graph;
    $U_t := \text{GREEDYIS}(G^{(t)})$;
    färbe alle Knoten in U_t mit Farbe t;
    $V^{(t+1)} := V^{(t)} - U_t$;
    $t := t + 1$;
done;
gib die berechnete Färbung aus.

3.15 Satz:

Sei $G = (V,E)$ ein knoten-k-färbbarer Graph, $n = |V|$. GREEDYCOL2 gibt eine Färbung mit höchstens $\frac{3n}{\log_k(n/16)}$ Farben aus und hat eine relative Gütegarantie von $O(n/\log n)$.

Beweis:

Sei $n_t = |V^{(t)}|$. Wegen Satz 3.13 ist $|U_t| \geq \log_k(n_t/3)$. Dies führt zur folgenden rekusiven Beziehung für n_t.

$$n_1 = n$$
$$n_{t+1} \leq n_t - \log_k(n_t/3)$$

Die Anzahl der vergebenen Farben ist t. Der Algorithmus bricht ab, wenn $n_t < 1$. Wir bestimmen nun, für welches t das eintritt.

Sei $n_t \geq n/\log_k(n/16)$. Mit der Beziehung $n/\log_k n \geq \frac{3}{4}n^{1/2}$ ergibt sich:

$$\log_k(n_t/3) \geq \log_k\left(\frac{n}{3\log_k n}\right) \geq \log_k((n/16)^{1/2}) = \tfrac{1}{2}\log_k(n/16)$$

D. h., solange noch $n/\log_k(n/16)$ Knoten ungefärbt sind, werden mindestens $\frac{1}{2}\log_k(n/16)$ Knoten je Runde gefärbt. Da spätestens nach $t = \frac{2n}{\log_k(n/16)}$ Runden und somit verteilten Farben die Zahl der verbliebenen Knoten kleiner als $n/\log_k(n/16)$ ist, können wir nun (ganz grob abschätzend) davon ausgehen, daß der Algorithmus jedem Knoten eine eigene Farbe gibt. D. h. die Zahl der vergebenen Farben ist höchstens $\frac{3n}{\log_k(n/16)}$.

Da $k = \mathrm{OPT}(G)$ ist, ist die relative Güte von GREEDYCOL2

$$\frac{\mathrm{GREEDYCOL2}(G)}{\mathrm{OPT}(G)} \leq \frac{\frac{3n}{\log_k(n/16)}}{k} = \frac{3n}{\log(n/16)} \cdot \frac{\log k}{k} = O\left(\frac{n}{\log n}\right)$$

$\square$

Um sich diese Analyse klarzumachen, sollte man sich überlegen, an welcher Stelle die optimale Lösung in die Betrachtungen einfließt.

3.3   Ein Unmöglichkeitsergebnis für das *Traveling Salesperson Problem*

Nun zeigen wir, daß die Dreiecksungleichung tatsächlich wesentlich ist, um das TSP überhaupt gut approximieren zu können, es sei denn, P = NP. Wir beweisen also wieder eine problembezogene untere Schranke.

Als Technik für Unmöglichkeitsbeweise hatten wir in Abschnitt 2.2 das *Scaling* kennengelernt. Wir hatten beim Rucksackproblem die Werte der Waren mit dem Faktor $k+1$ multipliziert, so daß der Wert jeder Rucksackfüllung und damit der Abstand der Werte zweier Rucksackfüllungen um den Faktor $k+1$ größer wurde. Zwar wird durch diese Multiplikation der Abstand der Werte zweier Rucksackfüllung ver-$(k+1)$-facht, aber ihr Quotient bleibt dadurch unverändert.

3.16 Satz:
Wenn es einen polynomiellen Approximationsalgorithmus A mit konstanter relativer Güte r für das volle TSP gibt, dann ist P = NP.

Beweis:
Wir nehmen an, daß es einen polynomiellen Approximationsalgorithmus A mit relativer Gütegarantie r, $r \in \mathbb{N}$, gibt[6], und schreiben nun ein Programm, das das NP-vollständige Hamiltonkreis-Problem (vgl. Beispiel 1.1 auf Seite 6) in Polynomzeit löst und dazu A benutzt. Was wir also machen werden, ist, das Entscheidungsproblem HAMILTON in Polynomzeit auf folgende Variante des vollen TSP, die wir TSP[r] nennen wollen, zu reduzieren: „Löse das TSP mit relativer Güte r". Also: HAMILTON $\leq_p$ TSP[r] für alle r.

Sei ein Graph $G = (V,E)$ gegeben, für den die Frage „Hat G einen Hamilton-Kreis?" zu beantworten ist. Wir konstruieren zu G eine Probleminstanz I_G für TSP.
Sei $n = |V|$. Wir setzen $I_G = \langle K_n, c \rangle$ mit

$$c(u,v) = \begin{cases} 1 & \text{falls } \{u,v\} \in E \\ (r-1)\cdot n+2 & \text{falls } \{u,v\} \notin E \end{cases}$$

Die Kanten mit dem Gewicht $(r-1)\cdot n+2$ nennen wir *lange* Kanten, die anderen *kurze* Kanten. I_G kann offensichtlich in Polynomzeit aus $\langle G \rangle$ berechnet werden, und es gilt:

(a) Hat G einen Hamilton-Kreis, so hat die kürzeste Rundreise in I_G die Länge n, da jeder Kante des Hamilton-Kreises in G eine kurze Kante mit Gewicht 1 entspricht.

(b) Hat G keinen Hamilton-Kreis, so muß in *jeder* Rundreise mindesten eine der langen Kanten vorkommen. Also hat auch die kürzeste Rundreise mindestens die Länge

$$(r-1)\cdot n+2+n-1 = r\cdot n+1 > r\cdot n.$$

Aus beiden Beobachtungen zusammen folgt, daß I_G grundsätzlich keine zulässige Lösung σ haben kann mit $n+1 \leq c(\sigma) \leq r\cdot n$, d. h. eine zulässige Lösung, deren Länge zwischen $n+1$ und $r\cdot n$ liegt. Zwischen diesen beiden Werten haben wir also wieder ein wie im Beweis von Satz 2.12 beobachtetes Loch.

---

[6]Überlege Dir, warum es ausreicht anzunehmen, r wäre eine natürliche Zahl.

Wir benutzen den folgenden Algorithmus, um das Hamiltonkreis-Problem zu lösen. Er verwendet den Algorithmus A als Unterprogramm:

ALGORITHMUS ENTSCHEIDE_HAMILTON

    berechne I_G;

    approximiere mit A eine kürzeste Rundreise in I_G;

    if $A(I_G) > r \cdot |V|$

        then gib aus: „G hat keinen Hamilton-Kreis"

        else gib aus: „G hat einen Hamilton-Kreis".

Die Korrektheit der if-then-else-Anweisung folgt daraus, daß A die relative Güte r garantiert. Wenn also G einen Hamilton-Kreis hat, muß $A(I_G) \leq r \cdot n$ sein. Da es aber, wie oben erwähnt, in I_G überhaupt keine Rundreise mit dieser Länge geben kann außer einer der Länge n, muß A diese optimale Rundreise, die einem Hamiltonkreis in G entspricht und damit auch ein Zertifikat zu G ist, gefunden haben.   □

Da TSP = TSP[1] ist, ist dies direkt auch ein Beweis, daß die Entscheidungsvariante des TSP NP-schwer ist. In diesem Fall ist das größte Kantengewicht in I_G nur 2, womit dann sogar die Dreieckungleichung erfüllt ist. Beachte, daß die Reduktion im allgemeinen aber Eingaben für TSP erzeugen kann, die die Dreiecksungleichung nicht erfüllen. Durch einfache Reduktionen wie die aus dem Bereich der „üblichen" NP-Vollständigkeitsbeweise auch positive Approxima-

Ü. 3.14 tionsergebnisse zu bekommen, ist oft nicht möglich, wie Übung 3.14 zeigt.

Wie beim Beweis der Nichtapproximierbarkeit des Rucksackproblems mit absoluter Güte in

Ü. 3.5 Satz 2.12 braucht auch hier r nicht einmal eine Konstante zu sein.

Die Konstruktion hat sozusagen dem Algorithmus A keinen Platz gelassen, um überhaupt einen Fehler zu machen, wir haben wieder ein Scaling-Argument angewandt.

Dieser Beweis hat ausgeschlossen, daß es überhaupt einen Approximationsalgorithmus mit konstanter relativer Güte für TSP gibt. Mit der gleichen Technik kann man manchmal auch nur

Ü. 3.11 gewisse Bereiche für konstante relative Gütegarantieen ausschließen. So kann man z. B. durch eine Reduktion des Partitionsproblems zeigen, daß es keinen Approximationsalgorithmus für das Verpackungsproblem mit Namen BINPACKING mit relativer Güte ρ für $\rho < \frac{3}{2}$ gibt. Auch aus NP-vollständigen Fragen wie „Kann der Graph G mit höchstens 3 Farben knotengefärbt

Ü. 3.13 werden?" kann man derartige untere Schranken für die erreichbare relative Güte folgern.

Allgemein kann man folgende Aussage formulieren:

3.17 Satz:

Sei $L \subseteq \Sigma^*$ ein NP-vollständiges Entscheidungsproblem, und sei Π ein Minimierungsproblem. Gibt es zwei in Polynomzeit berechenbare Funktionen $f : \Sigma^* \to \mathcal{D}$ und $c : \Sigma^* \to \mathbb{N}$ und eine

Konstante $\gamma > 0$, so daß für alle Eingaben $x \in \Sigma^*$ gilt:

$$\mathrm{OPT}(f(x)) \begin{cases} \leq c(x) & x \in L \\ \geq c(x) \cdot (1 + \gamma) & x \notin L, \end{cases}$$

dann gibt es keinen polynomiellen Approximationsalgorithmus der relativen Güte r mit $r < 1 + \gamma$, es sei denn, $\mathrm{P} = \mathrm{NP}$.

Der Beweis folgt im wesentlichen dem von Satz 3.16 und wird als Übung entwickelt.   Ü. 3.12

3.4 Literatur zu Kapitel 3

[Aza94]   Y. Azar. Lower bounds for insertion methods for TSP. *Combinatorics, Probability and Computing*, 3:285–292, 1994.

[Bol98]   B. Bollobás. *Modern Graph Theory*. Springer, New York, 1998.

[Chr76]   N. Christofides. Worst-case analysis of a new heuristic for the travelling salesman problem. Technical Report 388, Graduate School of Industrial Administration, Carnegie-Mellon University, Pittsburgh, 1976.

[CLR90]   T. H. Cormen, C. E. Leiserson, and R. L. Rivest. *Introduction to Algorithms*. MIT Press, Cambridge, 1990.

[CN78]   G. Cornuejols and G. L. Nemhauser. Tight bounds for Christofides' traveling salesman heuristic. *Mathematical Programming*, 14:116–121, 1978.

[FNW79]   M. L. Fisher, G. L. Nemhauser, and L. A. Wolsey. An analysis of approximations for finding a maximum weight hamiltonian circuit. *Operations Research*, 27:799–809, 1979.

[GP99]   M. Grötschel and M. Padberg. Die optimierte Odyssee. *Spektrum der Wissenschaft*, pages 76–85, April-Heft 1999.

[Hal98]   M. M. Halldórsson. Approximations of independent sets in graphs. In *Proc. Int. W'shop on Approximation Algorithms for Combinatorial Optimization (APPROX)*, pages 1–13, 1998.

[Hoc96]   D. S. Hochbaum, editor. *Approximation Algorithms for NP-Hard Problems*. PWS, Boston, 1996.

[HR97]   M. M. Halldórsson and J. Radhakrishnan. Greed is good: Approximating independent sets in sparse and bounded-degree graphs. *Algorithmica*, 18:145–163, 1997.

[Hur92]   C. A. J. Hurkens. Nasty TSP instances for farthest insertion. In *Proc. 2nd Integer Programming and Combinatorial Optimization Conf. (IPCO)*, pages 346–352, 1992.

[Joh74]   D. S. Johnson. Approximation algorithms for combinatorial problems. *Journal of Computer and System Sciences*, 9:256–278, 1974.

[LLRS85]   E. L. Lawler, J. K. Lenstra, A. H. G. Rinooy Kan, and D. B. Shmoys. *The Traveling Salesman Problem*. John Wiley & Sons, 1985.

[Rei94]   G. Reinelt. *The Traveling Salesman: Computational Solutions for TSP Applications*. Springer, New York, 1994.

[RSL77]   D. J. Rosenkrantz, R. E. Stearns, and P. M. Lewis II. An analysis of several heuristics for the traveling salesman problem. *SIAM Journal on Computing*, 6:563–581, 1977.

[Vai89]   P. M. Vaidya. Geometry helps in matching. *SIAM Journal on Computing*, 18:1201–1225, 1989.

Übungen zu Kapitel 3

Aufgabe 3.1
Wir haben bei der Definition des relativen Fehlers ε ein asymmetrisches Verhalten gesehen. Bei einem Minimierungsproblem ist $\varepsilon \in [0, \infty[$, bei einem Maximierungsproblem dagegen $\varepsilon \in [0, 1[$.

Eine alternative Definition, die diese Asymmetrie zu vermeiden sucht, definiert den relativen Fehler als $|OPT(I) - A(I)| / \max\{OPT(I), A(I)\}$, so daß er immer zwischen 0 und 1 liegt, wobei die 0 eine optimale Lösung bezeichnet und die 1 eine äußerst schlechte. Eine Definition wie $|OPT(I) - A(I)| / (OPT(I) + A(I))$ kommt schließlich ganz ohne mögliche Fallunterscheidungen aus.

Diskutiere Vor- und Nachteile.

Aufgabe 3.2
Sei Π ein Optimierungsproblem, und sei A ein Approximationsalgorithmus für Π. Die *relative asymptotische Güte* von A ist

$$\rho_A^\infty(n) = \inf\nolimits_{\mathbb{R}^{\mathbb{N}}}\{r(n) \mid \exists grenze \forall I \text{ mit } OPT(I) \geq grenze : \rho_A(I) \leq r(|I|)\} \ .$$

Sei Π nun das Kantenfärbungsproblem (Def. 2.3) und A der Algorithmus FÄRBEKANTEN. Bestimme die relative worst-case-Güte und die relative asymptotische Güte von FÄRBEKANTEN.

Hinweis: Sei $A \subseteq M$. $\inf_M A$ bezeichnet das *Infimum* der Menge A, d. h. $\inf_M A = \max\{x \in M \mid \forall a \in A : x \leq a\}$. Beachte, daß das Infimum nicht unbedingt in A liegen muß. Mit $A = \{1 + \frac{1}{i} \mid i \in \mathbb{N}\}$ und $M = \mathbb{R}$ ist z. B. $\inf_{\mathbb{R}}\{1 + \frac{1}{i} \mid i \in \mathbb{N}\} = 1$. Natürlich können die beteiligten Mengen auch Funktionenmengen sein. $\mathbb{R}^{\mathbb{N}}$ bezeichnet die Menge aller Funktionen $f : \mathbb{N} \to \mathbb{R}$.

Aufgabe 3.3
Nutze den Algorithmus FÄRBEKANTEN, um einen Approximationsalgorithmus für das Kantenfärbungsproblem anzugeben, der eine relative Güte von $4/3$ garantiert.

Aufgabe 3.4
Entwirf und analysiere einen exakten Algorithmus für das volle TSP, dessen Laufzeit bei Eingabegraphen mit n Knoten $O(n^2 2^n)$ ist.

Hinweis: Der Algorithmus, der alle möglichen Rundreisen ausprobiert, hat eine Laufzeit von $\Theta((n-1)!)$, was von der Größenordnung her erheblich mehr als $O(n^2 2^n)$ ist (vgl. Aufgabe 1.1 auf Seite 14). Ein Ansatz, der zum Erfolg führt, benutzt die Technik der dynamischen Programmierung.

Aufgabe 3.5

In Satz 3.16 haben wir gezeigt, daß es keinen polynomiellen Approximationsalgorithmus gibt, der das volle TSP mit konstanter Güte zu approximieren vermag.

(a) Bestimme nun möglichst große Funktionen $\rho(n)$, so daß gilt: Kann man das TSP mit relativer Güte $\rho(n)$ in Polynomzeit approximieren, so ist $P = NP$.

(b) Welche relative Güte garantiert der Approximationsalgorithmus für das TSP, der als Rundreise die Tour $(1, 2, \ldots, n, 1)$ ausgibt?

Aufgabe 3.6

Max-TSP ist das volle *Traveling Salesperson Problem*, bei dem eine *längste* Rundreise berechnet werden soll. Mit dieser Sprechweise ist das „normale" TSP dann Min-TSP. In dieser Aufgabe werden wir sehen, daß Max-TSP, im Gegensatz zu Min-TSP, recht gut approximiert werden kann.

Eine *Kreisüberdeckung* des K_n ist eine Menge $C = \{C_1, C_2, \ldots\}$ von knotendisjunkten Kreisen in K_n, so daß jeder Knoten in genau einem Kreis auftaucht. Die Länge einer Kreisüberdeckung ist die Summe aller in den Kreisen benutzen Kanten. Eine längste Kreisüberdeckung kann in Zeit $O(n^3)$ berechnet werden [FNW79].

(a) Entwirf und analysiere einen Polynomzeit-Approximationsalgorithmus für Max-TSP, der aus einer längsten Kreisüberdeckung eine Rundreise berechnet, die eine Länge von mindestens $\frac{2}{3}$ der längsten Rundreise besitzt. D. h. gib einen Polynomzeit-Approximationsalgorithmus mit relativer Güte $\frac{3}{2}$ an.

(b) Woran scheitert es, diesen Algorithmus für das Min-TSP mit geänderten Kantengewichten des ursprünglichen Graphen anzuwenden?

Aufgabe 3.7

Zeige, daß NEARESTINSERTION bei Eingabe $I = \langle K_n, c \rangle$ eine relative Güte von $2 - \frac{2}{n}$ garantiert.

Hinweis: Zeige, daß gilt: $\text{cost}(v_j) \leq 2 \cdot c(e_j)$ für die Kante e_j, die Prims MST-Algorithmus als j-te Kante des MST T auf I wählt. Dann ist NEARESTINSERTION$(I) \leq 2 \cdot c(T)$.

Aufgabe 3.8

Wenn man beim Traveling Salesperson Problem mit dem „reinen" Euklidischen Abstand rechnet, kommt man durch die Benutzung der Wurzelfunktion schnell in Rundungsschwierigkeiten, wenn es darum geht, eine $\leq$-Entscheidung zu treffen. Die Zahl der Nachkommastellen kann beliebig groß werden. Zeige, daß bei Knoten $u_1 = (x_1, y_1)$ und $u_2 = (x_2, y_2)$ aus $\mathbb{N}^2$ die gerundete

Abstandsfunktion

$$c(u_1, u_2) = \left\lceil \sqrt{(x_1 - x_2)^2 + (y_1 - y_2)^2} \right\rceil$$

die Dreiecksungleichung erfüllt.

Aufgabe 3.9

Air Quacktanien mit Sitz in Entenhausen hat eine Flotte aus k Flugzeugen gleichen Typs. Sie verfügt weltweit über Landerechte auf n Flughäfen, einschließlich Entenhausens. Die Optimierungsaufgabe besteht darin, (1) jedem Flugzeug einen in Entenhausen beginnenden Rundflug über einige der Flughäfen zuzuordnen, so daß insgesamt alle Flughäfen angeflogen werden, (2) kein Flughafen bis auf Entenhausen mehrfach angeflogen wird, und (3) die maximale Rundflugstrecke eines *einzelnen* Flugzeugs möglichst kurz ist, denn der Verschleiß an den Flugzeugen ist bei langen Rundflügen überaus teuer, und schließlich gehört Air Quacktanien ja dem sparsamen Dagobert Duck. Auch in Disneyworld gilt die Dreiecksungleichung.

(a) Beschreibe das Problem abstrakt („Graphen", „Knoten", ...) und formal (die vier Punkte). Nenne es k-ΔTSP.

(b) Betrachte folgenden Algorithmus:

Sei $c_{\max}$ die größte Entfernung zwischen $u_1 =$ Entenhausen und den übrigen Flughäfen und $C = (u_1 \to u_2 \to \cdots \to u_n \to u_1)$ ein Rundflug der Länge $c(C)$, der alle Flughäfen besucht. Aus C werden nun die k Rundflüge konstruiert. Dazu führen wir noch die „magische" Funktion $\ell(j) = \frac{j}{k} \cdot (c(C) - 2c_{\max}) + c_{\max}$ ein. Im wesentlichen ist $\ell(j)$ das $j$fache von $c(C)/k$, also dem Wert, den man bekommt, wenn man C gleichmäßig in k Teilstücke aufteilen könnte.

Wir bestimmen für $j \in \{1, \ldots, k-1\}$

$$\text{end}(j) = \max \left\{ i \mid c(u_1 \to \cdots \to u_i) \le \ell(j) \right\} ,$$

sowie $\text{end}(0) = \text{end}(k) = u_1$. $\text{end}(j)$ ist der Index des Knotens in C, an dem das j-te Teilstück von C der Länge $\approx c(C)/k$ endet (das erste Teilstück beginnt bei u_1).

Die k Rundflüge ergeben sich dann so, daß der j-te Rundflug bei u_1 beginnt, von dort nach $u_{\text{end}(j-1)+1}$ führt, dann der Tour C bis $u_{\text{end}(j)}$ folgt und schließlich nach u_1 zurückkehrt (vgl. auch Abb. 3.6), was für $j \in \{1, \ldots, k\}$ formal durch

$$R_j = (u_1 \to u_{\text{end}(j-1)+1} \to \cdots \to u_{\text{end}(j)} \to u_1)$$

beschrieben wird.

Zeige, daß diese Rundflüge eine relative Güte von $\frac{5}{2} - \frac{1}{n} - \frac{1}{k}$ garantieren, wenn man C mit dem Algorithmus von Christofides berechnet.

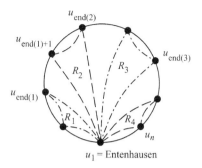

Abbildung 3.6: Ein Beispiel für 4-ΔTSP.

Aufgabe 3.10

Sei G ein ungerichteter Graph. Die Knotenmenge bezeichnen wir mit $V(G)$. In Fakt 2.7(c) haben wir gesehen, daß das Knoten-3-Färbbarkeitsproblem für planare und damit auch das für beliebige Graphen NP-vollständig ist.

Nimm an, daß G knoten-3-färbbar ist, und betrachte den folgenden Algorithmus:

ALGORITHMUS KNOTENF

$n := |V(G)|;\ t := 1;\ G_1 := G;$
while $\Delta(G_t) \geq \sqrt{n}$ **do**
    (1) bestimme einen Knoten $v \in V(G_t)$ mit $\deg_{G_t}(v) \geq \sqrt{n}$;
    (2) sei L der durch $\{v\} \cup \Gamma_{G_t}(v)$ induzierte Teilgraph von G_t;
        färbe L mit den Farben $(t,1)$, $(t,2)$ und $(t,3)$;
    (3) $G_{t+1} := G_t \setminus L;\ t := t+1$
end ;
färbe G_t mit den $\Delta(G_t) + 1$ Farben $(t,1), \dots, (t, \Delta(G_t)+1)$.

(a) Wieso ist L in (2) ganz einfach knoten-3-färbbar? (Erinnere Dich, daß die Berechnung einer Knoten-2-Färbung einfach ist: Fakt 2.7 (d))

(b) Wieviele Farben vergibt KNOTENF höchstens, d.h. welche absolute und relative Güte garantiert KNOTENF?

(c) Welche Laufzeit hat KNOTENF?

Aufgabe 3.11

Bislang haben wir durch Reduktion NP-vollständiger Probleme auf Optimierungsprobleme gezeigt, daß es (wahrscheinlich) gar nicht möglich ist, die besagten Optimierungsprobleme zu approximieren. Ziel dieser Aufgabe ist es, durch eine solche Reduktion einen Bereich für die relative Güte auszuschließen.

Beim (natürlich ☺) NP-vollständigen Entscheidungsproblem PARTITION ist eine Menge $M = \{a_1, \ldots, a_n\}$ von n Objekten gegeben. Die Objekte haben rationale Größen $s(a_1) \geq \cdots \geq s(a_n)$. Die zu beantwortende Frage ist „Kann M disjunkt in zwei Teilmengen A und B zerlegt werden, so daß $s(A) = s(B)$?" Der Einfachheit halber nehmen wir auch an, daß $2s(a_1) \leq s(M)$ ist, da es sonst sowieso keine solche Zerlegung geben kann.

Beim Optimierungsproblem BINPACKING ist eine Menge $M = \{a_1, \ldots, a_n\}$ von n Objekten gegeben. Die Objekte haben rationale Größen $1 \geq s'(a_1) \geq \cdots \geq s'(a_n) \geq 0$. Die Aufgabe besteht darin, M disjunkt in möglichst wenig Teilmengen $B_1, \ldots, B_k$ zu zerlegen, so daß für alle B_i gilt: $s'(B_i) \leq 1$ (vgl. auch das Problem Max-2BINPACKING aus Aufgabe 2.10). Hier haben wir ein Problem, in dem in der Beschreibung rationale Zahlen vorkommen, die Wertefunktion aber natürlich ganzzahlig ist.

(a) Zeige unter der Annahme P $\neq$ NP: Aus der NP-Vollständigkeit von PARTITION folgt, daß es keinen Approximationsalgorithmus für BINPACKING mit relativer Güte ρ gibt mit $\rho < \frac{3}{2}$. Mit anderen Worten: Zeige, daß PARTITION $\leq_{\mathrm{p}}$ BINPACKING$[\rho]$ für $\rho < \frac{3}{2}$.

Hinweis: Ein Scaling-Argument führt auch hier zum Ziel: Modifiziere die Größe der Objekte bei PARTITION „geschickt".

(b) Es gibt einen polynomiellen Approximationsalgorithmus für BINPACKING mit Namen *First Fit Decreasing* [Hoc96b, S. 59ff], der unter der Abkürzung FFD bekannt ist. Seine Garantie ist FFD$(I) \leq \frac{11}{9} \cdot$ OPT$(I) + 4$. Nun ist $\frac{11}{9} < \frac{3}{2}$. Widerspricht dies nicht dem Ergebnis von (a)?

Hinweis: Einen Algorithmus, der die relative Güte 2 garantiert, werden wir in Übung 5.4 auf S. 86 analysieren.

Aufgabe 3.12

Beweise Satz 3.17:

Sei $L \subseteq \Sigma^*$ ein NP-vollständiges Entscheidungsproblem, und sei Π ein Minimierungsproblem. Gibt es zwei in Polynomzeit berechenbare Funktionen $f : \Sigma^* \to \mathcal{D}$ und $c : \Sigma^* \to \mathbb{N}$ und eine Konstante $\gamma > 0$, so daß für alle Eingaben $x \in \Sigma^*$ gilt:

$$\mathrm{OPT}(f(x)) \begin{cases} \leq c(x) & x \in L \\ \geq c(x) \cdot (1 + \gamma) & x \notin L, \end{cases}$$

dann gibt es keinen polynomiellen Approximationsalgorithmus der relativen Güte r mit $r < 1 + \gamma$, es sei denn, P $=$ NP.

Aufgabe 3.13

(a) Sei Π ein Minimierungsproblem, und sei für ein festes $k \in \mathbb{N}$ die Beantwortung der Frage „Ist zur Eingabe I von Π der Wert $\mathrm{OPT}(I) \leq k$?" NP-vollständig.

Zeige: Gibt es einen polynomiellen Approximationsalgorithmus A für Π mit $\rho_A(n) \nleqq 1 + \frac{1}{k}$, dann ist P = NP.

(b) Wende die Aussage auf das Knoten- und das Kantenfärbungsproblem an, um zu zeigen, daß beide nicht mit relativer Güte echt kleiner $4/3$ approximiert werden können.

Hinweis: Fakt 2.7(c) und Holyers NP-Vollständigkeitsaussage auf S. 27.

(c) Formuliere eine analoge Aussage für Maximierungsprobleme.

Aufgabe 3.14

Sei $G = (V, E)$ ein Graph.

Eine *Knotenüberdeckung* (engl.: *vertex cover*) ist eine Knotenmenge $C \subseteq V$, so daß für jede Kante $\{u, v\} \in E$ gilt: $\{u, v\} \cap C \neq \emptyset$. Das NP-vollständige Entscheidungsproblem VC ist die Frage, ob es zu gegebenem Graphen und einer Zahl K eine Knotenüberdeckung C gibt mit $|C| \leq K$. Beim entsprechenden Optimierungsproblem soll eine kleinste Knotenüberdeckung bestimmt werden.

Eine Knotenmenge $U \subseteq V$ heißt *unabhängige Menge* (engl.: *independent set*), wenn für alle $u, v \in U$ gilt: $\{u, v\} \notin E$. Das NP-vollständige Entscheidungsproblem IS ist die Frage, ob es zu gegebenem Graphen und einer Zahl K eine unabhängige Menge U gibt mit $|U| \geq K$. Beim entsprechenden Optimierungsproblem soll eine größte unabhängige Menge bestimmt werden.

(a) Zeige: C ist genau dann eine Knotenüberdeckung von $G = (V, E)$, wenn $U = V \setminus C$ eine unabhängige Menge ist. Zeige außerdem: C ist genau dann eine optimale Lösung für VC, wenn $U = V \setminus C$ eine optimale Lösung für IS ist. [Dies sind die sehr einfachen Reduktionen, die man anwendet, wenn man IS auf VC und umgekehrt für NP-Vollständigkeitsbeweise reduziert.]

(b) Zeige, daß der nachfolgende Algorithmus GREEDYVC VC mit relativer Güte 2 approximiert.

> ALGORITHMUS GREEDYVC
>
> $C := \emptyset$;
>
>   **while** $E \neq \emptyset$ **do**
>
>   wähle eine Kante $\{u, v\}$ aus G;
>
> $C := C \cup \{u, v\}$;
>
>   lösche in G die Knoten u und v und die zu ihnen adjazenten Kanten

done;

gib C aus.

(c) Kann man mit der Reduktion aus (a) und dem Algorithmus aus (b) einen guten Approximationsalgorithmus für IS angeben? Welche Güte erreichst Du?

Aufgabe 3.15

Sei $\delta = \frac{1}{|V|} \cdot \sum_{u \in V} \deg(u) = 2|E|/|V|$ der Durchschnittsgrad des Graphen $G = (V, E)$.

Zeige: $\text{GREEDYIS}(G) \geq \frac{1}{\delta+1} \cdot |V|$

Hinweis: Vereinfache den Beweis von Satz 3.11 geeignet. Finde eine Beziehung zwischen $\delta \cdot |V|$ und den γ_t.

Aufgabe 3.16

Betrachte den folgenden naheliegenden greedy Algorithmus für das Knotenüberdeckungsproblem VC:

ALGORITHMUS GREEDYDEGVC

$C := \emptyset$;

while $E \neq \emptyset$ **do**

$u :=$ ein Knoten mit maximalem Grad in G;

$C := C \cup \{u\}$;

lösche in G den Knoten u und die zu u adjazenten Kanten

done;

gib C aus.

(a) Welche relative Abweichung hat GREEDYDEGVC auf dem in Abb. 3.7 dargestellten Graphen G_6?

(b) Verallgemeinere den Graphen G_6 zu einem Graphen G_k mit $n = k + \sum_{i=1}^{k-1} \lfloor \frac{k}{i} \rfloor$ Knoten, so daß G_k ein $\Omega(\log n)$-Zeuge gegen GREEDYDEGVC ist.

Hinweis: Benutze, daß für die harmonischen Zahlen $\mathcal{H}(k) = \sum_{i=1}^{k} \frac{1}{i}$ gilt: $\ln k < \mathcal{H}(k) \leq \ln k + 1$, und damit $n = \Theta(k \log k)$ und $k = \Theta(\frac{n}{\log n})$ ist.

Bemerkung: Daß GREEDYDEGVC eine relative Güte von $O(\log |V|)$ auf beliebigen Graphen garantiert, werden wir in Abschnitt 7.5.3 zeigen.

Aufgabe 3.17

Die reichste Ente der Welt, Dagobert Duck, hat sich entschieden, ihren ersten Urlaub seit langem in den Bergen um Schneetal im ewigen Schnee zu verbringen und dort, in Erinnerung

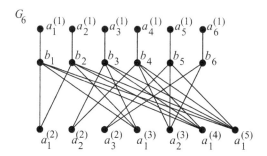

Abbildung 3.7: Ein Zeuge gegen GREEDYDEGVC

an die Goldgräberzeiten am Klondike, ausschließlich Ski zu fahren. Dagobert hat sich vorgenommen, so lange dort zu bleiben, bis seine Verwaltung ihn wegen dringender Geschäfte nach Entenhausen zurückruft. Nun befindet sich in seiner Verwaltung an maßgeblicher Stelle ein Referent, der auch auf der Gehaltsliste von Klaas Klever, dem ewigen Rivalen von Dagobert, steht (in Wirklichkeit hat sich Gundel Gaukeley, die hinter Dagoberts Glückstaler her ist, in diesen Referenten verwandelt, aber das zu erläutern würde jetzt zu weit führen). Dieser Referent kann, wann immer er bzw. Klaas Klever will, die Rückkehr Dagoberts veranlassen.

Unterdessen steht Dagobert in Schneetal vor einem Skigeschäft und vor der Frage, ob er sich ein Paar unkaputtbarer Skier für 300 Taler kauft oder stattdessen lieber erst einmal die Skier für 15 Taler pro Tag mietet und sich vielleicht später die Skier kauft. Er entscheidet also jeden Tag von neuem, ob er die Skier mietet, bis er sie kauft. Das einzig Gewisse ist, daß er die Skier nicht ewig mieten würde.

Klaas Klever, dem der Skiladen gehört und der daher die tägliche Entscheidung Dagoberts kennt, möchte ihn – wie immer – ärgern, d. h. er möchte Dagobert durch den Referenten so zurückrufen lassen, daß Dagobert mit einer anderen Miet-Kauf-Folge mit viel geringeren Ausgaben aus dem Urlaub hätte zurückkommen können.

(a) Zeige: Klaas Klever kann immer erzwingen, daß Dagobert Duck doppelt so viel ausgibt, wie eine optimale Miet-Kauf-Folge gekostet hätte.

(b) Entwirf und analysiere eine Strategie für Dagobert Duck, die garantiert, daß er nie mehr als doppelt so viel ausgibt, als wenn er sich optimal verhalten hätte.

Kapitel 4

Approximationsschemata

In den beiden vorhergehenden Kapiteln haben wir Approximationsalgorithmen kennengelernt, deren Abweichung von der optimalen Lösung fest ist. Wir wissen bei diesen Algorithmen nicht, wie man eine noch bessere Lösung errechnen kann außer dadurch, das Problem exakt mit einem Algorithmus exponentieller Laufzeit zu lösen. Aber könnte man nicht – in Anlehnung an einen Begriff wie „Konvergenz" aus der Mathematik – die Genauigkeit einer Lösung durch Anwachsenlassen der Laufzeit „erkaufen"? D. h. es soll möglich sein, den relativen Fehler als zusätzliche Eingabe dem Algorithmus mitzugeben, so daß die Ausgabe höchstens um diesen Fehler von der optimalen Lösung abweicht. Die Laufzeit darf von diesem Fehler abhängen. Mit anderen Worten: Wir wünschen uns, daß der relative Fehler immer näher an 0 kommt, je mehr Laufzeit dem Algorithmus erlaubt ist. Allerdings sollen sich der relative Fehler und die Erhöhung der Laufzeit „gutartig" zueinander verhalten. Diese Überlegung führt zum Begriff des *Approximationsschemas*. Wir stellen in diesem Kapitel ein solches Approximationsschema für RUCKSACK vor und beschließen es damit zu beweisen, daß es zu den Optimierungsproblemen mit sog. stark NP-vollständigen Entscheidungsvarianten vermutlich keine Approximationsschemata gibt.

4.1 Definition:
Sei Π ein Optimierungsproblem. Sei A ein Approximationsalgorithmus für Π, der als Eingabe eine Probleminstanz I von Π *und* ein ε mit $0 < \varepsilon < 1$ bekommt.

(a) A ist ein *polynomielles Approximationsschema* (PAS; engl.: *polynomial approximation scheme*) für Π, wenn A zu jeder Probleminstanz I und für jedes $\varepsilon \in]0,1[$ in Zeit $O(\text{poly}(|I|))$ eine zulässige Lösung zu I mit relativem Fehler $\varepsilon_A(I,\varepsilon) \leq \varepsilon$ berechnet.

(b) A ist ein *streng polynomielles Approximationsschema* (FPAS; engl.: *fully PAS*), wenn A ein PAS mit Laufzeit $O(\text{poly}(|I|, \frac{1}{\varepsilon}))$ ist.

Als Abkürzung findet man auch häufig PTAS und FPTAS. Dabei steht das „T" für *time*.

Beim PAS fordern wir für die Laufzeit, daß sie polynomiell in $|I|$ ist. Für den Einfluß von ε haben wir keine Forderung gemacht, ε wird *wie eine Konstante* behandelt. Laufzeiten der Form $O(|I|^{1/\varepsilon})$ sind mithin erlaubt, während Zeiten der Form $O((1/\varepsilon)^{|I|})$ nicht zulässig sind! Der Begriff des FPAS, bei dem diese beiden Formen unzulässig sind, ist also stärker als der des PAS. Ein polynomieller Einfluß von $1/\varepsilon$ auf die Laufzeit des Algorithmus hat also zur Folge, daß eine Verdopplung der Rechengeschwindigkeit des Computers, auf dem der Algorithmus ausgeführt wird, erlaubt, bei gleicher tatsächlicher Zeit in Sekunden Eingabegrößen zu bearbeiten, die um einen konstanten Faktor größer sind als vor der Erhöhung der Geschwindigkeit. D. h. in der Terminologie von Kapitel 1 auf Seite 5, daß ein FPAS skaliert und ein PAS, das kein FPAS ist, nicht skaliert.

In der in Übung 3.2 eingeführten Terminologie hat ein Approximationsschema eine relative asymptotische Güte von 1, also den bestmöglichen Wert überhaupt.

Die Angabe von ε verlängert die Eingabe für ein FPAS lediglich um $\Theta(\log(1/\varepsilon))$ Bits. Trotzdem erlauben wir, daß die Laufzeit des FPAS polynomiell in $1/\varepsilon$ und nicht sogar polynomiell in $\log(1/\varepsilon)$ ist. Würden wir fordern, daß die Laufzeit eines FPAS $O(\text{poly}(|I|, \log(\frac{1}{\varepsilon})))$ ist, würde die Existenz eines solchen FPAS für ein Optimierungsproblem, dessen Entscheidungsvariante NP-vollständig ist und bei dem die Werte mit $O(\text{poly}(|I|))$ Bits dargestellt werden können,

Ü. 4.7   bereits bedeuten, daß P = NP ist.

Beachte, daß gemäß Bemerkung 3.2 (Seite 36) im Fall eines Minimierungsproblems $1 + \varepsilon_A = \rho_A$ und im Fall eines Maximierungsproblems $1 - \varepsilon_A = \frac{1}{\rho_A}$ gilt.[1] In einigen Lehrbüchern und Aufsätzen findet man auch eine Definition des Begriffs Approximationsschema, in der für *beide* Problemtypen gefordert wird, daß $\rho_A \leq 1 + \varepsilon$ für alle $\varepsilon > 0$ erreicht werden kann. D. h. im Fall eines Maximierungsproblems ist diese Definition nicht direkt an den relativen Fehler

Ü. 4.1   gekoppelt. Dies ist keine grundsätzlich andere Definition, macht aber leider die Analyse bei Maximierungsproblemen manchmal verwirrend.

Beachte, daß aus der Angabe eines (F)PAS für ein Optimierungsproblem Π folgt, daß man Π immer auch mit konstanter Güte – sagen wir – 5/4 in Polynomzeit approximieren kann, indem im Fall eines Minimierungsproblems $\varepsilon^* = \frac{1}{4}$ und im Fall eines Maximierungsproblems $\varepsilon^* = \frac{1}{5}$ fest gewählt wird. $A(I, \varepsilon^*)$ läuft polynomiell in $|I|$ und garantiert die relative Güte 5/4. Der folgende Satz zeigt, daß man das sogar bis zu einem exakten Algorithmus weiterführen kann, wobei natürlich im allgemeinen keine polynomielle Laufzeit mehr erreicht wird. Der Grund dafür ist im wesentlichen, daß kombinatorische Optimierungsprobleme diskret sind, man also den Wunschfehler so klein wählen kann, daß der Fehler zwischen bester und zweitbester Lösung so groß ist, daß der Approximationsalgorithmus die optimale Lösung ausgeben muß.

---

[1] also $\frac{1}{1-\varepsilon_A} = 1 + \frac{\varepsilon_A}{1-\varepsilon_A} = \rho_A$.

4.2 Satz:

Sei Π ein kombinatorisches Optimierungsproblem, A ein (F)PAS, und zu Eingabe I sei $Z(I)$ eine obere Schranke für $\mathrm{OPT}(I)$, d. h. $\mathrm{OPT}(I) \leq Z(I)$. Sei $\varepsilon^* = \frac{1}{Z(I)+1}$. Dann ist $A(I, \varepsilon^*) = \mathrm{OPT}(I)$. Ist A ein FPAS, so ist die Laufzeit $O(\mathrm{poly}(|I|, Z(I)))$.

Beweis:

Starte A mit Eingabe I und ε^*. Wir zeigen, daß die Ausgabe eine optimale Lösung von I ist: Gemäß Definition 4.1 wird eine zulässige Lösung zu I gefunden mit relativem Fehler

$$\varepsilon_A(I, \varepsilon^*) = \frac{|\mathrm{OPT}(I) - A(I, \varepsilon^*)|}{\mathrm{OPT}(I)} \leq \varepsilon^* \ .$$

D. h.

$$|\mathrm{OPT}(I) - A(I, \varepsilon^*)| \leq \varepsilon^* \cdot \mathrm{OPT}(I) = \frac{\mathrm{OPT}(I)}{Z(I)+1} \lneqq 1 \ ,$$

weil $\mathrm{OPT}(I) \leq Z(I)$ ist. Da der Wert aller zulässigen Lösungen ganzzahlig ist, folgt damit, daß $|\mathrm{OPT}(I) - A(I, \varepsilon^*)| = 0$, also $A(I, \varepsilon^*) = \mathrm{OPT}(I)$ ist. $\qquad\square$

Beachte, daß wir keine Ausssage zur Laufzeit machen, wenn A ein PAS ist. In diesem Fall kann die Laufzeit unter Umständen gewaltig sein.

Grundsätzlich kann man sich zwei Möglichkeiten vorstellen, wie Approximationsschemata arbeiten:

(a) Es werden in Abhängigkeit von ε während der gesamten Rechnung nur einige wenige zulässige Lösungen bestimmt, aus denen dann die beste ausgewählt wird. Einen solchen Algorithmus werden wir in diesem Kapitel kennenlernen.

(b) Nachdem eine zulässige Lösung bestimmt worden ist, wird diese solange verbessert, d. h. durch weitere zulässige Lösungen ersetzt, bis die erlaubte Laufzeit abgelaufen ist. Solche Algorithmen werden wir in Kapitel 8 entwerfen.

Ein Approximationschema für das Rucksackproblem, das nicht streng polynomiell ist, d. h. ein PAS, wird in den Übungen erarbeitet. Es hat eine Laufzeit von $O(n^{1+1/\varepsilon})$. Wie man sieht, ist die Ü. 4.4 Laufzeit *exponentiell* in $\frac{1}{\varepsilon}$. Im folgenden stellen wir ein Approximationsschema mit Laufzeit $O(n^3 \cdot \frac{1}{\varepsilon})$ vor, d. h. ein streng polynomielles Approximationsschema.

4.1 Ein pseudopolynomieller exakter Algorithmus für das Rucksackproblem

Wir hatten in Abschnitt 2.2 gezeigt, daß man unter der Annahme $P \neq NP$ das Rucksackproblem nicht gut mit absoluter Güte approximieren kann. Wir werden jetzt sehen, daß sich die Lage bei Betrachtung der relativen Güte drastisch verbessert darstellt. Doch zuerst stellen wir einen exakten Algorithmus für RUCKSACK vor, der den Ausgang für das danach entwickelte FPAS darstellt.

Zu Beginn in Kapitel 1 hatten wir schon einmal kurz angesprochen, was es heißen kann, wenn die Laufzeit eines Algorithmus von den in der Eingabe kodierten Zahlen abhängt. Sei im folgenden $I = \langle W, \mathrm{vol}, p, B \rangle$ eine Instanz des Rucksackproblems mit n Waren und sei $P_{max} = \max\{p_j \mid j \in \{1, \ldots, n\}\}$ der größte in der Instanz vorkommende Preis. Da es n Waren gibt und jede Ware in den Rucksack paßt, gilt

$$P_{max} \leq \mathrm{OPT}(I) \leq n \cdot P_{max} \ . \tag{4.1}$$

Wir geben nun einen schnellen Algorithmus an, der den Wert $\mathrm{OPT}(I)$ einer optimalen Rucksackfüllung bestimmt und dessen Laufzeit von $\mathrm{OPT}(I)$ abhängt.

Für $j \in \{0, 1, \ldots, n\}$ und $\alpha \in \mathbb{Z}$ sei $F_j(\alpha)$ das kleinste benötigte Rucksackvolumen, mit dem man einen Wert von mindestens α erzielen kann, wenn man die ersten j Waren einpacken[2] darf. Mit $F_j(\alpha) = \infty$ bezeichnen wir dabei die Unmöglichkeit, den gewünschten Wert α in den Rucksack zu packen. Beachte, daß $\mathrm{vol}(\emptyset) = 0$ ist. Formal ist

$$F_j(\alpha) = \min\{\mathrm{vol}(R) \mid R \subseteq \{1, \ldots, j\}, \ p(R) \geq \alpha\} \ .$$

4.3 Lemma:
Für $F_j(\alpha)$ gilt die folgende Rekursion:

> *(1)* $\alpha \leq 0, j \in \{0, \ldots, n\}$: $\quad F_j(\alpha) = 0$
> *(2)* $\alpha \geq 1, j = 0$: $\qquad\qquad F_0(\alpha) = \infty$
> *(3)* $\alpha \geq 1, j \in \{1, \ldots, n\}$: $\quad F_j(\alpha) = \min\{F_{j-1}(\alpha - p_j) + \mathrm{vol}(j), \ F_{j-1}(\alpha)\}$

Beweis:
Beziehung (1) besagt, daß der ungefüllte Rucksack bereits den Wert 0 hat, Beziehung (2), daß man keinen von 0 verschiedenen Wert mit leerem Rucksack erzielen kann.

Die rekursive Beziehung (3), die unter der Bezeichnung *Bellmannsche Optimalitätsgleichung* bekannt ist, besagt folgendes: Wenn das kleinste benötigte Rucksackvolumen mit den Waren $1, \ldots, j-1$ für den Gesamtwert α berechnet ist und nun die Ware j mit dem Volumen $\mathrm{vol}(j)$ und dem Wert p_j dazukommt, ändert das entweder nichts an der Sache, oder man kann eine Rucksackfüllung mit kleinerem Volumen erzeugen, indem man mit den Waren $1, \ldots, j-1$ den Wert $\alpha - p_j$ erzielt und Ware j mit in den Rucksack legt. Man kann sich leicht überlegen, daß es keine Rucksackfüllung aus den erlaubten Waren mit Mindestwert α mit noch geringerem Volumen gibt. $\qquad\square$

---

[2] $j = 0$ bedeutet, daß man gar keine Waren einpacken darf.

Gesucht ist insgesamt also das größte α, so daß $F_n(\alpha)$ noch in den Rucksack der Kapazität B paßt, d. h. $\max\{\alpha \mid F_n(\alpha) \leq B\} = \mathrm{OPT}(I)$.

Damit ergibt sich folgender Algorithmus zur Berechnung der $F_j(\alpha)$. Er ist ein typisches Beispiel für die Methode der *dynamischen Programmierung*[3].

ALGORITHMUS DYNRUCKSACK

$\alpha := 0$;
repeat
 $\alpha := \alpha + 1$; $(\star)$
 for $j := 1$ **to** n **do**
  $F_j(\alpha) := \min\{F_{j-1}(\alpha - p_j) + \mathrm{vol}(j),\, F_{j-1}(\alpha)\}$
until $B < F_n(\alpha)$;
gib $\alpha - 1$ aus ;

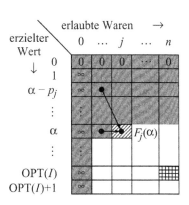

Wenn man die $F_j(\alpha)$ in Tabellenform anordnet, wird die Tabelle zeilenweise von oben nach unten jeweils von links nach gerechts gefüllt (vgl. Abbildung 4.1; bereits bekannte Werte sind dunkel dargestellt). Beachte, daß es hierbei wesentlich ist, daß die Warenwerte natürliche Zahlen sind. Dies ist der Grund für das „+1" in der Zeile $(\star)$.

Abbildung 4.1: Berechnung der $F_j(\alpha)$

Ü. 4.3

Es ist ganz einfach, DYNRUCKSACK so zu erweitern, daß nicht nur der Wert einer optimalen Ü. 4.2 Rucksackfüllung, sondern auch eine optimale Rucksackfüllung selbst ausgegeben wird. Dazu geht man die berechnete Tabelle „von unten nach oben" durch.

Die Korrektheit des nachfolgenden Satzes ergibt sich aus der obigen Diskussion und Ungleichung (4.1).

4.4 Satz:
DYNRUCKSACK *berechnet zu Eingabe I den Wert* $\mathrm{OPT}(I)$ *in Zeit* $O(n \cdot \mathrm{OPT}(I)) = O(n^2 \cdot P_{\max})$.

Da $P_{\max} = \Theta(2^{|I|})$ und damit auch $\mathrm{OPT}(I) = \Theta(2^{|I|})$ sein kann (warum nicht mehr?), ist die worst-case-Laufzeit ohne Berücksichtigung von in I vorkommenden Zahlen $O(n \cdot 2^{|I|})$, d. h. sie ist exponentiell in der Eingabelänge. Aber wenn $P_{\max} = O(\mathrm{poly}(|I|))$ ist, was ja nicht unrealistisch ist, dann hat DYNRUCKSACK polynomielle Laufzeit. In unserem Fall ist die Laufzeit also polynomiell, wenn der größte vorkommende Warenwert polynomiell in der Eingabelänge ist. Diese Überlegung führt zur Definition des Begriffs der pseudopolynomiellen Algorithmen.

---

[3]Ein Glanzlicht der Dynamischen Programmierung ist der berühmte Ford-Bellman-Algorithmus zur Berechnung maximaler Flüsse in Netzwerken (siehe z. B. Kapitel 27 in [CLR90]). Hier wird ein schwieriges kombinatorisches Optimierungsproblem exakt in Polynomzeit gelöst.

4.5 Definition:

Sei Π ein kombinatorisches Optimierungsproblem, so daß für alle Instanzen I gilt, daß alle in I vorkommenden Zahlen natürliche Zahlen sind. Sei $\mathrm{maxnr}(I)$ die größte in I vorkommende Zahl. Ein Algorithmus für Π heißt *pseudopolynomiell*, falls es ein Polynom $\mathrm{poly}(.,.)$ gibt, so daß für alle Instanzen I seine Laufzeit $\mathrm{poly}(|I|, \mathrm{maxnr}(I))$ ist.

Sei $\mathrm{poly}(x,y) = x^2 \cdot y$. Da beim Rucksackproblem $P_{\mathrm{max}} \leq \mathrm{maxnr}(I)$ ist, ist DYNRUCKSACK mit Satz 4.4 ein pseudopolynomieller Algorithmus mit grob abgeschätzter Laufzeit $O(\mathrm{poly}(|I|,$ $\mathrm{maxnr}(I))) = O(|I|^2 \cdot \mathrm{maxnr}(I))$. Konkret heißt das, daß für jedes Polynom q jede Einschränkung von $\mathcal{D}$ auf die Instanzen I mit $\mathrm{maxnr}(I) \leq q(|I|)$ in Polynomzeit gelöst werden kann, da die Polynome gegen Einsetzen abgeschlossen sind. Z. B. können alle Rucksack-Instanzen mit $P_{\mathrm{max}} = O(n^4)$ in Zeit $O(n^6)$ gelöst werden.

4.2   Ein streng polynomielles Approximationsschema für das Rucksackproblem

Mit Hilfe des gerade beschriebenen pseudopolynomiellen exakten Algorithmus werden wir jetzt ein streng polynomielles Approximationsschema, d. h. ein FPAS, angeben, das in Abhängigkeit von ε während der ganzen Rechnung nur *eine* zulässige Lösung bestimmt.

Wenn in unserem oben angegebenen pseudopolynomiellen Verfahren der größte Preis die Laufzeit von DYNRUCKSACK mitbestimmt, sollte man „einfach" alle Preise um einen festen Faktor $1/k$ verkleinern (um k reduzieren), d. h. alle Preise p_j durch $\lfloor \frac{p_j}{k} \rfloor$ ersetzen, dieses neue Problem I_{red} lösen und dessen Lösung auch als Lösung des ursprünglichen Problem nehmen. Warum wir Ü. 4.3 die Nachkomma-Stellen abschneiden müssen, sehen wir in den Übungen. Den Faktor $1/k$ werden wir erst später und dann natürlich in Abhängigkeit von ε bestimmen. Der Algorithmus kann also folgendermaßen formuliert werden:

> ALGORITHMUS AR_k
>
> (1)   reduziere die Preise um k, d. h. ersetze alle Preise p_j durch $\lfloor \frac{p_j}{k} \rfloor$;
> (2)   berechne mittels DYNRUCKSACK eine optimale Rucksackfüllung R_k auf der Eingabe I_{red} mit den reduzierten Preisen;
> (3)   gib R_k aus;

Das Problem, das wir jetzt haben, ist, daß die Verwendung der Gauß-Klammern $\lfloor . \rfloor$ einen (relativen) Fehler verursacht[4]. Wie groß kann der sein? Man beachte, daß der relative Fehler

---

[4]Dieses Problem ist uns allen bei der Umstellung von DM auf € im Januar 2002 vielleicht auch im Alltag bewußt geworden.

nicht größer als 1 ist, da das Rucksackproblem ein Maximierungsproblem ist.

4.6 Satz:
AR_k *macht bei Eingabe I einen relativen Fehler von* $\varepsilon_{AR_k}(I) \leq \frac{k \cdot n}{P_{\max}}$ *und hat eine Laufzeit von* $O(n^2 \cdot \frac{P_{\max}}{k})$.

Beweis:
Sei R^* die Indexmenge einer optimalen Rucksackfüllung zu I und sei R_k die berechnete Index-menge in der Lösung des um k reduzierten Problems I_{red}. R_k ist für I_{red} eine optimale Lösung, weswegen $\text{OPT}(I_{\text{red}}) \geq \sum_{j \in R^*} \lfloor \frac{p_j}{k} \rfloor$ ist. Zudem ist R_k eine zulässige Lösung für I, da wir an den Volumina der Waren und der Kapazität des Rucksacks nichts geändert haben.
Nun ist:

$$
\begin{aligned}
\text{AR}_k(I) &= p(R_k) = \sum_{j \in R_k} p_j \geq \sum_{j \in R_k} k \cdot \left\lfloor \frac{p_j}{k} \right\rfloor = k \cdot \text{OPT}(I_{\text{red}}) \\
&\geq k \cdot \sum_{j \in R^*} \left\lfloor \frac{p_j}{k} \right\rfloor \overset{(*)}{\geq} k \cdot \sum_{j \in R^*} \left(\frac{p_j}{k} - 1 \right) = \sum_{j \in R^*} (p_j - k) = p(R^*) - k \cdot |R^*| \\
&= \text{OPT}(I) - k \cdot |R^*| \geq \text{OPT}(I) - kn
\end{aligned}
$$

Beachte, daß für großes k ab $(*)$ die Abschätzung negativ sein kann. Genauer wäre es, wenn man mit $\max\{.,0\}$ weiterrechnen würde. Da wir aber nur an $|\text{AR}_k(I) - \text{OPT}(I)|$ interessiert sind, brauchen wir das nicht zu machen.

Wir haben also $|\text{AR}_k(I) - \text{OPT}(I)| \leq kn$ (einen Moment drüber nachdenken!). Mit dieser Un-gleichung erhalten wir gemäß der Definition des relativen Fehlers (Definition 3.1 (d)) und unter Benutzung der unteren Schranke aus Ungleichung (4.1):

$$
\varepsilon_{AR_k}(I) = \frac{|\text{AR}_k(I) - \text{OPT}(I)|}{\text{OPT}(I)} \leq \frac{kn}{\text{OPT}(I)} \leq \frac{kn}{P_{\max}}
$$

Um das reduzierte Problem exakt zu lösen, braucht man gemäß Satz 4.4 Zeit $O(n^2 \cdot \frac{P_{\max}}{k})$. $\qquad \square$

Beachte, daß für große k die Aussage des Satzes trivial werden kann, da, wie bereits oben an-gemerkt, der relative Fehler bei einem Maximierungsproblem nicht größer als 1 werden kann.

Um ein FPAS zu bekommen, müssen wir zeigen, daß jedes $\varepsilon \in\,]0,1[$ als relativer Fehler erreich-bar ist. Da die Parameter n und $P_{\max}$ bereits durch die Eingabe I festgelegt werden, können wir ε in AR_k nur durch die Wahl von k beeinflussen.

    ALGORITHMUS FPASRUCKSACK(I, ε)

        bestimme aus I die Parameter n und $P_{\max}$;

$$k := \varepsilon \cdot \frac{P_{\max}}{n};$$

starte AR_k mit I und gib dessen Lösung aus;

Offensichtlich gilt mit Satz 4.6:

4.7 Satz:
FPASRUCKSACK *ist ein FPAS für das Rucksackproblem mit Laufzeit* $O(n^3 \cdot \frac{1}{\varepsilon})$.

Es gibt sogar ein FPAS für RUCKSACK mit einer Laufzeit von $O(n \log \frac{1}{\varepsilon} + \frac{1}{\varepsilon^4})$ ([IK75]).

Ü. 4.6 Nicht immer kann man aus einem pseudopolynomiellen exakten Algorithmus ein FPAS konstruieren. Die wesentlichen Bedingungen, die vorliegen müssen, um aus einem pseudopolyno-
Ü. 4.8 miellen exakten Algorithmus ein FPAS herzuleiten, werden in den Übungen hergeleitet.

4.3   Unmöglichkeitsergebnisse für Approximationsschemata

In Übung 3.13 haben wir gesehen, daß es keinen Approximationsalgorithmus für die Graph-
Färbungsprobleme mit relativer Güte unter 4/3 geben kann. Daraus folgt, daß es weder ein
PAS, noch ein FPAS für diese Probleme geben kann. Das Ergebnis der Übung 3.13 können wir
allgemeiner formulieren als:

4.8 Satz:
Sei Π *ein Optimierungsproblem, und sei für ein festes* $k \in \mathbb{N}$, *falls* Π *ein Minimierungsproblem
ist, die Frage „Ist zur Eingabe I von* Π *der Wert* $\mathrm{OPT}(I) \le k$ *?" bzw., falls* Π *ein Maximierungsproblem ist, die Frage „Ist zur Eingabe I von* Π *der Wert* $\mathrm{OPT}(I) \ge k$ *?" NP-vollständig. Gibt
es ein (F)PAS für* Π, *dann ist* $P = NP$.

Der Beweis folgt dem von Satz 4.2. Wir werden ihn nun weiter verallgemeinern, um ein noch
stärkeres Unmöglichkeitsergebnis für streng polynomielle Approximationsschemata zu beweisen.

Abschnitt 4.1 hat gezeigt, daß die Einschränkung $\mathrm{maxnr}(I) = q(|I|)$ für *jedes beliebige* Poly-
nom q beim Rucksackproblem dazu führt, daß das Problem I in Polynomzeit lösbar wird.

Dagegen können wir den Beweis von Satz 3.3 nutzen, um HAMILTON auf die Entscheidungsvariante des TSP zu reduzieren, indem man dort einfach $r = 1$ setzt. Das größte im konstruierten
Problem I_G bei dieser Reduktion auftauchende Kantengewicht ist dann aber höchstens 2, also
$\mathrm{maxnr}(I_G) \le 2$, wenn wir die n Namen der Knoten einmal ignorieren. D. h. also, daß die Entscheidungsvariante des TSP, bei dem die Kantengewichte höchstens 2 sind, noch immer ein
„schwieriges" Problem ist.

Dies führt zur Unterscheidung von stark NP-vollständigen und schwach NP-vollständigen Problemen.

4.9 Definition:

Ein NP-vollständiges Entscheidungsproblem L heißt *stark* NP-*vollständig*, wenn es ein Polynom q gibt, so daß $L_q = \{x \mid x \in L \text{ und maxnr}(x) \leq q(|x|)\}$ NP-vollständig ist. Gibt es kein solches Polynom, heißt L *schwach* NP-*vollständig*.

Zu dieser Definition äquivalent ist: Das NP-vollständige Entscheidungsproblem L ist stark NP-vollständig, falls es keinen pseudopolynomiellen Algorithmus für L gibt, es sei denn, P = NP.

4.10 Beispiel:

- Die Entscheidungsprobleme HAMILTON und CLIQUE sind stark NP-vollständig, da in ihnen keine großen Zahlen vorkommen und das Polynom $q(n) = n$ ausreicht.

- Das Entscheidungsproblem zu TSP ist stark NP-vollständig, wie die einführende Diskussion gezeigt hat. Da die dort konstruierten Graphen nur Kantenlängen 1 oder 2 haben, ist die Länge jedes Pfades (u, v, w) über zwei Kanten mindestens 2, d. h. mindestens genau so lang wie die direkte Kante $\{u, w\}$ zwischen den beiden Endknoten des Pfades. Mit anderen Worten: die Dreiecksungleichung ist erfüllt. Also ist auch das Entscheidungsproblem zu ΔTSP stark NP-vollständig.

- RUCKSACK ist schwach NP-vollständig, wie wir ja gerade in Abschnitt 4.1 gesehen haben, da die Optimierungsvariante einen pseudopolynomiellen Algorithmus hat, der leicht auch für das Entscheidungsproblem benutzt werden kann.

Der nächste Satz, der unmittelbar aus Satz 4.2 folgt, zeigt, daß eine ganz enge Beziehung zwischen starker NP-Vollständigkeit und der Unmöglichkeit, ein FPAS anzugeben, besteht.

4.11 Satz:

Sei Π ein Optimierungsproblem. Wenn es ein Polynom $q(x_1, x_2)$ gibt, so daß für alle Probleminstanzen I gilt, daß OPT$(I) \leq q(|I|, \text{maxnr}(I))$ ist, dann folgt aus der Existenz eines FPAS für Π, daß es einen pseudopolynomiellen exakten Algorithmus für Π gibt.

Diese Aussage ergibt sich aus Satz 4.2 und ist so etwas wie eine Umkehrung des Vorgehens beim Entwurf des FPAS für RUCKSACK. Dort wurde mit Hilfe des pseudopolynomiellen exakten Algorithmus ein FPAS angegeben, hier haben wir aus dem FPAS einen pseudopolynomiellen exakten Algorithmus gemacht.

Zum Verständnis sollte man sich hier noch einmal überlegen, wieso es nicht ausreicht, nur zu fordern, daß A ein PAS ist.

Wenn maxnr(I) durch ein Polynom nach oben beschränkt ist, dann ergibt dieser Satz natürlich eine polynomielle Laufzeit für den exakten Algorithmus, was uns unmittelbar zu folgender Aussage führt.

4.12 Korollar:

Wenn es für eine Optimierungsvariante eines stark NP*-vollständigen Problems ein FPAS gibt, dann ist* P $=$ NP.

Ü. 4.9 D. h. also, daß es (so denn P $\neq$ NP ist) keine streng polynomiellen Approximationsschemata für CLIQUE, Graphfärbungsprobleme und viele andere Optimierungsprobleme gibt. Die benutzte Technik kann natürlich auch direkt auf konkrete Probleme angewandt werden.

Da das volle TSP keinen Approximationsalgorithmus mit konstanter relativer Gütegarantie erlaubt (Satz 3.16), gibt es natürlich dafür auch kein FPAS oder PAS.

Wie ist es jedoch mit dem ΔTSP, das mit Christofides' Algorithmus mit Güte $3/2$ approximiert werden kann? Leider haben wir in Beispiel 4.10 gesehen, daß die Entscheidungsvariante des metrischen TSP stark NP-vollständig, weshalb auch hier ein FPAS ausgeschlossen ist.

EuklidTSP ist die Einschränkung des ΔTSP auf geometrische Probleme, d. h. Graphen, in denen der Abstand immer mit der (geeignet gerundeten) Euklidischen Norm gemessen wird. Ein bemerkenswertes Ergebnis, das für erhebliches Aufsehen gesorgt hat, ist Aroras polynomielles Approximationsschema (also „nur" ein PAS) für EuklidTSP [Aro98], das eine Laufzeit von $O(n^3(\log n)^{O(1/\varepsilon)})$ hat. D. h. 20 Jahre nach Christofides' Algorithmus konnte die erreichte relative Güte für EuklidTSP von $3/2$ auf $1 + \varepsilon$ für jedes noch so kleine $\varepsilon > 0$ gesenkt werden.

Das ΔTSP dagegen hat unter der üblichen Annahme, daß P $\neq$ NP ist, beweisbar kein PAS [ALM$^+$98]. D. h. es ist beweisbar schwieriger als EuklidTSP. Aber natürlich bleibt es eine der ganz großen offenen Fragen auf diesem Gebiet, ob es einen Approximationsalgorithmus mit relativer Güte unter $3/2$ für ΔTSP gibt.

4.4   Literatur zu Kapitel 4

[ALM$^+$98]   S. Arora, C. Lund, R. Motwani, M. Sudan, and M. Szegedy.   Proof verification and the hardness of approximation problems. *Journal of the ACM*, 45:501–555, 1998.

[Aro98]   S. Arora.   Polynomial time approximation schemes for Euclidean traveling salesman and other geometric problems. *Journal of the ACM*, 45:753–782, 1998.

[CLR90]   T. H. Cormen, C. E. Leiserson, and R. L. Rivest. *Introduction to Algorithms*.   MIT Press,

Cambridge, 1990.

[IK75] O. H. Ibarra and C. E. Kim. Fast approximation for the knapsack and sum of subset problems. *Journal of the ACM*, 22:463–468, 1975.

[KMR93] D. Karger, R. Motwani, and G. D. S. Ramkumar. On approximating the longest path in a
graph. In *Proc. 3rd Workshop on Algorithms and Data Structures (WADS)*, pages 421–432,
1993.

Übungen zu Kapitel 4

Aufgabe 4.1

Sei Π ein Maximierungsproblem, und sei ein Approximationsschema A so definiert, daß für jedes ε, $\varepsilon > 0$, die Güte $\rho_A \leq 1 + \varepsilon$ erreichbar ist.

Zeige: Diese Definition kann auf Definition 4.1 zurückgeführt werden.

Aufgabe 4.2

Implementiere den Algorithmus DYNRUCKSACK und erweitere ihn so, daß er eine optimale Rucksackfüllung ausgibt. Die Erweiterung soll keine zusätzlichen Variablen oder gar Arrays benutzen und nur $O(n)$ zusätzliche Schritte benötigen.

Berechne eine optimale Rucksackfüllung zur Eingabe $n = 5$, $vol = (23, 33, 11, 35, 11)$, $p = (15, 23, 15, 33, 32)$ und $B = 65$.

Aufgabe 4.3

Nimm an, daß die Werte p_j der Waren des Rucksackproblems rationale Zahlen sind. Modifiziere den pseudopolynomiellen Algorithmus derart, daß er für diese Variante den Wert einer optimalen Rucksackfüllung berechnet. Bestimme seine Laufzeit.

Aufgabe 4.4

Entenhausens meistgesuchter Einbrecher, Kater Karlo (Kennzeichen: besonders diabolisches Lachen „Har har"), ist zur Vorweihnachtszeit in die „Wertpäckchen"-Abteilung von Entenhausens Hauptpostamt eingedrungen, um eigentlich den größten Postraub aller Zeit durchzuführen. Mit sich führt er einen Beutel, mit dem er seine Beute abtransportieren will.

Die folgende Strategie zur Auswahl der Päckchen, die er in den Beutel legen will, hat Kater Karlo sich ausgedacht: Da auf jedem Päckchen dessen Volumen und Wert angegeben sind, schreibt er auf jedes die *Wertdichte*, d. h. den Quotienten aus Wert und Volumen. Die Wertdichte gibt also an, wieviel Taler ein Kubikfuß des Päckchens ausmacht. Wie man sieht, scheint Quacktanien seine Maßeinheiten noch nicht auf das metrische System umgestellt zu haben. Zur Berechnung des Bruchs nutzt er seinen neuen Taschenrechner von Duck Instruments.

Nach der Beschriftung der Päckchen ordnet er sie bezüglich der Wertdichte fallend an und packt – gierig wie er ist – zuerst das Päckchen mit der größten Wertdichte in den Beutel, dann – falls es noch paßt – das mit der zweitgrößten Wertdichte usw., bis kein Päckchen mehr in den Beutel paßt.

(a) Nachdem Kater Karlos Tat und Verfahren durch die Presse bekannt geworden sind, erhob sich in Entenhausen ein großes Gelächter. Bestimme die relative Abweichung von Karlos Verfahren.

(b) Das Boulevard-Blatt „Entenhausener Express" fragt in seinem Leitartikel: „Warum hast Du nicht einfach Deine Beute mit dem wertvollsten Päckchen verglichen, Kater Karlo?"

Welche relative Güte garantiert das Verfahren des „Entenhausener Express", d. h. das Verfahren, das erst die Waren nach Karlos Methode auswählt, dann deren Wert mit dem wertvollsten Päckchen überhaupt vergleicht – falls das nicht schon ausgewählt worden ist – und, falls dessen Wert größer ist, nur dieses in den Beutel packt?

(c) Die Panzerknacker lesen natürlich auch den „Express", verstehen aber bloß, daß Kater Karlos Verfahren wohl nicht so gut sein kann. Da auch sie nur über einen einzigen Beutel verfügen, sie aber Karlos Beutezug übertreffen wollen, denken sie sich folgendes Verfahren aus: Sie zählen *jede* Teilmenge von bis zu k Päckchen auf, schauen, ob diese jeweils ganz in den Beutel paßt, und wenden auf die restlichen Päckchen Kater Karlos Verfahren an, um den Beutel aufzufüllen. Die wertvollste dabei bestimmte Beutelfüllung soll natürlich zum Schluß mitgenommen werden.

Zeige: (i) Das Verfahren P_k der Panzerknacker garantiert eine relative Güte von $1 + \frac{1}{k}$ bei einer Laufzeit von $O(kn^{1+k})$. (ii) Für die richtige Wahl von k ist dieses Verfahren ein PAS für das Rucksackproblem.

Hinweise: Nutze, daß $\sum_{i=0}^{k} \binom{n}{i} = O(kn^k)$ ist. Gehe davon aus, daß eine optimale Beutelfüllung mehr als k Päckchen enthält. Die „ersten" k Päckchen dabei seien die mit dem größten Wert. Die restlichen müssen nun mit der Lösung des Algorithmus verglichen werden.

Nachtrag: Natürlich waren auch die Panzerknacker viel zu gierig. Sie hatten das k so groß gewählt, daß sie noch immer zugange waren, als die Polizei sie am nächsten Morgen im Hauptpostamt verhaftet hat.

Aufgabe 4.5

Beim NP-vollständigen Entscheidungsproblem SUBSETSUM ist eine Folge $\bar{a} = \{a_1, \ldots, a_n\}$ von natürlichen Zahlen und eine einzelne natürlich Zahl S gegeben. Gesucht ist eine Indexmenge U, $U \subseteq \{1, \ldots, n\}$, so daß $\sum_{i \in U} a_i = S$ gilt.

(a) Entwirf einen pseudopolynomiellen Algorithmus, der SUBSETSUM in Zeit $O(n \cdot S)$ löst. Verwandle Deinen Entscheidungsalgorithmus in einen Algorithmus, der U berechnet, falls es diese Menge gibt.

Hinweis: Betrachte einen Algorithmus, der dynamische Programmierung benutzt, um die folgende Funktion $f(i, g)$ zu berechnen: $f(i, g) = 1$, wenn es eine Objektemenge $W \subseteq \{a_1, \ldots, a_i\}$ gibt mit $s(W) = g$. Sonst ist $f(i, g) = 0$.

(b) Was muß man ändern, um das Entscheidungsproblem PARTITION (vgl. Aufgabe 3.11 auf S. 60) mit einem pseudopolynomiellen Algorithmus zu lösen?

Aufgabe 4.6

Beim Optimierungsproblem MinMax-RUCKSACK ist die Eingabe gleich der beim „normalen"
Rucksackproblem. Jedoch wird nach einer *nichterweiterbaren* Rucksackfüllung mit geringstem
Gewicht gesucht. Dabei heißt eine Füllung A *nichterweiterbar*, wenn $\operatorname{vol}(A) \leq B$ ist und für alle
Waren j, $j \notin A$, gilt: $\operatorname{vol}(A) + \operatorname{vol}(j) > B$.

(a) Zeige: Gibt es ein r, $r \geq 1$, so daß man MINMAXRUCKSACK in Polynomzeit mit relativer
     Gütegarantie r approximieren kann, dann ist P = NP.

     Hinweis: Benutze SUBSETSUM (vgl. Aufgabe 4.5).

(b) Gib einen exakten pseudopolynomiellen Algorithmus für MINMAXRUCKSACK an.

Aufgabe 4.7

Ein *ganz streng polynomielles Approximationsschema* ist ein FPAS, dessen Laufzeit sogar nur
$O(\operatorname{poly}(|I|, \log(\frac{1}{\varepsilon})))$ ist.

Zeige: Gibt es für ein Optimierungsproblem, dessen Entscheidungsvariante NP-vollständig ist
und bei dem die Werte mit $O(\operatorname{poly}(|I|))$ Bits dargestellt werden können, ein ganz streng poly-
nomielles Approximationsschema, dann ist P = NP. Laß Dich dabei von Satz 4.2 inspirieren.

Aufgabe 4.8

Sei Π ein Optimierungsproblem mit den folgenden Eigenschaften:

1. Es gibt zwei Polynome $p(x_1, x_2)$ und $q(x_1, x_2)$, so daß für alle Instanzen I gilt:

    * $\operatorname{OPT}(I) \leq p(|I|, \operatorname{maxnr}(I))$

    * $\operatorname{maxnr}(I) \leq q(|I|, \operatorname{OPT}(I))$.

2. Es gibt eine Konstante c, so daß zu jeder Instanz I für jede zulässige Lösung $\sigma \in S(I)$
    gilt: $f(\sigma) \leq c \cdot (\operatorname{OPT}(I) + \operatorname{maxnr}(I))$.

3. Es gibt einen exakten pseudopolynomiellen Algorithmus A zur Lösung von Π.

Zeige: Es gibt ein FPAS für Π.

Aufgabe 4.9

Zeige ohne Verweis auf die Aussagen von Satz 4.11 bzw. Korollar 4.12, daß es kein FPAS für
CLIQUE gibt.

Aufgabe 4.10

Das Problem CLIQUE besteht darin, zu einem ungerichteten Graphen $G = (V, E)$ die größtmögliche Kardinalität eines vollständigen Teilgraphen von G zu bestimmen. Diese Größe bezeichnen wir mit $\omega(G)$.

Für $k \in \mathbb{N}$ ist die $k$te Potenz von G der Graph $G^{(k)} = (V^{(k)}, E^{(k)})$ mit $V^{(k)} = \overbrace{V \times \cdots \times V}^{k \text{ Mal}}$ und $E^{(k)} = \big\{\{(v_1, \ldots, v_k), (w_1, \ldots, w_k)\} \mid \forall i, 1 \leq i \leq k : v_i = w_i \vee \{v_i, w_i\} \in E\big\}$. Beweise die folgenden Aussagen:

(a) $\omega(G^{(k)}) = (\omega(G))^k$.

(b) Falls es einen polynomiellen Approximationsalgorithmus für CLIQUE mit konstanter relativer Güte gibt, dann gibt es sogar ein polynomielles Approximationsschema (PAS) für CLIQUE.

Die Eigenschaft (a) heißt wegen (b) *self-improvement property*.

Es konnte gezeigt werden, daß es kein PAS für CLIQUE gibt. Daraus folgt mit der gerade gezeigten Eigenschaft, daß CLIQUE auch nicht mit konstanter relativer Güte approximiert werden kann. Zur Zeit weiß man:

> **Satz:** *(a) Wenn es für ein $\varepsilon > 0$ einen polynomiellen Approximationsalgorithmus mit relativer Güte $n^{1/4-\varepsilon}$ für CLIQUE gibt, dann ist P = NP. (b) Der beste zur Zeit bekannte polynomielle Approximationsalgorithmus für CLIQUE erreicht eine relative Güte von $\frac{n}{(\log n)^2}$.*

Aufgabe 4.11

Wir hatten bereits in Kapitel 1 auf Seite 5 erwähnt, daß die Berechnung eines längsten Pfades zwischen zwei Knoten schwer zu approximieren ist. Im folgenden wollen wir darauf näher eingehen.

Beim Problem LONGESTPATH ist ein ungerichteter Graph $G = (V, E)$ gegeben. Ein Pfad in G heißt *einfach*, wenn auf ihm kein Knoten doppelt vorkommt. Gesucht ist ein möglichst langer einfacher Pfad in G. Wenn G einen Hamiltonschen Pfad enthält, dann ist beispielsweise ein solcher Pfad eine optimale Lösung.

(a) Sei $G = (V, E)$ ein ungerichteter Graph. Das Kantenquadrat G^2 von G ist der Graph, der folgendermaßen konstruiert wird. Jede Kante $\{u, v\} \in E$ wird durch eine Kopie $G_{\{u,v\}}$ von G ersetzt, und u und v werden mit jedem Knoten der Kopie $G_{\{u,v\}}$ verbunden.

Zeige:

(1) Wenn der längste einfache Pfad in G die Länge ℓ hat, dann hat der längste einfache Pfad in G^2 die Länge $\ell(\ell+1)$.

(2) Wenn in G^2 ein Pfad der Länge m gegeben ist, dann kann man in Polynomzeit einen Pfad in G der Länge $\sqrt{m}-1$ berechnen.

(b) Falls es einen polynomiellen Approximationsalgorithmus für LONGESTPATH mit konstanter relativer Güte gibt, dann gibt es ein polynomielles Approximationsschema (PAS) für LONGESTPATH.

Da es (außer wenn P = NP ist) für LONGESTPATH kein PAS gibt [KMR93], kann LONGESTPATH auch nicht mit konstanter relativer Güte approximiert werden.

Kapitel 5

Komplexitätstheoretische Zwischenbetrachtungen: Klassen & eine Hierarchie

In den vorhergehenden Kapiteln sind wir einmal quer durch das Gebiet der Approximationsalgorithmen gelaufen. Wir haben die wesentlichen Begriffe für dieses interessante Gebiet eingeführt und anhand von Beispielen mit Leben erfüllt. Dabei haben wir festgestellt, daß wir verschiedene Optimierungsprobleme verschieden „gut" lösen können, und auch gesehen, daß bei der Lösung bestimmter Probleme bestimmte Qualitätskriterien gar nicht erreicht werden können.

Wir wollen den ersten Teil dieses Buches damit abschließen, daß wir im komplexitätstheoretischen Sinn etwas Ordnung in die untersuchten Probleme bringen.

Wir haben inzwischen sehr oft von den Klassen P und NP gesprochen. Die analogen Klassen für Optimierungsprobleme und eine sogar feinere Unterteilung werden jetzt eingeführt.

Wir sagen im folgenden – benutzt haben wir diese Formulierung bereits öfters, aber nun brauchen wir sie genau – abkürzend, daß etwas in Polynomzeit in $|I|$ berechnet werden kann, wenn es ein Polynom q gibt, so daß *für alle* gemeinten I die Laufzeit höchstens $q(|I|)$ ist. Wichtig ist die Reihenfolge der implizierten Quantoren!

5.1 Definition:

Ein Optimierungsproblem Π liegt in der Sprachklasse NPO, wenn gilt:

(a) (1) Instanzen I können in Polynomzeit in $|I|$ als solche erkannt werden, d. h. die Frage „$I \in \mathcal{D}$?" kann in Polynomzeit in $|I|$ entschieden werden. Wir lassen also keine „unsinnigen" Eingaben zu.

   (2) Es gibt ein Polynom p, so daß bei Instanz I gilt:

(a) Für jede zulässige Lösung $\sigma \in S(I)$ ist $|\sigma| \leq p(|I|)$;

(b) Für jede Zeichenfolge y mit $|y| \leq p(|I|)$ kann in Polynomzeit in $|I|$ entschieden werden, ob $y \in S(I)$ ist.

(3) Bei Instanz I kann zu jeder zulässigen Lösung $\sigma \in S(I)$ der Wert $f(\sigma)$ in Polynomzeit in $|I|$ berechnet werden.

oder

(b) Es gibt ein Optimierungsproblem $\Pi' \in$ NPO mit $\Pi \leq_p \Pi'$,

Ü. 5.1 Diese Definition kommt wie unsere Einführung der Klasse NP auf Seite 6 ohne nichtdeterministische Turing-Maschinen aus. Punkt (a2) übernimmt hier die Aufgabe des Zertifikats. Zur Rolle von (b) siehe Übung 5.1(b). Alle bislang vorgestellen Optimierungsprobleme liegen in NPO.

Wir haben schon oft den Zusammenhang zwischen Optimierungs- und Entscheidungsproblemen betont. Wir definieren das jetzt formal.

5.2 Definition:

Sei $\Pi = (\mathcal{D}, S, f, \text{ziel})$ ein Optimierungsproblem gemäß Definition 1.2. Dann ist das *zugehörige Entscheidungsproblem* die Menge

$$\Pi_{\text{ent}} = \begin{cases} \{\langle I, k \rangle \mid I \in \mathcal{D}, \ k \in \mathbb{N}, \exists \sigma \in S(I) : f(\sigma) \leq k\} & \text{falls ziel} = \min \\ \{\langle I, k \rangle \mid I \in \mathcal{D}, \ k \in \mathbb{N}, \exists \sigma \in S(I) : f(\sigma) \geq k\} & \text{sonst.} \end{cases}$$

Jedes Optimierungsproblem Π läßt sich also in ein Entscheidungsproblem Π_{ent} verwandeln, indem wir zu jeder Instanz I eine Zahl $k \in \mathbb{N}$ hinzufügen und fragen, ob es eine zulässige Lösung σ gibt mit $f(\sigma) \leq k$, falls Π ein Minimierungsproblem ist, und $f(\sigma) \geq k$, falls Π ein

Ü. 5.3 Maximierungsproblem ist.

Ü. 5.2 Der nachstehende Satz folgt direkt aus Punkt (a2) der Definition.

5.3 Satz:

Ist $\Pi \in$ NPO, dann ist $\Pi_{\text{ent}} \in$ NP.

Die zu P analoge Klasse bekommen wir direkt dadurch, daß wir fordern, eine optimale Lösung in Polynomzeit berechnen zu können.

5.4 Definition:

Das Optimierungsproblem Π liegt in der Sprachklasse PO, wenn $\Pi \in$ NPO ist und zu jeder

Instanz I in polynomieller Zeit in $|I|$ eine optimale Lösung berechnet werden kann.

Die Berechnung kürzester Wege, die Bestimmung minimaler Spannbäume (MST), die Berechnung maximaler Flüsse (MAXFLOW) und die Lösung linearer Optimierungsprobleme seien als nichttriviale Beispiele für Sprachen aus PO angeführt.

Aus der Definition folgt PO $\subseteq$ NPO direkt. Aber ebenso, wie für P und NP, ist unbekannt, ob PO $\subsetneq$ NPO ist. Die zweite Frage ist natürlich mit der ersten eng verwandt, wie folgender Satz zeigt.

5.5 Satz:
PO $=$ NPO $\Rightarrow$ P $=$ NP.

Beweis:
Wir wissen, daß CLIQUE $\in$ NPO ist. Aus PO $=$ NPO folgt, daß es einen Polynomzeit-Algorithmus gibt, der zu jedem Eingabegraphen einen vollständigen Teilgraphen maximaler Größe berechnet. Wir können also das zugehörige, NP-vollständige Entscheidungsproblem CLIQUE $_{ent}$ in Polynomzeit lösen. Aus der NP-Vollständigkeit von CLIQUE $_{ent}$ folgt damit P $=$ NP. □

In unseren Untersuchungen haben wir aber inzwischen schon sehr viel mehr herausgefunden. So haben wir gesehen, daß das TSP kein polynomielles Approximationsverfahren mit konstanter relativer Güte zuläßt (Satz 3.16), dagegen das ΔTSP mit Christofides' Algorithmus der relativen Güte $3/2$ sehr wohl (Satz 3.8). Insofern erlaubt die relative Güte eine feinere Strukturierung von NPO.

5.6 Definition:
Sei F eine Menge von Funktionen. Ein Optimierungsproblem $\Pi \in$ NPO liegt in der Sprachklasse F-APX, wenn es einen polynomiellen Approximationsalgorithmus A gibt mit relativer Güte $\rho_A(n) \in F$.

Die für uns wichtigste Klasse in diesem Zusammenhang ist die, wenn F die Menge der konstanten Funktionen ist. Diese Klasse wird dann auch einfach nur APX genannt. Dann haben wir: ΔTSP $\in$ APX und TSP $\notin$ APX.

Mit log-APX bezeichnet man die Klasse der Probleme, die durch Algorithmen mit relativer Güte $\rho(n) = O(\log n)$ approximiert werden können. In diese Klasse fällt das Problem SETCOVER, das wir aus Übung 2.12 kennen. Einen entsprechenden Approximationsalgorithmus für SETCOVER werden wir in Abschnitt 7.5.3 kennenlernen.

Die Approximationsschemata ergeben eine weitere Unterteilung von APX.

5.7 Definition:

Ein Optimierungsproblem $\Pi \in$ NPO liegt in der Sprachklasse PAS bzw. FPAS, wenn es für Π ein PAS bzw. ein FPAS gibt.

Ü. 5.4   In Übung 3.11 haben wir gesehen, daß es kein polynomielles Approximationsverfahren für BINPACKING der Güte $\rho < \frac{3}{2}$ gibt, während es ziemlich einfach ist, für BINPACKING ein Verfahren der relativen Güte 2 anzugeben. D. h. BINPACKING $\in$ APX, aber BINPACKING $\notin$ PAS.

Da ΔTSP stark NP-vollständig ist, wissen wir, daß ΔTSP $\notin$ FPAS ist, während RUCKSACK $\in$ FPAS ist. Wir haben am Ende von Kapitel 4 erwähnt, daß es für das Euklidische TSP ein PAS gibt, aber kein FPAS gibt.

5.8 Satz:

$$
\begin{array}{ccccccccc}
\text{PO} & \subseteq & \text{FPAS} & \subseteq & \text{PAS} & \subseteq & \text{APX} & \subseteq & \text{NPO} \\
\cup & & \cup & & \cup & & \cup & & \cup \\
\text{MST} & & \text{RUCKSACK} & & \text{EuklidTSP} & & \text{BINPACKING} & & \text{TSP} \\
\text{MAXFLOW} & & & & & & \Delta\text{TSP} & &
\end{array}
$$

Ist $P \neq NP$, sind alle Inklusionen echt und die genannten Probleme nicht in den Klassen nach links enthalten.

In Kapitel 2 haben wir die absolute Güte κ eingeführt und gesehen, daß das Kantenfärbungsproblem mit $\kappa = 1$ approximiert werden kann, während RUCKSACK nicht mit konstanter absoluter Güte gelöst werden kann. Haben wir, da RUCKSACK $\in$ FPAS ist, eine Unterteilung von FPAS? Leider nicht, wie folgende Überlegung zeigt.

Ü. 5.5   Bezeichne ABS die Klasse der Optimierungsprobleme, die mit konstanter absoluter Güte approximiert werden können. Eine einfache Überlegung erbringt, daß ABS $\subseteq$ APX ist.

Die symmetrische Differenz von PAS und ABS ist nicht leer, d. h. es gibt Probleme in ABS, die nicht in PAS liegen, und umgekehrt: (a) Das Kantenfärbungsproblem liegt in ABS (Satz 2.11), aber ist es ist nicht in PAS (Satz 4.8). (b) RUCKSACK ist in FPAS (Satz 4.7) und damit auch in PAS, aber es liegt nicht in ABS (Satz 2.12). Eine Problemklasse, die PAS $\cup$ ABS enthält, aber

Ü. 5.6   unterhalb von APX liegt, wird in den Übungen untersucht.

Damit haben wir insgesamt die in Abbildung 5.1 dargestellte Hierarchie bewiesen.

In Tabelle 5.1 stellen wir die in Teil I herausgefundenen Gütegarantien und unteren Schranken zusammen (Achtung: Dies sind nicht immer die besten zur Zeit bekannten Resultate überhaupt).

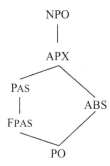

Abbildung 5.1: Hierarchie, falls $P \neq NP$.

Tabelle 5.1: In Teil I *bewiesene* Gütequalitäten für Probleme

Problem	relative Güte		absolute Güte	
	$\leq$	$>$	$\leq$	$>$
RUCKSACK	FPAS		$O(2^{|I|})$	jede Konst.
SETCOVER				jede Konst.
Kantenfärbung	4/3	$4/3 - \varepsilon$	1	0
Knotenfärbung	$O(|V|)$	$4/3 - \varepsilon$	$O(|V|)$	
Knotenfärbung planar	3/2	$4/3 - \varepsilon$	3	0
TSP	$O(2^{|I|})$	jede Konst.		
ΔTSP	3/2	kein FPAS		
BINPACKING	2	$3/2 - \varepsilon$		
CLIQUE	$O(|V|)$	jede Konst.		

5.1 Literatur zu Kapitel 5

[ACG$^+$99] G. Ausiello, P. Crescenzi, G. Gambosi, V. Kann, A. Marchetti-Spaccamela, and M. Protasi. *Complexity and Approximation – Combinatorial Optimization Problems and Their Approximability Properties*. Springer, Berlin, 1999.

[Mor98] B. M. Moret. *The Theory of Computation*. Addison-Wesley, Reading, MA, 1998.

Übungen zu Kapitel 5

Aufgabe 5.1
Zeige, daß die folgenden Probleme in NPO sind.

(a) TSP

(b) BESTERNICHTOPTRUCKSACK, wobei eine Instanz des Rucksackproblems gegeben ist und nach einer besten nichtoptimalen Rucksackfüllung gesucht wird.

Aufgabe 5.2
Beweise Satz 5.3, d. h. zeige: Ist $\Pi \in$ NPO, dann ist $\Pi_{ent} \in$ NP.

Aufgabe 5.3
Sei CLIQUEGIGANTE das Maximierungsproblem, in dem alles identisch zu CLIQUE ist bis auf die Wertefunktion. Bei einer Instanz G sind die zulässigen Lösungen vollständige Teilgraphen H von G. Der Wert von H ist

$$f(H) = 2^{2^{|\langle G\rangle|}} + |V(H)| \quad .$$

In welcher Sprachklasse liegt CLIQUEGIGANTE$_{ent}$?

Zur Erinnerung: $V(H)$ ist die Knotenmenge von H. (vgl. Übung 3.10).

Aufgabe 5.4
Zeige, daß der folgende Algorithmus NEXTFIT das Optimierungsproblem BINPACKING (vgl. Aufgabe 3.11 auf S. 60) mit relativer Güte 2 löst.

> ALGORITHMUS NEXTFIT
>
> $\quad k := 1; B_1 := \emptyset;$
> $\quad$**for** $i := 1$ **to** n **do**
> $\quad\quad$**if** $s(a_i) + s(B_k) > 1$ **then** $k := k+1; B_k := \emptyset$ **fi**;
> $\quad\quad B_k := B_k \cup \{a_i\}$
> $\quad$**done**;
> $\quad$gib $(B_1, \ldots, B_k)$ aus.

Hinweis: Begründe, warum (a) $\text{OPT}(I) \geq \lceil s(M)\rceil$ und (b) $\text{NEXTFIT}(I) \leq 2\lceil s(M)\rceil$ ist.

Aufgabe 5.5
Zeige, daß ABS $\subseteq$ APX ist.

Aufgabe 5.6

Sei Π ein kombinatorisches Optimierungsproblem. Ein *asymptotisches polynomielles Approximationsschema* (APAS) ist ein Approximationsalgorithmus A für Π, der als Eingabe eine Instanz I und ein $\varepsilon \in \,]0,1[$ bekommt und für den es eine Konstante k gibt, so daß $\rho_A(I,\varepsilon) \leq 1 + \varepsilon + \frac{k}{\mathrm{OPT}(I)}$ für alle I und die Laufzeit ein Polynom in $|I|$ ist.

Die Klasse PAS^∞ ist die Menge aller Optimierungsprobleme, für die es ein APAS gibt.

(a) Zeige: $\mathrm{ABS} \subseteq \mathrm{PAS}^\infty \subseteq \mathrm{APX}$.

(b) Zeige: $\mathrm{PAS}^\infty \subsetneqq \mathrm{APX}$, falls $\mathrm{P} \neq \mathrm{NP}$.

(c) Zeichne die um PAS^∞ erweiterte Hierarchie entsprechend Abbildung 5.1.

Teil II

Techniken

Kapitel 6

Techniken für randomisierte Approximationsalgorithmen

Bislang haben wir immer deterministische Algorithmen für unsere „hartnäckigen" Probleme entworfen. In diesem Kapitel führen wir einen Ansatz ein, der es uns erlaubt, manchmal durch *Würfeln* – ein anderer Ausdruck, der gerne benutzt wird, ist *Münzwürfe* – „schnell" und „einfach" zu zumindest „im Durchschnitt" guten zulässigen Lösungen zu kommen. Diese randomisierten Algorithmen wurden in den letzten Jahren verstärkt und sehr erfolgreich auch im Bereich der Approximationsverfahren entworfen, analysiert und eingesetzt.

Ein schönes Buch über Wahrscheinlichkeitsrechnung, in dem man alles hier Benötigte und noch sehr viel mehr finden kann, stammt von Feller [Fel70]. Eine Einführung für Informatiker ist das Kapitel 8 des Klassikers [GKP95] von Graham/Knuth/Patashnik und das schöne Lehrbuch [SS01] von Schickinger/Steger. Die für unsere Zwecke benötigten Begriffe und Sätze sind in Anhang B zusammengefaßt.

Das vorliegende Kapitel stellt zuerst die sog. Probabilistische Methode vor.

Danach wird gezeigt, wie man aus rationalen, nichtzulässigen Lösungen, die man mit Polynomialzeit-Algorithmen berechnen kann, durch *randomisiertes Runden* zulässige Lösungen bestimmen kann. Rationale, nichtzulässige Lösungen kann man folgendermaßen bestimmen: Das Problem wird als „ungenaue" Lineare Optimierungsaufgabe oder als „ungenaue" Semidefinite Optimierungsaufgabe modelliert. Diese *relaxierten* Optimierungsaufgaben können schnell gelöst werden.

Wir stellen weiterhin eine Analayse des Ansatzes vor, mehrere randomisierte Verfahren für dasselbe Problem anzuwenden und dann die beste bestimmte Lösung auszugeben.

Wem bei der Benutzung des Konzepts, „Zufall" in einem Algorithmus anzuwenden, wegen der Unsicherheit bei der Qualität einer Ausgabe nicht ganz geheuer ist, dem sei der letzte Abschnitt über Derandomisierungen ganz besonders nahegelegt.

6.1   Die probabilistische Methode

Wir beginnen unsere Betrachtung randomisierter Algorithmen mit der Vorstellung eines besonders einfachen Verfahrens, das „einfach so" eine Lösung erwürfelt und erstaunlicherweise im Mittel schon ziemlich gut ist. Wir wenden es auf eine Optimierungsvariante des wohlbekannten Erfüllbarkeitsproblems SAT an. Bei der Optimierungsvariante geht es nicht darum, die Eingabeformel insgesamt zu erfüllen, sondern „nur" möglichst viele der Klauseln der Formel.

6.1 Definition:
Sei $V = \{x_1, \ldots, x_n\}$ die Menge der Variablen. Ein *Literal l* ist eine Variable $x_i \in V$ oder ihre Negation $\bar{x}_i$. Eine *Oder-Klausel* (oder kurz einfach nur: *Klausel*) $C = l_1 \vee \cdots \vee l_k$ ist eine Oder-Verknüpfung von Literalen. Eine *Boolesche (n, m)-Formel* $\Phi = C_1 \wedge \cdots \wedge C_m$ *in konjunktiver Normalform* (KNF) ist eine Und-Verknüpfung von Oder-Klauseln aus Variablen aus V. Wir schreiben in diesem Kapitel auch $C_j \in \Phi$.

Beispiel:
$$\Phi(x_1, x_2, x_3) = \bar{x}_1 \wedge (x_1 \vee \bar{x}_2 \vee x_3) \wedge (x_1 \vee \bar{x}_3) \wedge (x_2 \vee x_3)$$

ist eine Boolesche $(3, 4)$-Formel in KNF.

6.2 Definition:
Eine Probleminstanz Φ von Max-SAT ist eine Boolesche (n, m)-Formel in KNF. Eine zulässige Lösung zu Φ ist eine Belegung $b : V \rightarrow \{\text{FALSE}, \text{TRUE}\}$ der Variablen mit Booleschen Wahrheitswerten. Der Boolesche Wahrheitswert für Literale, Klauseln und Formeln ergibt sich kanonisch aus b. Die Bewertungsfunktion ist

$$\text{wahr}(b, \Phi) = |\{j \mid C_j \in \Phi, \ b(C_j) = \text{TRUE}\}| \ .$$

$\text{wahr}(b, \Phi)$ ist also die Anzahl der Klauseln in Φ, die durch b auf TRUE abgebildet werden[1]. Finde b^* mit $\text{wahr}(b^*, \Phi)$ maximal, d. h. $\text{OPT}(\Phi) = \text{wahr}(b^*, \Phi)$.

Ü. 6.3   Das klassische Erfüllbarkeitsproblem SAT ist damit die Entscheidung der Frage, ob es zu einer Booleschen (n, m)-Formel Φ in KNF eine Belegung b mit $\text{wahr}(b, \Phi) = m$ gibt.

Im nachfolgenden gehen wir davon aus, daß die in einer Klausel vorkommenden Variablen alle verschieden sind. Klauseln, in denen Variablen doppelt vorkommen, kann man entsprechend vereinfachen.

Wir beginnen unsere Überlegungen damit, daß wir zeigen, daß *immer* $\text{OPT}(\Phi) \geq m/2$ ist.

---

[1]Beachte, daß wir hier streng genommen die Definition von Optimierungsproblemen (Definition 1.2 auf S. 7) verletzen, da $\text{wahr}(b, \Phi) = 0$ sein kann, das aber im dritten Punkt der Definition ausgeschlossen war.

6.3 Fakt:

Sei Φ eine Boolesche (n,m)-Formel in KNF. Dann ist

$$\max\{\text{wahr}((\text{FALSE},\ldots,\text{FALSE}),\Phi),\text{wahr}((\text{TRUE},\ldots,\text{TRUE}),\Phi)\} \geq \frac{1}{2}\cdot m \ .$$

Der Beweis ist sehr einfach und wird als Übungsaufgabe behandelt.   Ü. 6.4

Wie sieht es mit der Erfüllbarkeit von Klauseln in Formeln aus, in denen jede Klausel die Länge k, $k > 1$, hat? Das Gefühl sagt, daß man dann wohl immer mehr als $m/2$ Klauseln erfüllen kann, aber Fakt 6.3 ist uns da leider keine Hilfe mehr.

Im folgenden zeigen wir mit Hilfe des *randomisierten* Algorithmus A, daß es zu jeder Booleschen Formel Φ in KNF eine Belegung b gibt, die einen Anteil von mindestens $1 - 1/2^k$ aller Klauseln erfüllt, also $\text{OPT}(\Phi) \geq (1 - 1/2^k)\cdot m$ ist. Sei dazu $\Phi = C_1 \wedge \cdots \wedge C_m$ mit Variablenmenge $\{x_1,\ldots,x_n\}$.

    ALGORITHMUS A

       for $i := 1$ **to** n **do**
       $\begin{cases} \text{mit Wahrscheinlichkeit } \frac{1}{2}: x_i := \text{TRUE} \ ; \\ \text{mit Wahrscheinlichkeit } \frac{1}{2}: x_i := \text{FALSE} \ ; \end{cases}$
       gib $b_A = (x_1,\ldots,x_n)$ aus.

Es gilt $\Pr[x_i = \text{TRUE}] = \Pr[x_i = \text{FALSE}] = \frac{1}{2}$ für alle i. Hier wird also ein klassisches Poisson-Experiment in seinem Spezialfall eines Bernoulli-Experiments[2] durch n-faches Werfen einer fairen Münze[3] durchgeführt. Die Belegungen sind vollständig stochastisch unabhängig: Kein Münzwurf wird vom Ausgang der anderen Münzwürfe beeinflußt. Deswegen ist z. B. für alle i, j mit $i \neq j$: $\Pr[x_i = \alpha \wedge x_j = \beta] = \Pr[x_i = \alpha] \cdot \Pr[x_j = \beta]$.

6.4 Lemma:

Sei k_j die Anzahl der Literale in C_j. Es gilt:

$$\Pr[C_j \ \text{wird durch Algorithmus } A \ \text{erfüllt}] = 1 - \frac{1}{2^{k_j}}$$

Beweis:

Die Wahrscheinlichkeit, daß ein einzelnes Literal auf FALSE gesetzt wird, ist $\frac{1}{2}$. Die Wahrscheinlichkeit, daß alle k_j Literale in C_j auf FALSE gesetzt werden, ist $\left(\frac{1}{2}\right)^{k_j}$. An dieser Stelle geht die stochastische Unabhängigkeit in die Überlegung ein. Damit ist die Wahrscheinlichkeit,

---

[2]Experimente, die aus Einzelexperimenten bestehen, für deren Ausgang es jeweils nur zwei Möglichkeiten gibt, heißen allgemein *Poisson-Experimente* und, wenn die Wahrscheinlichkeiten bei jedem Einzelexperiment gleich sind, *Bernoulli-Experimente*.

[3]Engl.: *Flipping a fair coin.*

daß mindestens eines der Literale der Oder-Klausel C_j auf TRUE gesetzt und damit C_j erfüllt wird, $1 - \frac{1}{2^{k_j}}$. $\qquad\square$

Ein alternativer Beweis folgt unmittelbar der Definition von Wahrscheinlichkeiten: Es gibt 2^{k_j} verschiedene Belegungen für die k_j Literale von C_j. Alle bis auf eine enthalten dabei mindestens ein Literal mit dem Wahrheitswert TRUE und erfüllen damit die Klausel C_j. Also ist $\Pr[C_j$ wird durch Algorithmus A erfüllt$] = \frac{2^{k_j}-1}{2^{k_j}} = 1 - \frac{1}{2^{k_j}}$. Doch können derartige Zählargumente leider nur selten so explizit durchgeführt werden, während der Ansatz über die Gegenwahrscheinlichkeit, den wir oben im Beweis angewandt haben, sehr oft erfolgreich ist.

6.5 Satz:
*Für jede Boolesche (n,m)-Formel Φ in KNF, in der jede Klausel **mindestens** k Literale hat, gilt: $E[A(\Phi)] \geq (1 - \frac{1}{2^k}) \cdot m$.*

Beweis:
Für $j \in \{1, \ldots, m\}$ sei Z_j die Zufallsvariable mit

$$Z_j = \begin{cases} 1 & \text{falls } b_A(C_j) = \text{TRUE} \\ 0 & \text{sonst.} \end{cases}$$

Im Zusammenhang mit Poisson- bzw. Bernoulli-Experimenten nennt man derartige Zufallsvariablen auch *Indikator-Variablen*. Die besonders angenehme Eigenschaft einer Indikatorvariablen ist, daß ihr Erwartungswert gleich der Wahrscheinlichkeit ist, daß sie den Wert 1 annimmt: Es gilt $E[Z_j] = 0 \cdot \Pr[b_A(C_j) = \text{FALSE}] + 1 \cdot \Pr[b_A(C_j) = \text{TRUE}] = \Pr[C_j$ wird durch Algorithmus A erfüllt$]$. Damit haben wir unter Anwendung von Lemma 6.4 an $(*)$:

$$E[A(\Phi)] = E[\text{wahr}(b_A, \Phi)] = E[\sum_{j=1}^{m} Z_j] = \sum_{j=1}^{m} E[Z_j] \overset{(*)}{=} \sum_{j=1}^{m} \left(1 - \frac{1}{2^{k_j}}\right) \geq \left(1 - \frac{1}{2^k}\right) \cdot m .$$

$\qquad\square$

6.6 Korollar:
*Für jede Boolesche (n,m)-Formel Φ in KNF, in der jede Klausel **mindestens** k Literale hat, gibt es eine Belegung b mit $\text{wahr}(b, \Phi) \geq (1 - \frac{1}{2^k}) \cdot m$.*

Ü. 6.5 Korollar 6.6 ist im übrigen scharf.

Die *Probabilistische Methode* genannte Technik zum Beweis von Korollar 6.6 arbeitet also folgendermaßen: Der Nachweis der Existenz eines Objekts (hier die Belegung, die mindestens einen Anteil von $1 - \frac{1}{2^k}$ der Klauseln erfüllt) kann durch Angabe eines randomisierten Algorithmus, dessen Erwartungswert für den Wert der gelieferten Lösung der gewünschte Wert ist, erfolgen. Es muß immer mindestens ein Objekt mit mindestens dem Erwartungswert geben, denn sonst wäre der Erwartungswert ja kleiner. Daraus folgt die Aussage. Eine ausführliche Darstellung der Probabilistischen Methode und ihrer Möglichkeiten findet man in dem Buch von Alon/Spencer [AS92].

Wenn eine Formel Φ nur „wenige" Klauseln hat, die alle „lang" sind, sagt das Gefühl, daß Φ wohl erfüllbar ist. Mithilfe von Korollar 6.6 läßt sich dies folgendermaßen formalisieren.

6.7 Korollar:
Sei $2^k > m$. Dann ist jede Boolesche (n,m)-Formel Φ in KNF, in der jede Klausel mindestens Ü. 6.7
k Literale hat, erfüllbar.

Wollen wir randomisierte Approximationsalgorithmen untersuchen, müssen wir, da wir bislang immer die relative worst-case-Güte betrachtet haben, den Begriff der relativen Güte anpassen. Wir ersetzen den Wert $A(I)$ der Ausgabe des Algorithmus A bei Eingabe I durch den Erwartungswert $E[A(I)]$, d. h. wir betrachten die *erwartete* relative Güte

$$E[\rho_A(I)] = \max \left\{ \frac{\mathrm{OPT}(I)}{E[A(I)]}, \frac{E[A(I)]}{\mathrm{OPT}(I)} \right\} \quad .$$

Mit dieser Anpassung der Definition erhalten wir aus Satz 6.5:

6.8 Satz:
*Algorithmus A hat für jede (n,m)-Formel Φ in KNF, in der jede Klausel **mindestens** k Literale hat, eine erwartete relative Güte von*

$$E[\rho_A(\Phi)] = \frac{\mathrm{OPT}(\Phi)}{E[A(\Phi)]} \leq \frac{m}{E[A(\Phi)]} \leq \frac{m}{(1-\frac{1}{2^k})m} = \frac{1}{1-\frac{1}{2^k}} \quad .$$

Die Laufzeit von Algorithmus A ist $O(n)$. Wenn die kürzeste Klausel mindestens 2 Literale enthält, dann hat Algorithmus A die erwartete relative Güte $\frac{4}{3}$.

In der Abschätzung für die Güte haben wir benutzt, daß $\mathrm{OPT}(\Phi)$ immer nur höchstens m ist. Offensichtlich kann $\mathrm{OPT}(\Phi)$ weit davon entfernt sein bis hinunter zum kleinstmöglichen Wert $m/2$. Was wir nicht gemacht haben, ist eine Einbeziehung des *tatsächlichen* Wertes $\mathrm{OPT}(\Phi)$ in die Bestimmung von $A(\Phi)$, wie wir das ja inzwischen schon öfters gemacht haben wie z. B. bei der Untersuchung von Christofides' Algorithmus. Dort hätten wir auch keine relative Güte von $3/2$ zeigen können, wenn wir $\mathrm{OPT}(\langle K_n, c \rangle)$ lediglich durch die Summe aller Kantengewichte, eine sicherlich korrekte obere Schranke für den Wert einer optimalen Lösung, oder durch die Summe der $n-1$ kleinsten Kantengewichte, eine untere Schranke für die Länge einer optimalen Rundreise, abgeschätzt hätten.

Eine solche, sich als recht aufwendig erweisende Analyse von A, die OPT(Φ) in die Betrachtung mit einbezieht, zeigt, daß die erwartete relative Abweichung dieses Algorithmus $3/2$ ist.

6.9 Fakt: (Chen/Friesen/Zheng [CFZ99])
Algorithmus A garantiert für jede Boolesche (n,m)-Formel Φ in KNF eine erwartete relative Güte von $3/2$.

Beachte, daß wir mit Satz 6.8 keine Aussagen über die Streuung, d. h. wie weit der Wert einer Ausgabe vom Erwartungswert „typischerweise" entfernt liegt, gemacht haben. Solche „Varianzanalysen" werden wir erst in Kapitel 8 durchführen.

6.2   *Randomized Rounding*

Wir entwerfen jetzt einen Algorithmus, der sich sehr gut verhält, je kürzer die längste Klausel ist, und immer schlechter, je länger die längste Klausel ist, ohne dabei allerdings beliebig schlecht zu werden. Die angewandte Methode besteht darin, das Problem durch ein ganzzahliges lineares Optimierungsproblem (Abkürzung LP für Lineares Programm) zu beschreiben, das Problem dann aber über den rationalen Zahlen zu lösen und schließlich dieses Ergebnis, das dann ja noch nicht einer zulässigen Lösung entspricht, *randomisiert* zu runden.

Algorithmus A setzt jede Variable x_i mit Wahrscheinlichkeit $p_i = \frac{1}{2}$ auf TRUE. Bei der in diesem Abschnitt behandelten Technik des *Randomized Rounding* werden die Wahrscheinlichkeiten p_i ausgerechnet. Die Belegung der Variablen erfolgt dann also mit Würfen einer unfairen Münze[4].

6.2.1   Die Arithmetisierung von Max-SAT

Wir beginnen nun damit, Max-SAT durch ein ganzzahliges lineares Optimierungsproblem zu modellieren.

Sei $\Phi = C_1 \wedge \cdots \wedge C_m$ eine Boolesche (n,m)-Formel in KNF. Sei $S_j^{\oplus}$ die Menge der Variablen, die in C_j nicht negiert vorkommen, und sei $S_j^{\ominus}$ die Menge der Variablen, die in C_j negiert vorkommen. Für jede Boolesche Variable x_i führen wir eine 0-1-Variable $\hat{x}_i$ ein, und für jede Klausel C_j haben wir eine 0-1-Variable $\hat{Z}_j$, wobei die 0 dem Wahrheitswert FALSE und die 1 dem Wahrheitswert TRUE entspricht. Die Anzahl der erfüllten Klauseln ist $\sum_{j=1}^{m} \hat{Z}_j$. Diesen

---

[4]Engl.: *Biased Coin* („beeinflußte Münze") oder *bent coin* („verbogene Münze").

Vorgang nennt man *Arithmetisierung* des Problems.

Die Beschreibung und Lösung kombinatorischer Optimierungsprobleme durch lineare Programme ist ein sehr mächtiges Werkzeug. Über das Randomized Rounding hinausgehende Methoden wie deterministisches Runden und die Primal/Dual-Methode werden ausführlich in Kapitel 7 behandelt.

GANZZAHLIGES LINEARES PROGRAMM B FÜR Max-SAT:

$$\text{maximiere} \quad \sum_{j=1}^{m} \hat{Z}_j$$

$$\text{gemäß} \quad \sum_{x_i \in S_j^{\oplus}} \hat{x}_i + \sum_{x_i \in S_j^{\ominus}} (1 - \hat{x}_i) \geq \hat{Z}_j \qquad \forall j$$

$$\hat{x}_i, \hat{Z}_j \in \{0,1\} \qquad \forall i,j \tag{6.1}$$

Die Lösung dieses ganzzahligen linearen Optimierungsproblems (gängige Abkürzungen hierfür sind ILP bzw. IP für *integer (linear) program*) ist offensichtlich eine maximal erfüllende Belegung und natürlich komplexitätstheoretisch nicht einfacher zu berechnen als für die ursprüngliche Formulierung. Wenn allerdings die Bedingungen (6.1) durch die Bedingungen

$$0 \leq \hat{x}_i, \hat{Z}_j \leq 1 \qquad \forall i,j$$

ersetzt werden, kann das resultierende lineare Optimierungsproblem in Polynomzeit gelöst werden [Kar91]. Das so erhaltene lineare Programm B_{rel} hat $2m + n$ lineare Nebenbedingungen, ist also polynomiell groß in der Beschreibung von Φ, so daß die Gesamtzeit zur Bestimmung der rationalen Lösung ebenfalls polynomiell beschränkt ist.

Beachte allerdings, daß die Laufzeit des Algorithmus von Karmarkar, des schnellsten bekannten Algorithmus zur Lösung eines Linearen Optimierungsproblems LP mit k Variablen, zur Zeit $L(|\langle \text{LP} \rangle|, k) = O(k^4 \cdot |\langle \text{LP} \rangle|^2)$ ist, was sich in der Praxis als doch recht langsam erweist.

Den Austausch einer strengen mit einer allgemeineren Bedingung, so daß ein einfacher zu lösendes Problem entsteht, nennt man *Relaxierung* des Problems. Wir haben also das schwierige ILP B durch das leichtere LP B_{rel} ersetzt. Man beachte, daß sich dadurch auch der Lösungsraum ändert und daß nach der Lösung des vereinfachten Problems noch eine zulässige Lösung des ursprünglichen Problems angegeben werden muß. Im folgenden gehen wir davon aus, daß die rationale Lösung für die $\hat{x}_i, \hat{Z}_j$ für das relaxierte lineare Optimierungsproblem berechnet worden ist. Da eine optimale Belegung von Φ die Nebenbedingungen des linearen Optimierungsproblems B_{rel} erfüllt, aber die zulässigen Lösungen von B_{rel} eine echte Obermenge der zulässigen Lösungen von B sind, kann und wird der Wert der optimalen Lösung von B_{rel} größer als OPT(Φ) sein. Betrachte als Beispiel dafür die Boolesche $(2,4)$-Formel $\Phi = (x_1 \vee x_2) \wedge (\bar{x}_1 \vee x_2) \wedge (x_1 \vee \bar{x}_2) \wedge (\bar{x}_1 \vee \bar{x}_2)$. Es ist offensichtlich OPT(Φ) = 3, aber eine optimale Lösung für das relaxierte Lineare Programm B_{rel} ergibt $\mathrm{OPT}(B_{\mathrm{rel}}) = 4$. Auf diesen Unterschied zwischen X und X_{rel} gehen wir im Abschnitt 7.1 detailiert ein.

Wir haben also:

$$\sum_{j=1}^{m} \hat{Z}_j = \mathrm{OPT}(B_{\mathrm{rel}}) \geq \mathrm{OPT}(B) = \mathrm{OPT}(\Phi) \ . \tag{6.2}$$

Dies ist die benötigte Beziehung, die wir anwenden werden, um die Qualität der noch zu bestimmenden zulässigen Lösung mit der einer optimalen zu vergleichen! Sie taucht im Zusammenhang der Anwendungen der linearen Optimierung im Bereich der Approximationsalgorithmen immer wieder auf und wird die *Superoptimalität* der Lösung des relaxierten LP genannt.

6.2.2   Von der rationalen zur ganzzahligen Lösung

Wie kommt man nun aber von der rationalen Lösung zu einer zulässigen Lösung? Mit der stochastischen Funktion $\pi : [0,1] \rightarrow [0,1]$ durch die Technik des

RANDOMIZEDROUNDING$[\pi]$:

> **for** $i := 1$ **to** n **do**
> $\begin{cases} \text{mit Wahrscheinlichkeit } \pi(\hat{x}_i): & x_i := \text{TRUE} \ ; \\ \text{mit Wahrscheinlichkeit } 1 - \pi(\hat{x}_i): & x_i := \text{FALSE} . \end{cases}$

π ist also die Aufrundungswahrscheinlichkeit, und somit gilt $\mathrm{Pr}[x_i = \text{TRUE}] = \pi(\hat{x}_i)$ und $\mathrm{Pr}[x_i = \text{FALSE}] = 1 - \pi(\hat{x}_i)$. Wir wählen für die folgenden Betrachtungen die Identität $\pi(x) = x$.

Würde man eine deterministische Regel für das Runden benutzen, z. B.: $x_i = \text{TRUE}$, falls $\hat{x}_i > 0.7$, würden optimale Lösungen, die x_i auf FALSE setzen trotz $\hat{x}_i > 0.7$, ausgeschlossen. Beim Randomized Rounding werden derartige Lösungen zwar nicht bevorzugt, aber sie werden eben auch nicht ausgeschlossen und bei mehrfacher Wiederholung des Rundens auch gewählt, sofern $\hat{x}_i \neq 1$.

Damit haben wir den folgenden Algorithmus (beachte, daß wir hier die Bezeichnung B benutzen, die ja auch schon für das ursprüngliche ILP Verwendung findet):

ALGORITHMUS B

> (1)   Löse das relaxierte lineare Optimierungsproblem B_{rel} zu Φ;
> (2)   Ermittle eine Belegung b_B mittels RANDOMIZEDROUNDING$[\pi(x) = x]$.

Es gilt $\mathrm{Pr}[x_i = \text{TRUE}] = \hat{x}_i$. Durch die Lösung des linearen Programms sind die Wahrscheinlichkeiten, mit denen die Münzwürfe eine Variable auf TRUE oder FALSE setzen, eng miteinander verknüpft. Trotzdem sind die Experimente in (2) vollständig stochastisch unabhängig, da das tatsächliche Ergebnis des Münzwurfs für ein x_i *nicht* von den tatsächlichen Ergebnissen aller anderen Münzwürfe abhängt.

Das nächste Lemma stellt analog zu Lemma 6.4 die Beziehung zwischen $b_B(C_j)$ und $\hat{Z}_j$ her. Zu seinem Beweis benötigen wir zwei bekannte Aussagen aus der Analysis.

6.10 Fakt:

(a) Für $a_i \geq 0$ gilt $\prod_{i=1}^{k} a_i \leq \left(\frac{1}{k} \cdot \sum_{i=1}^{k} a_i \right)^k$.

(b) Wenn die Funktion $f(x)$ auf dem Intervall $[a,b]$ konkav ist und gilt, daß $f(a) \geq ma+n$ und $f(b) \geq mb+n$ ist, dann gilt für alle $x \in [a,b]$: $f(x) \geq mx+n$.

6.11 Lemma:

Sei k_j die Anzahl der Literale in C_j. Es gilt:

$$\Pr[C_j \text{ wird durch Algorithmus } B \text{ erfüllt}] \geq \left(1 - \left(1 - \frac{1}{k_j} \right)^{k_j} \right) \cdot \hat{Z}_j$$

Beweis:

Wir betrachten

$$C_j \;=\; \left(\bigvee_{x_i \in S_j^{\oplus}} x_i \right) \vee \left(\bigvee_{x_i \in S_j^{\ominus}} \bar{x}_i \right) \,,$$

$$\text{also} \quad \hat{Z}_j \;\leq\; \sum_{x_i \in S_j^{\oplus}} \hat{x}_i + \sum_{x_i \in S_j^{\ominus}} (1 - \hat{x}_i) \,. \tag{6.3}$$

Zur Erinnerung: Ungleichung (6.3) stammt aus den Nebenbedingungen des linearen Optimierungsproblems.

Die Argumentation folgt der des Beweises von Lemma 6.4: C_j bleibt unerfüllt, wenn alle $x_i \in S_j^{\oplus}$ auf FALSE gesetzt werden und alle $x_i \in S_j^{\ominus}$ auf TRUE. Deswegen ist

$$\Pr[C_j \text{ wird durch Algorithmus } B \text{ nicht erfüllt}] = \left[\prod_{x_i \in S_j^{\oplus}} (1 - \hat{x}_i) \right] \cdot \left[\prod_{x_i \in S_j^{\ominus}} \hat{x}_i \right] \,.$$

Dies ist wieder die Stelle, an der wir die stochastische Unabhängigkeit ausnutzen dürfen, um die Wahrscheinlichkeiten multiplizieren zu können. Das Produkt besteht aus $|S_j^{\oplus} \cup S_j^{\ominus}| = k_j$ Faktoren. In Lemma 6.4 war dieser Ausdruck einfach nur $(\frac{1}{2})^{k_j}$. Hier erhalten wir nun:

$\Pr[C_j \text{ wird durch Algorithmus } B \text{ erfüllt}]$

$$= \quad 1 - \left[\prod_{x_i \in S_j^{\oplus}} (1 - \hat{x}_i) \right] \cdot \left[\prod_{x_i \in S_j^{\ominus}} \hat{x}_i \right] \overset{\text{Fakt 6.10(a)}}{\geq} 1 - \left(\frac{\sum_{x_i \in S_j^{\oplus}}(1 - \hat{x}_i) + \sum_{x_i \in S_j^{\ominus}} \hat{x}_i}{k_j} \right)^{k_j}$$

$$= \quad 1 - \left(\frac{|S_j^{\oplus}| - \sum_{x_i \in S_j^{\oplus}} \hat{x}_i + |S_j^{\ominus}| - \sum_{x_i \in S_j^{\ominus}} (1 - \hat{x}_i)}{k_j} \right)^{k_j}$$

$$= \quad 1 - \left(\frac{k_j - \left(\sum_{x_i \in S_j^{\oplus}} \hat{x}_i + \sum_{x_i \in S_j^{\ominus}} (1 - \hat{x}_i) \right)}{k_j} \right)^{k_j}$$

$$\overset{\text{Ungl. (6.3)}}{\geq} \quad 1 - \left(1 - \frac{\hat{Z}_j}{k_j} \right)^{k_j} \overset{(*)}{\geq} \left(1 - \left(1 - \frac{1}{k_j} \right)^{k_j} \right) \cdot \hat{Z}_j$$

Ü. 6.14 Für Ungleichung $(*)$ wendet man Fakt 6.10(b) an.   □

Lemma 6.11 gibt sofort den folgenden, dem Satz 6.5 entsprechenden Satz.

6.12 Satz:

*Für jede Boolesche Formel Φ in KNF, in der jede Klausel **höchstens** k Literale hat, ist*

$$E[B(\Phi)] \geq \left(1 - \left(1 - \frac{1}{k} \right)^k \right) \cdot \text{OPT}(\Phi) \ .$$

Beweis:

Sei $\Phi = C_1 \wedge \cdots \wedge C_m$ und k die Länge der längsten Klausel.

$$E[B(\Phi)] \quad = \quad \sum_{j=1}^{m} \Pr[C_j \text{ wird durch Algorithmus } B \text{ erfüllt}]$$

$$\geq \quad \sum_{j=1}^{m} \left(1 - \left(1 - \frac{1}{k_j} \right)^{k_j} \right) \cdot \hat{Z}_j$$

$$\overset{(a)}{\geq} \quad \left(1 - \left(1 - \frac{1}{k} \right)^k \right) \cdot \sum_{j=1}^{m} \hat{Z}_j = \left(1 - \left(1 - \frac{1}{k} \right)^k \right) \cdot \text{OPT}(B_{\text{rel}})$$

$$\overset{(b)}{\geq} \quad \left(1 - \left(1 - \frac{1}{k} \right)^k \right) \cdot \text{OPT}(\Phi)$$

Dabei haben wir an (a) benutzt, daß $1 - (1 - \frac{1}{z})^z$ für $z > 0$ monoton fällt, und an (b) die Superoptimalität, d. h. die Beziehung (6.2).   □

Da $1 - (1 - \frac{1}{k})^k \geq 1 - \frac{1}{e}$ für alle $k \in \mathbb{N}$ ist (zur Erinnerung: e ≈ 2.7182 ist die Eulersche Zahl), folgt:

6.13 Satz:

Die erwartete Anzahl an erfüllten Klauseln bei Eingabe der Booleschen Formel Φ durch Algorithmus B ist mindestens $(1 - \frac{1}{e}) \cdot \text{OPT}(\Phi) \approx 0.632 \cdot \text{OPT}(\Phi)$. Mit anderen Worten: Algorithmus B hat eine erwartete relative Güte von $E[\rho_B(\Phi)] \leq \frac{1}{1 - \frac{1}{e}} \approx 1.582$.

Wir haben hier beim Randomized Rounding die Funktion $\pi(x) = x$ benutzt. Für andere Aufrundungswahrscheinlichkeiten wie z. B. $\pi(x) = \frac{1}{2}x + \frac{1}{4}$ kann man zeigen, daß sogar eine erwartete relative Güte von 4/3 erreicht wird [GW94].

Ü. 6.16

Gleiches gilt für beliebige Funktionen $\pi(x)$ mit $1 - \frac{1}{4^x} \le \pi(x) \le 4^{x-1}$ für alle $x \in [0, 1]$. Dieser Ansatz wird *nichtlineares Randomized Rounding* genannt.

Ü. 6.15

6.3 Der hybride Ansatz: Kombination mehrerer Verfahren

Im folgenden werden wir sehen, daß man nicht auf die gerade angegebenen Funktionen ausweichen muß, um die erwartete relative Güte 4/3 zu bekommen. Kombiniert man nämlich die Algorithmen A und B, bekommt man den gleichen Wert.

Dazu betrachten wir Tabelle 6.1. Sie zeigt die erwartete relative Güte, die die beiden Algorithmen haben, falls alle Klauseln von Φ genau die Länge k haben. Dieses Problem heißt Max-EkSAT, wobei das E für „exakt" steht.

Tabelle 6.1: (Kehrwerte der erwarteten) Güte von Algorithmus A und B für Max-EkSAT.

k	$\dfrac{1}{E[\rho_A]} = 1 - \dfrac{1}{2^k}$	$\dfrac{1}{E[\rho_B]} \ge 1 - \left(1 - \dfrac{1}{k}\right)^k$
1	0.5	1.0
2	0.75	0.75
3	0.875	0.704
4	0.938	0.684
5	0.969	0.672
$\vdots$	$\vdots$	$\vdots$

Wie man sieht, kann Algorithmus B gut mit dem Fall umgehen, daß Klauseln kurz sind. Algorithmus A ist sehr gut, wenn es keine Klauseln gibt, die aus nur einem Literal bestehen, da er dann eine erwartete Güte von $4/3 \approx 1.333$ hat und damit doch besser als Algorithmus B ist. A und B verhalten sich in gewisser Weise gegenläufig. Wie man der Tabelle entnehmen kann, ist der größere der beiden Werte aber immer mindestens $\frac{3}{4}$.

Es gibt zwei eng verwandte Möglichkeiten, diese beiden Algorithmen „automatisch" zu kombinieren: Zum einen können wir zu Beginn der Berechnung mit einem (durchaus unfairen) Münzwurf bestimmen, welchen der beiden Algorithmen wir laufen lassen:

ALGORITHMUS C_{p_A}

$\begin{cases} \text{mit Wahrscheinlichkeit } p_A \text{: starte } A; \\ \text{mit Wahrscheinlichkeit } 1 - p_A \text{: starte } B \end{cases}$

Zum anderen können wir – dies ist jetzt Algorithmus C_{alle} – beide Algorithmen laufen lassen und das bessere der beiden errechneten Ergebnisse ausgeben. Es ist

$$E[C_{\text{alle}}(\Phi)] \geq E[C_{p_A}(\Phi)] = p_A \cdot E[A(\Phi)] + (1 - p_A) \cdot E[B(\Phi)]$$

für alle $p_A \in [0,1]$.

Für die Analyse weiter unten wählen wir $p_A = \frac{1}{2}$.

C_{alle} ist ein Vertreter sog. *hybrider* randomisierter Approximationsalgorithmen. Gegeben sind l Algorithmen $A_1, \ldots, A_l$ für dasselbe Optimierungsproblem Π, die unterschiedliche „eigene" Ansätze verfolgen. A_{alle} startet alle Algorithmen mit der Eingabe I von Π und gibt die beste erzielte Ausgabe insgesamt aus. A_{alle} ist mindestens so gut wie der Algorithmus, der zuerst einen der Algorithmen gemäß der Wahrscheinlichkeitsverteilung $(p_1, \ldots, p_l)$ auswürfelt und nur diesen startet. Durch geschickte Wahl der p_i und eine Kombination der Einzelanalysen kann man dann manchmal zeigen, daß der kombinierte Algorithmus eine bessere erwartete relative Güte garantiert als jeder Einzelalgorithmus.

Wir können in der Tat eine erwartete relative Güte für den kombinierten Algorithmus $C_{1/2}$ zeigen, die besser als die Einzelgüten ist, indem wir die beiden Analysen zusammenfassen. Der „Qualitätsverlust" der beiden Einzelanalysen, also der Ergebnisse der Sätze 6.8 und 6.13, rührt daher, daß wir dort letztendlich nur auf die kürzeste bzw. längste Klausel geachtet hatten.

6.14 Satz: ([GW94])
Algorithmus $C_{1/2}$ hat eine erwartete relative Güte von $\frac{4}{3}$.

Beweis:
Wir suchen $E[C_{1/2}(\Phi)] = \frac{1}{2} \cdot E[A(\Phi)] + \frac{1}{2} \cdot E[B(\Phi)]$. Die Lemmata 6.4 und 6.11 ergeben:

$$E[A(\Phi)] \ = \ \sum_{k=1}^{n} \sum_{\substack{C_j \text{ hat } k \\ \text{Literale}}} \left(1 - \frac{1}{2^k}\right) \geq \sum_{k=1}^{n} \sum_{\substack{C_j \text{ hat } k \\ \text{Literale}}} \left(1 - \frac{1}{2^k}\right) \cdot \hat{Z}_j \qquad (6.4)$$

$$E[B(\Phi)] \ \geq \ \sum_{k=1}^{n} \sum_{\substack{C_j \text{ hat } k \\ \text{Literale}}} \left(1 - \left(1 - \frac{1}{k}\right)^k\right) \cdot \hat{Z}_j$$

Wir durften die Lösungen $\hat{Z}_j$ des linearen Optimierungsproblems des Algorithmus B in der Ungleichung (6.4) in die Bewertung des Algorithmus A „einfach so" einfließen lassen, da $0 \leq \hat{Z}_j \leq 1$ ist. Das führt dazu, daß wir gleich die Beziehung (6.2) wieder anwenden können.

Wir haben jetzt:

$$
\begin{aligned}
E[C_{1/2}(\Phi)] &= \tfrac{1}{2} \cdot (E[A(\Phi)] + E[B(\Phi)]) \\
&\geq \sum_{k=1}^{n} \sum_{\substack{C_j \text{ hat } k \\ \text{Literale}}} \frac{1}{2} \underbrace{\left(1 - \frac{1}{2^k} + 1 - \left(1 - \frac{1}{k}\right)^k\right)}_{\geq \frac{3}{2} \text{ für } k \in \mathbb{N}^+} \cdot \hat{Z}_j \\
&\geq \frac{3}{4} \cdot \sum_{j=1}^{m} \hat{Z}_j \geq \frac{3}{4} \cdot \mathrm{OPT}(\Phi)
\end{aligned}
$$

Die Abschätzung des Terms mit $\frac{3}{2}$ wird in den Übungen behandelt. $\square$ Ü. 6.14

Allgemein gilt für den hybriden Ansatz bei einem Maximierungsproblem:

$$
E[A_{\text{alle}}(I)] \geq \sum_{i=1}^{l} p_i \cdot E[A_i(I)] \tag{6.5}
$$

für *jede* stochastische Folge $(p_1, \ldots, p_l)$ (das sind Folgen von Zahlen aus $[0,1]$, die sich zu 1 aufaddieren). Die Kunst besteht darin, die p_i so zu bestimmen, daß die Summe auf der rechten Seite von (6.5) möglichst groß wird. Gleiches gilt für Minimierungsprobleme, nur daß wir das $\geq$- durch ein $\leq$-Zeichen zu ersetzen haben.

Beachte, daß wir für beliebige Φ in KNF für jeden der drei behandelten Algorithmen A, B und $C_{1/2}$ den genauen Erwartungswert der Anzahl der durch sie erfüllten Klauseln direkt in Polynomzeit ausrechnen können. Wie man dies nutzt, diese Algorithmen mit der Methode der Ü. 6.13 bedingten Erwartungswerte zu „derandomisieren", d. h. in einen deterministischen Algorithmus mit der gleichen relativen, diesmal sogar worst-case-Güte zu verwandeln, werden wir in Abschnitt 6.5 sehen.

Die Technik des Randomized Rounding stammt von Raghavan und Thompson [RT87], der hybride Ansatz von Goemans und Williamson [GW94]. Der beste zur Zeit bekannte Approximationsalgorithmus polynomieller Laufzeit aus [AW02] für Max-SAT hat eine relative Güte (er kann derandomisiert werden) von 1.2004, da er mindestens 83.31% einer optimalen Lösung erreicht. Er benutzt u. a. die im nächsten Abschnitt behandelte Technik der semidefiniten Optimierung und kombiniert diese in einem hybriden Algorithmus mit den beiden hier vorgestellten und einer Reihe von weiteren Algorithmen. Dabei ist die Wahl der p_i ein gleichfalls wichtiger Bestandteil der Analyse und einer der Gründe für die Angabe eines „numerischen" Wertes für die relative erwartete Güte.

6.4 Semidefinite Optimierung

In diesem Abschnitt werden wir das Randomized Rounding weiter verfeinern, indem wir das ursprüngliche Problem, das diesmal aus der Graphentheorie stammt, durch ein stärkeres Optimierungsproblem beschreiben, nämlich zuerst durch ein quadratisches Programm und dann durch ein semidefinites Programm. Einen vollständigen Überblick über die Anwendung der semidefiniten Optimierung auch für exakte Optimierung findet man in [WSV00].

6.4.1   Definitionen und Resultate der Semidefiniten Optimierung

6.15 Definition:

(a) Eine $n \times n$-Matrix A über $\mathbb{R}$ heißt genau dann *positiv semidefinit*, wenn gilt: $\forall \vec{x} \in \mathbb{R}^n$: $\vec{x}^T \cdot A \cdot \vec{x} \geq 0$.

(b) Ein *semidefinites Programm* liegt vor, wenn wir ein lineares Programm haben und zusätzlich fordern, daß die Lösung für die Variablen als symmetrische und positiv semidefinite Matrix geschrieben werden kann. D. h. ein semidefinites Programm sieht wie folgt aus:

$$\text{SEMIDEFINITES PROGRAMM SDP:}$$

$$\text{optimiere} \quad \sum_{i,j} c_{ij} \cdot x_{ij}$$

$$\text{gemäß} \quad \sum_{i,j} a_{ijk} \cdot x_{ij} \leq b_k \qquad \forall k$$

$$X = (x_{ij}) \text{ ist symmetrisch und positiv semidefinit}$$

OPT(SDP) bezeichne den optimalen Wert der Zielfunktion.

6.16 Fakt: ([GV96])

(a) *A ist genau dann symmetrisch und positiv semidefinit, wenn es eine $m \times n$-Matrix B gibt mit $B^T \cdot B = A$.*

(b) *Ist A positiv semidefinit und symmetrisch, kann die Matrix B aus (a) in Zeit $O(n^3)$ mittels Cholesky-Zerlegung berechnet werden.*

(c) *Sind alle Diagonaleinträge einer symmetrischen, positiv semidefiniten Matrix A gleich 1, sind die Spalten der zugehörigen Matrix B Einheitsvektoren im $\mathbb{R}^n$.*

(d) *Semidefinite Optimierung kann in Zeit $O(\text{poly}(n, m, \log(\frac{1}{\varepsilon})))$ mit absoluter Güte ε für beliebiges $\varepsilon > 0$ gelöst werden. D. h. es wird eine symmetrische, positiv semidefinite Matrix $X^{(\varepsilon)} = (x_{ij}^{(\varepsilon)})$ berechnet, deren Einträge die linearen Nebenbedingungen erfüllen und für die $|\text{OPT}(\text{SDP}) - \sum_{i,j} c_{ij} \cdot x_{ij}^{(\varepsilon)}| \leq \varepsilon$ gilt.*

6.17 Beispiel:

(a) Die Matrix $A_1 = \begin{pmatrix} 1 & 4 \\ 4 & 1 \end{pmatrix}$ ist nicht positiv semidefinit, da $(1, -1) \cdot A_1 \cdot \begin{pmatrix} 1 \\ -1 \end{pmatrix} = -6$ ist.

(b) Die Matrix $A_2 = \begin{pmatrix} 1 & -1 \\ -1 & 4 \end{pmatrix}$ ist positiv semidefinit, da $A_2 = B^{\mathsf{T}} \cdot B$ mit $B = \begin{pmatrix} 1 & -1 \\ 0 & \sqrt{3} \end{pmatrix}$ ist, und damit Fakt 6.16 (a) angewandt werden kann.

6.4.2 Das Problem des maximalen Schnitts

Die semidefinite Optimierung konnte sehr erfolgreich beim Entwurf eines Approximationsalgorithmus für das graphentheoretische Problem des *maximalen Schnitts* eingesetzt werden. Der in diesem Abschnitt vorgestellte Algorithmus ist der bislang beste bekannte Approximationsalgorithmus für dieses Problem überhaupt.

6.18 Definition:
Eine Probleminstanz von Max-CUT ist ein ungerichteter, zusammenhängender Graph $G = (V, E)$ mit mindestens einer Kante. Eine zulässige Lösung zu G ist eine Partition $S = [V_\ominus, V_\oplus]$ der Knotenmenge V, so daß $V_\ominus \cup V_\oplus = V$ und $V_\ominus \cap V_\oplus = \emptyset$. S heißt ein *Schnitt* durch G. Eine Kante $\{u, v\} \in E$ geht über den Schnitt S, wenn $u \in V_\ominus$ und $v \in V_\oplus$. Die Bewertungsfunktion ist

$$C(S) = |\{\{u, v\} \in E \mid u \in V_\ominus, v \in V_\oplus\}| \ .$$

$C(S)$ wird die Größe des Schnitts (engl.: *cutsize*) genannt[5]. Finde einen Schnitt maximaler Größe.

Das zu Max-CUT gehörende Entscheidungsproblem ist NP-vollständig [GJ79, S. 210].

Ganz ähnlich, wie es bei Max-SAT grundsätzlich eine Belegung gibt, die relativ viele Klauseln erfüllt, gibt es durch jeden Graphen einen relativ großen Schnitt.

6.19 Satz:
Sei $G = (V, E)$ ein zusammenhängender Graph. Durch G gibt es immer einen Schnitt der Größe mindestens $\frac{1}{2}|E|$.

Der Beweis kann z. B. wieder mit der Probabilistischen Methode geführt werden und liefert Ü. 6.8 analog zu Satz 6.8 direkt einen Approximationsalgorithmus der erwarteten relativen Güte 2 und Laufzeit $O(|V| + |E|)$. Ebenso kann dieser Satz deterministisch durch die Analyse eines Ü. 6.10 greedy Algorithmus bewiesen werden.

Für lange Zeit war dies das beste bekannte Ergebnis für Max-CUT. Erst mit der im folgenden beschriebenen Anwendung der semidefiniten Optimierung, einer nahen Verwandten der

---

[5]Beachte, daß wir streng genommen Schnitte S mit $C(S) = 0$ zu meiden haben.

Ü. 6.11 linearen Optimierung, konnte 1994 eine Verbesserung der erwarteten relativen Güte[6] erreicht werden.

Nun formulieren wir Max-CUT als quadratisches Optimierungsproblem für eine geeignete Arithmetisierung. Dazu sei, mit $n = |V|$, $A_G = (a_{ij})$ die $n \times n$-Adjazenzmatrix des Graphen $G = (V, E)$, d. h. für alle Knoten $u_i, u_j \in V$ ist

$$a_{ij} = \begin{cases} 1 & \text{falls } \{u_i, u_j\} \in E \\ 0 & \text{sonst.} \end{cases}$$

In der Arithmetisierung haben wir für jeden Knoten u_i eine Variable x_i, die den Wert -1 oder $+1$ annehmen kann. Dabei soll $x_i = -1$ bedeuten, daß $u_i \in V_\ominus$ ist, und $x_i = +1$ heißt, daß $u_i \in V_\oplus$ ist. Zur Kante $\{u_i, u_j\} \in E$ betrachte den Wert $\frac{1}{2}(1 - x_i x_j)$. Geht die Kante über den Schnitt, ist dieser Wert 1, sonst 0. Also ist

$$C(S) = \sum_{\{u_i, u_j\} \in E} \tfrac{1}{2}(1 - x_i x_j) = \tfrac{1}{2} \cdot \sum_{i<j} a_{ij}(1 - x_i x_j) \ .$$

Dabei ist $\sum_{i<j}$ abkürzende Schreibweise für die Doppelsumme $\sum_{i=1}^{n} \sum_{j=i+1}^{n}$.

Damit können wir folgendes Optimierungsproblem angeben:

QUADRATISCHES PROGRAMM FÜR MAXCUT:

$$\text{maximiere} \quad \tfrac{1}{2} \cdot \sum_{i<j} a_{ij}(1 - x_i x_j) \tag{6.6}$$

$$\text{gemäß} \quad x_i \in \{-1, +1\} \qquad \forall i \tag{6.7}$$

Weil in der Zielfunktion (6.6) jeweils zwei Variablen miteinander multipliziert werden, haben wir hier ein *quadratisches* Optimierungsproblem vorliegen, das wegen der Ganzzahligkeitsbedingungen (6.7) nur schwer zu lösen ist, weshalb bislang auch hier nur eine Relaxierung zu einem schnellen Algorithmus führt.

Diesmal ist die Relaxierung komplizierter als im vorhergehenden Abschnitt, es reicht nicht aus, die Bedingungen (6.7) durch $-1 \leq x_i \leq +1$ zu ersetzen. In einer Reihe von Übergängen werden wir das quadratische Programm für Max-CUT in ein semidefinites Programm umwandeln.

Dazu ersetzen wir zuerst in der Zielfunktion (6.6) die Variablen x_i durch den n-dimensionalen Vektor $\vec{x}_i = (x_i, 0, \ldots, 0)^{\mathrm{T}}$ der Länge 1 (zur Erinnerung: $n = |V|$). Das ändert noch nichts an den Lösungen. Die Relaxierung besteht nun darin, daß wir erlauben, daß in den Vektoren alle Komponenten von Null verschieden sein können, solange die Längen der Vektoren 1 bleiben. Diese Vektoren nennen wir $\vec{u}_i$. Es gilt $\vec{u}_i \cdot \vec{u}_i = 1$.

---

[6]Goemans/Williamson geben in ihrem „Erfindungsaufsatz" [GW95] eine leider nicht korrekte Derandomisierung ihres Verfahrens an. Erfolg beschieden war erst Chen/Friesen/Zheng [CFZ99].

Das relaxierte Problem sieht also so aus:

RELAXIERTES QUADRATISCHES PROGRAMM FÜR MAX-CUT:

$$\text{maximiere} \quad \frac{1}{2} \cdot \sum_{i<j} a_{ij}(1 - \vec{u}_i \cdot \vec{u}_j)$$

$$\text{gemäß} \quad \vec{u}_i \text{ ist Vektor der Länge } 1 \quad \forall i$$

Zum Schluß der Reduktion formulieren wir dieses relaxierte, noch immer quadratische Programm äquivalent um, so daß wir endlich ein Problem der semidefiniten Optimierung erhalten: Wir führen jetzt noch einmal n^2 neue Variablen y_{ij} ein mit $y_{ij} = \vec{u}_i \cdot \vec{u}_j$. Diese Variablen können wir als $n \times n$-Matrix $Y = (y_{ij})$ schreiben. Da die $\vec{u}_i$ die Länge 1 haben, gilt $y_{ii} = 1$ für alle i. Sei $B = \begin{pmatrix} \vec{u}_1 & \vec{u}_2 & \cdots & \vec{u}_n \end{pmatrix}$ die Matrix, deren Spalten die Vektoren $\vec{u}_i$ sind. Es ist leicht nach- zuprüfen, daß $Y = B^{\mathrm{T}} \cdot B$ ist, so daß wir wegen Fakt 6.16 (a) wissen, daß Y positiv semidefinit Ü. 6.17 und symmetrisch sein muß. Damit haben wir jetzt schließlich das semidefinite Optimierungs- problem, dessen Lösung wir zur Approximation von Max-CUT verwenden.

SEMIDEFINITES PROGRAMM „SD-CUT" FÜR MAX-CUT:

$$\text{maximiere} \quad \frac{1}{2} \cdot \sum_{i<j} a_{ij}(1 - y_{ij})$$

$$\text{gemäß} \quad Y = (y_{ij}) \text{ ist positiv semidefinit und symmetrisch}$$

$$y_{ii} = 1 \quad \forall i$$

Dieses semidefinite Optimierungsproblem wird nun gemäß Fakt 6.16 (d) mit absolutem Fehler ε gelöst (ε müssen wir später noch bestimmen). D. h. es werden $y_{ij}^{(\varepsilon)}$ berechnet mit

$$0 \leq \text{OPT}(\text{SD-CUT}) - \frac{1}{2} \cdot \sum_{i<j} a_{ij}(1 - y_{ij}^{(\varepsilon)}) \leq \varepsilon \ .$$

Da $\text{OPT}(G) \leq \text{OPT}(\text{SD-CUT})$, folgt aus dieser Beziehung

$$\frac{1}{2} \cdot \sum_{i<j} a_{ij}(1 - y_{ij}^{(\varepsilon)}) \geq \text{OPT}(G) - \varepsilon \ . \tag{6.8}$$

Diese Abschätzung wird wieder bei der Qualitätsanalyse benutzt werden.

Zur so gewonnenen symmetrischen und positiv semidefiniten Matrix $Y^{(\varepsilon)}$ werden mittels Cho- lesky-Zerlegung (Fakt 6.16(b)) die Matrix B und damit die Vektoren $\vec{u}_i$ bestimmt. Die $\vec{u}_i$ sind mit Fakt 6.16(c) Einheitsvektoren. Jetzt müssen die $\vec{u}_i$ in die x_i verwandelt werden. Das machen wir randomisiert, d. h. dies ist die Stelle, an der der Algorithmus „würfeln" muß.

Abbildung 6.1(a) zeigt die Situation, wie sie wäre, wenn wir eine tatsächliche, optimale ganz- zahlige Lösung im $\mathbb{R}^3$ hätten. Wir hätten drei Vektoren $\vec{u}_1, \vec{u}_2, \vec{u}_3$, deren Endpunkte $(1,0,0)$ und $(-1,0,0)$ wären. Die (y,z)-Ebene (neben vielen anderen) trennt diese Punkte voneinander.

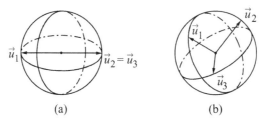

(a)   (b)

Abbildung 6.1: Mögliche Vektoren in der Einheitskugel (a) der optimalen ganzzahligen Lösung und (b) des semidefiniten Programms.

Abbildung 6.1(b) zeigt die Situation mit der tatsächlichen Lösung im $\mathbb{R}^3$. Es gibt drei Vektoren, deren Endpunkte irgendwo auf der Oberfläche der Einheitskugel liegen. Jetzt ist die Aufgabe, diese Punkte in zwei Mengen aufzuteilen. Das machen wir, indem wir eine *zufällige* Trennebene durch den Koordinatenursprung legen und alle Vektoren, die auf einer (beliebigen, aber festen) Seite liegen, auf -1 abbilden und die, die auf der anderen Seite liegen, auf $+1$.

Jetzt müssen wir uns überlegen, wie man eine zufällige Ebene bestimmt. Wir wissen bereits, daß die Ebene durch den Koordinatenursprung gehen muß. Die Ebene ist also vollständig bestimmt, wenn wir einen Normalenvektor $\vec{r}$ für die Trennebene auswürfeln, d. h. einen Vektor, der zu allen Vektoren innerhalb der Ebene senkrecht steht. Aus der analytischen Geometrie wissen wir, daß gilt: Ist $\operatorname{sgn}(\vec{r} \cdot \vec{u}_i) \neq \operatorname{sgn}(\vec{r} \cdot \vec{u}_j)$, dann liegen $\vec{u}_i$ und $\vec{u}_j$ auf verschiedenen Seiten der Ebene.

Abschließend wählen wir für die spätere Analyse $\varepsilon = \frac{1}{2000} = 0.0005$.

ALGORITHMUS MAXCUT;

(1) $\varepsilon := 0.0005$;

(2)   löse das semidefinite Programm SD-CUT für Max-CUT mit absoluter Güte ε ;
        [*jetzt ist $Y^{(\varepsilon)}$ bekannt*]

(3)   führe Cholesky-Zerlegung $Y^{(\varepsilon)} = B^{\mathrm{T}} \cdot B$ und damit die Berechnung der $\vec{u}_i$ durch;

(4)   würfle gleichverteilt einen zufälligen n-dimensionalen Vektor $\vec{r}$;

(5)   **for** $i := 1$ **to** n **do**
            if $\vec{u}_i \cdot \vec{r} \geq 0$
                then $x_i := +1$, d. h. lege u_i nach $V_\oplus$
                else $x_i := -1$, d. h. lege u_i nach $V_\ominus$

(6)   gib $[V_\ominus, V_\oplus]$ aus.

6.20 Satz:

Sei $G = (V, E)$ ein Graph mit mindestens einer Kante. $E[\mathrm{MAXCUT}(G)] \geq 0.878 \cdot \mathrm{OPT}(G)$, d. h. Algorithmus MAXCUT *hat eine erwartete relative Güte von höchstens $\frac{1}{0.878} \approx 1.139$.*

Beweis:

Für die Indikator-Variable

$$X_{ij} = \begin{cases} 1 & \text{falls } \{u_i, u_j\} \in E \text{ über den Schnitt geht,} \\ 0 & \text{sonst.} \end{cases}$$

ist $E[X_{ij}] = a_{ij} \Pr[x_i \neq x_j]$ und damit

$$\begin{aligned} E[\text{MaxCut}(G)] &= E\Big[\sum_{\{u_i, u_j\} \in E} X_{ij} \Big] = \sum_{i<j} a_{ij} E[X_{ij}] = \sum_{i<j} a_{ij} \Pr[x_i \neq x_j] \\ &= \sum_{i<j} a_{ij} \Pr[\text{sgn}(\vec{u}_i \cdot \vec{r}) \neq \text{sgn}(\vec{u}_j \cdot \vec{r})] \ . \end{aligned}$$

In Abbildung 6.2 sehen wir die durch $\vec{u}_i$ und $\vec{u}_j$ aufgespannte zweidimensionale Ebene $\mathcal{E}$. Betrachte die Schnittgeraden von $\mathcal{E}$ mit der durch $\vec{r}$ definierten Trennebene. Drehungen jeder möglichen Trennebene um ihre Schnittgerade mit $\mathcal{E}$ bleiben in Abbildung 6.2 ohne Wirkung. Da alle Schnittebenen durch den Ursprung, aber in allgemeiner Lage mit gleicher Wahrscheinlichkeit ausgewürfelt werden, sind damit auch alle Schnittgeraden in $\mathcal{E}$ durch den Ursprung gleich wahrscheinlich! Die, die

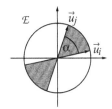

Abbildung 6.2: $\vec{u}_i$ und $\vec{u}_j$ in $\mathcal{E}$

durch den schraffierten Bereich gehen, trennen $\vec{u}_i$ und $\vec{u}_j$. Somit reicht es aus, das Verhältnis der in $\mathcal{E}$ die Vektoren $\vec{u}_i$ und $\vec{u}_j$ trennenden Geraden und der Geraden überhaupt zu berechnen. Mit $\alpha = \sphericalangle(\vec{u}_i, \vec{u}_j)$ und der Beziehung $\cos\alpha = \frac{\vec{u}_i \cdot \vec{u}_j}{|\vec{u}_i| \cdot |\vec{u}_j|} = \vec{u}_i \cdot \vec{u}_j$ bekommen wir:

$$\Pr[\text{sgn}(\vec{u}_i \cdot \vec{r}) \neq \text{sgn}(\vec{u}_j \cdot \vec{r})] = \frac{\alpha}{\pi} = \frac{\arccos(\vec{u}_i \cdot \vec{u}_j)}{\pi}$$

und damit

$$\begin{aligned} E[\text{MaxCut}(G)] &= \sum_{i<j} a_{ij} \cdot \frac{\arccos(\vec{u}_i \cdot \vec{u}_j)}{\pi} \\ &\overset{(a)}{\geq} \sum_{i<j} a_{ij} \cdot \frac{0.8785 \cdot (1 - \vec{u}_i \cdot \vec{u}_j)}{2} \\ &= 0.8785 \cdot \frac{1}{2} \sum_{i<j} a_{ij} \cdot (1 - \vec{u}_i \cdot \vec{u}_j) \\ &= 0.8785 \cdot \frac{1}{2} \sum_{i<j} a_{ij} \cdot (1 - y_{ij}^{(\varepsilon)}) \\ &\overset{\text{Ungl. (6.8)}}{\geq} 0.8785 \cdot (\text{OPT}(G) - \varepsilon) \\ &\overset{(b)}{\geq} 0.878 \cdot \text{OPT}(G) \ . \end{aligned}$$

Für Abschätzung (a) haben wir genutzt, daß für $z \in [-1, +1]$ gilt: $\frac{\arccos z}{\pi} \geq \frac{0.8785 \cdot (1-z)}{2}$. (b) gilt wegen der Wahl von ε. ☐

Die semidefinite Optimierung konnte hier angewandt werden, da wir Max-CUT durch ein quadratisches Programm beschreiben konnten. Quadratische Programme können häufig durch Reduktionen ähnlich der oben durchgeführten in semidefinite Programme verwandelt werden. Die semidefinite Optimierung geht in die Lösungsqualität an der Stelle ein, an der wir den arccos angewandt und abgeschätzt haben.

Ü. 6.18　Sei c^* der größte Wert c mit $\frac{\arccos z}{\pi} \geq \frac{c \cdot (1-z)}{2}$. Je kleiner man das ε im Algorithmus MAXCUT wählt, desto näher ist die erwartete relative Güte von MAXCUT an $1/c^*$. Damit verhält sich der MAXCUT ähnlich wie ein FPAS. Feige und Schechtman [FS02] geben eine Zeugen-Familie an, für die MAXCUT eine relative Abweichung hat, die beliebig nah an $1/c^*$ liegt.

Ü. 6.20　Eine interessante Frage ist, um wieviel die Lösung des relaxierten semidefiniten Programms SD-CUT besser sein kann als die optimale Lösung Max-CUT abweichen kann. In den Übungen wird gezeigt, daß für den Schnitt durch den Kreis C_5 aus 5 Knoten $\frac{\text{OPT}(C_5)}{\text{OPT}(\text{SD-CUT})} \approx 0.8845$ ist. Den Zusammenhang zwischen der relativen Güte und diesem Quotienten besprechen wir in Abschnitt 7.1.

Der Graph hat n Knoten, aber wir haben nur von einer Stelle gesprochen, an der der Algorithmus zu raten hat, nämlich in Zeile (4) von MAXCUT. Haben wir also n Objekte durch einen einzigen Münzwurf in die Zielmengen aufgeteilt? Nein, denn es wird ja ein n-dimensionaler Vektor geraten. Um dessen Komponenten zu bestimmen, sind n Münzwürfe nötig.

Die hier gezeigte erwartete relative Güte von 1.139 ist bislang die beste bekannte. Da das Verfahren (auf komplizierte Weise) derandomisiert werden kann [MR99], ist dieser Wert auch der bislang beste für deterministische Approximationen von Max-CUT. Håstad hat gezeigt, daß $P = NP$ ist, falls es einen Approximationsalgorithmus für Max-CUT mit relativer Güte $\rho < \frac{17}{16} = 1.0625$ gibt.

Max-CUT ist ein sog. symmetrisches Problem, da die bestimmten Mengen $V_\ominus$ und $V_\oplus$ einfach ausgetauscht werden können, ohne daß sich der Wert der gefundenen Lösung dadurch ändern würde. Max-SAT dagegen ist ein asymmetrisches Problem, da wir die berechnete Belegung der Variablen nicht komplementieren können, ohne im allgemeinen den Wert der Lösung zu ändern.

Ü. 6.19　In Übung 6.19 werden wir für Max2SAT sehen, wie man auch asymmetrische Probleme mit semidefiniter Optimierung angehen kann. Max2SAT ist die Einschränkung von Max-SAT, bei der jede Klausel höchstens zwei Literale enthält (vgl. auch Übung 2.12).

Die Anwendung semidefiniter Optimierung auf Max-CUT und Max2SAT und damit im Bereich der Approximationsalgorithmen stammt von Goemans und Williamson [GW95]. Seitdem wurde dieser Ansatz auch erfolgreich für Graphfärbbarkeits-, Graphbisektionsprobleme und das

Maximum Independent Set Problem (vgl. Übung 3.14) angewandt, wo nun die besten Algorithmen auf der semidefiniten Optimierung basieren.

Eine Übersicht über die Verfahren zur Bearbeitung von Max-CUT, die auf der semidefiniten Optimierung basieren, ist in Feiges Aufsatz [Fei99] zu finden.

6.5 Derandomisierung: Die Methode der bedingten Erwartungswerte

Eine schöne Sache wäre es, wenn man die in diesem Kapitel vorgestellten Algorithmen – am besten sogar fast vollständig „automatisch" – derandomisieren, d. h. ihr Vorgehen und die Laufzeiten mehr oder weniger beibehalten, dabei aber auf die Erzeugung von Zufallszahlen verzichten könnte. Im wesentlichen anhand des Beispiels von Max-SAT werden wir eine Technik vorstellen, mit der es *manchmal* gelingt, randomisierte Algorithmen ohne große Verluste deterministisch zu machen. Es ist dies die *Methode der bedingten Erwartungswerte*. Sie ist auch unter dem Namen *Methode der bedingten Wahrscheinlichkeiten* bekannt. Dabei wird aus der erwarteten relativen Güte die relative worst-case-Güte und die Laufzeit zwar größer, sie bleibt aber weiterhin polynomiell in $|I|$.

6.21 Definition:
Sei $\Pi = (\mathcal{D}, S, f, \text{ziel})$ ein Optimierungsproblem, bei dem für jede Instanz $I \in \mathcal{D}$ die Aufgabe darin besteht, Variablen $x_1, \dots, x_{n(I)}$ mit einem von zwei möglichen Werten zu belegen, um eine zulässige Lösung zu erhalten. O. B. d. A. sollen diese beiden Werte 0 und 1 sein, d. h. für alle $I \in \mathcal{D}$ ist $S(I) = \{0,1\}^{n(I)}$.

Eine Abbildung subs : $\mathcal{D} \times \{0,1\} \to \mathcal{D}$ heißt *Substitution* zu Π, falls sie für jede Instanz $I \in \mathcal{D}$ und jede Festlegung $x_1 = \alpha$ mit $\alpha \in \{0,1\}$ eine Instanz subs(I, α) erzeugt, in der nur Variablen aus $\{x_2, \dots, x_{n(I)}\}$ vorkommen. subs(I, α) kann in Zeit polynomiell in $|I|$ berechnet werden. Statt subs(I, α) schreiben wir auch $I_{x_1=\alpha}$ und gehen davon aus, daß subs in diesem Moment klar ist.

Für Max-SAT werden wir die folgende Substitution benutzen. Die Rolle von 0 und 1 wird von den Wahrheitswerten FALSE bzw. TRUE übernommen.

Sei $\Phi = C_1 \wedge \cdots \wedge C_m$ eine Boolesche (n,m)-Formel in KNF und α ein Wahrheitswert. Dann ist $\Phi_{x_1=\alpha}$ die Boolesche (n',m')-Formel in KNF mit $n' < n$ und $m' \leq m$, die man erhält, indem man folgende Abbildungsvorschrift auf alle Klauseln C_i anwendet:

- Kommt x_1 in C_j nicht vor, bleibt C_j unverändert.

- Ergibt das Einsetzen von α für x_1 in C_j den Wahrheitswert TRUE, so wird C_j durch TRUE, das wir jetzt als Klausel ansehen, ersetzt.

- Streiche in C_j das Literal, das durch das Einsetzen von α für x_1 zu FALSE ausgewertet wird. Würde so die leere Klausel entstehen, fällt sie ganz weg.

$\Phi_{x_1=\alpha}$ kann offensichtlich in Zeit $O(n \cdot m)$ berechnet werden.

Mit $\Phi = (\bar{x}_1 \vee x_2) \wedge (\bar{x}_2 \vee x_3)$ ist z. B. $\Phi_{x_1=\text{FALSE}} = \text{TRUE} \wedge (\bar{x}_2 \vee x_3)$. Weitere Einsetzungen in diese Formel sind in Abbildung 6.3(a) zu sehen.

6.22 Definition:

Sei Π ein Optimierungsproblem mit einer Substitution und A ein randomisierter Approximationsalgorithmus für Π mit folgenden Eigenschaften:

- A belegt die Variablen $x_1, \ldots, x_{n(I)}$ vollständig stochastisch unabhängig mit 0 oder 1.

- Für alle Instanzen I und alle $\alpha \in \{0, 1\}$ gilt $E[A(I) \mid x_1 = \alpha] = E[A(I_{x_1=\alpha})]$. Wir sagen, daß A *substitutionstreu* ist.

- Die Analyse von A ist soweit bekannt, daß für *jede* Instanz I der Erwartungwert $E[A(I)]$ *exakt* und in Polynomzeit in $|I|$ berechnet werden kann.

Dann nennen wir A *gut analysiert*.

Dabei bezeichnet $E[A(I) \mid x_1 = \alpha]$ den sog. *bedingten Erwartungswert* der Ausgabe von A gestartet mit I, wobei der Algorithmus durch seinen Entscheidungsprozeß für die Variable x_1 den Wert α ausgewürfelt haben *muß*. $E[A(I) \mid x_1 = \alpha]$ ist also der durchschnittliche Wert aller von A zu I produzierbaren Ausgaben mit $x_1 = \alpha$.

Der auf der Probabilistischen Methode basierende randomisierte Algorithmus A für Max-SAT aus Abschnitt 6.1 ist gut analysiert:

- Die Variablen werden vollständig stochastisch unabhängig mit FALSE oder TRUE belegt.

- Offensichtlich ist $E[A(\Phi) \mid x_1 = \text{FALSE}] = E[A(I_{x_1=\text{FALSE}})]$ und $E[A(\Phi) \mid x_1 = \text{TRUE}] = E[A(I_{x_1=\text{TRUE}})]$, wobei wir natürlich beachten müssen, daß wir TRUE als Klausel zulassen.

- Für A kennen wir mit $\Phi = C_1 \wedge \cdots \wedge C_m$ aus dem Beweis von Satz 6.5 den Erwartungswert für $E[A(\Phi)]$ exakt: $E[A(\Phi)] = \sum_{j=1}^{m}(1 - \frac{1}{2^{k_j}})$, wobei wir $k_j = \infty$ für $C_j = \text{TRUE}$ setzen, so daß der entsprechende Summand 1 ist, und sonst k_j die Anzahl der Variablen in C_j bezeichnet.

Für eine Eingabeformel Φ von Max-SAT und den gut analysierten Algorithmus A aus Abschnitt 6.1 wollen wir alle Belegungsmöglichkeiten für die x_i, die A ja auch in der Reihenfolge $x_1, \ldots, x_n$ berechnet, durch einen sog. binären *Berechnungsbaum* darstellen. Die Wurzel des Baumes ist Φ. Der linke Teilbaum ist der Baum, den man rekursiv erhält mit der Wurzel $\Phi_{x_1=\text{FALSE}}$, der rechte der mit der Wurzel $\Phi_{x_1=\text{TRUE}}$. Die Kanten zu den Teilbäumen werden entsprechend mit FALSE bzw. TRUE beschriftet. Die Rekursion bricht ab, wenn schließlich alle Variablen substituiert worden sind. Wir haben damit einen vollständigen binären Baum der Tiefe n. Ein Blatt φ des Baumes ist eine Formel aus so vielen Klauseln der Form TRUE, wie durch die Belegung b, die der Beschriftung des Pfades von der Wurzel zu diesem Blatt entspricht, Klauseln in Φ erfüllt werden. Wegen der Substitutionstreue ist damit wahr$(b) = E[A(\varphi)] = A(\varphi)$. D. h. für die Blätter ist A kein randomisierter Algorithmus.

Zusätzlich tragen wir im Berechnungsbaum zu Φ an jedem Knoten u, an dem ja eine Boolesche Formel in KNF steht, den Erwartungswert $E[A(u)]$ ein. Da A gut analysiert ist, brauchen wir dazu gar nicht den ganzen Baum unter u zu analysieren ($E[A(u)]$ ist die Gesamtzahl der TRUES an den Blättern des Teilbaumes mit Wurzel u, dividiert durch die Anzahl der Blätter), sondern wir können in polynomieller Zeit $E[A(u)]$ explizit ausrechnen! In Abbildung 6.3 haben wir der Übersicht halber den Berechnungsbaum und die Erwartungswerte in zwei Bäume eingezeichnet.

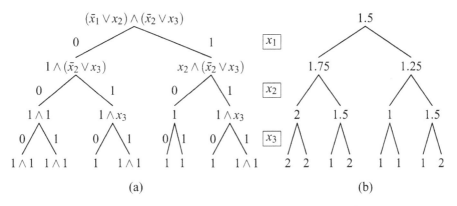

Abbildung 6.3: (a) Der Berechnungsbaum zu $\Phi = (\bar{x}_1 \vee x_2) \wedge (\bar{x}_2 \vee x_3)$ (0 steht für FALSE und 1 für TRUE) und (b) die entsprechenden Erwartungswerte für die Ausgabe von A für die Anzahl der erfüllten Klauseln.

Diese Konstruktion kann direkt auf beliebige Optimierungsprobleme Π und gut analysierte Approximationsalgorithmen A übertragen werden. Für jedes Blatt β des Baumes, das ja auch eine Instanz von Π ist, gilt dann, daß $E[A(\beta)] = A(\beta) = f(\alpha_1, \ldots, \alpha_{n(I)})$ ist, wobei f die Bewertungsfunktion zu Π ist und $\alpha_1, \ldots, \alpha_{n(I)}$ die Belegung der Variablen $x_1, \ldots, x_{n(I)}$, die man durch die Kantenbeschriftung auf dem Pfad von der Wurzel I nach β bekommt.

Nun gilt ganz allgemein für Maximierungsprobleme[7] mit beliebigen Approximationsalgorithmen A:

$$
\begin{aligned}
E[A(I)] &= \Pr[x_1 = 0] \cdot E[A(I) \mid x_1 = 0] + \Pr[x_1 = 1] \cdot E[A(I) \mid x_1 = 1] \\
&\leq \max\{E[A(I) \mid x_1 = 0], E[A(I) \mid x_1 = 1]\} \ . \tag{6.9}
\end{aligned}
$$

Die $\leq$-Abschätzung gilt deswegen, weil Wahrscheinlichkeiten höchstens 1 sind. Eine ganz ähnliche Beobachtung haben wir bei der Analyse der hybriden Methode in Abschnitt 6.3 in Ungleichung (6.5) auf S. 103 gemacht, wo ja auch das beste bestimmte Ergebnis ausgegeben wird.

Nun sei A ein gut analysierter Approximationsalgorithmus für Π. Da dann $I_{x_1=0}$ und $I_{x_1=1}$ ja ebenfalls Instanzen von Π sind, auf die wir die Beziehung (6.9) erneut anwenden können, folgt induktiv, daß es zu *jedem* inneren Knoten u des Berechnungsbaumes mit zugehörigem Erwartungswert $E[A(u)]$ einen Nachfolgeknoten v gibt mit $E[A(u)] \leq E[A(v)]$. Wenn wir also bei der Wurzel starten und einem Pfad zu einem Blatt β folgen, so daß von jedem Knoten u auf dem Pfad zu einem Knoten v mit $E[A(u)] \leq E[A(v)]$ weitergegangen wird, so heißt das, daß $f(x_1, \ldots, x_{n(I)}) = A(\beta) = E[A(\beta)] \geq E[A(I)]$ ist und die Kantenbeschriftung des Pfades einer Belegung der Variablen $x_1, \ldots, x_{n(I)}$, d. h. einer zulässigen Lösung zu I, entspricht.

Einen solchen Pfad mit einer entsprechenden Kantenbeschriftung, d. h Belegung der Variablen, bestimmt der folgende Algorithmus DERAND_A.

     ALGORITHMUS DERAND_A

         for $i := 1$ **to** $n(I)$ **do**
           $W_0 := E[A(I) \mid x_1, \ldots, x_{i-1}, x_i = 0]$;
           $W_1 := E[A(I) \mid x_1, \ldots, x_{i-1}, x_i = 1]$;
           if $W_0 \leq W_1$
              then $x_i := 1$
              else $x_i := 0$
         done ;
         gib $x_1, \ldots, x_{n(I)}$ aus.

Die nötigen Substitution können in Polynomzeit in $|I|$ berechnet werden und ebenso, weil A gut analysiert ist, die Werte W_0 und W_1. Im Berechnungsbaum wird gewissermaßen nur ein Streifen der Breite 2 durchsucht.

DERAND_A wählt für die Formel Φ der Abbildung 6.3 jeweils den linken Nachfolger und berechnet damit die Belegung $x_1 = x_2 = x_3 = $ FALSE. Natürlich findet DERAND_A nicht immer eine optimale Belegung, wie Übung 6.21 zeigt. Dort wird ein Zeuge gegen DERAND_A analysiert.

Ü. 6.21

---

[7]Minimierungsprobleme werden analog mit $\geq$ und „min" behandelt.

6.23 Satz:

Sei Π ein Maximierungsproblem, und sei A ein gut analysierter Approximationsalgorithmus für Π mit polynomieller Laufzeit und erwarteter Güte $E[\rho_A(I)]$. Der deterministische Algorithmus DERAND_A *ist ein Approximationsalgorithmus für Π mit worst-case-Güte $\rho_{\text{DERAND\_}A}(I) \leq E[\rho_A(I)]$.*

Wo geht in dieser Methode ein, daß A polynomielle Laufzeit besitzt, und wo wird überhaupt etwas von A ausgeführt? Die Antworten auf diese eng verwandten Fragen kann man sich am auf der Technik des Randomized Rounding basierenden Algorithmus B für Max-SAT aus Abschnitt 6.2 klarmachen[8]. Im Beweis von Lemma 6.11 auf S. 99 finden wir die exakte Formel für $E[B(\Phi)]$. Diese hängt von der Lösung des relaxierten linearen Optimierungsproblems in Zeile (1) von B ab. Um also $E[B(\Phi_{x_1=\text{FALSE}})]$ zu berechnen, muß der Algorithmus bis nach dieser Zeile ausgeführt worden sein. Erst dann sind die benötigten Wahrscheinlichkeiten bekannt, und erst dann kann die Formel für den Erwartungswert überhaupt benutzt werden. Im weiteren Verlauf der Derandomisierung wird dann der Algorithmus B nicht mehr für die Teilformeln aufgerufen.

Da B derandomisiert werden kann, kann damit schließlich auch der hybride Algorithmus $C_{1/2}$ derandomisiert werden. Beachte, daß man für $C_{1/2}$ noch ein wenig nachdenken muß, um die erste probabilistische Entscheidung, nämlich die Auswahl des angewandten Algorithmus, in die Derandomisierung einzubeziehen.

6.24 Korollar:

Der Algorithmus DERAND_$C_{1/2}$ *approximiert* Max-SAT *mit relativer Güte* $4/3$.

Der auf der semidefiniten Optimierung basierende Algorithmus MAXCUT kann nicht so einfach derandomisiert werden. Die n zu belegenden Zufallsvariablen sind die Einträge des Vektors $\vec{r}$, der die zufällige Trennebene definiert. Davor und danach arbeitet der Algorithmus deterministisch. Beim Auswürfeln der Vektorkomponenten ist es gar nicht einfach, einen Eintrag des Vektors zu bestimmen und dann einen Erwartungswert für ein weiteres Schnittproblem, nun auf $n-1$ Knoten, überhaupt zu erkennen. Wie man das recht aufwendig machen kann, steht im Aufsatz [MR99]. Dort werden keine Substitutionen benutzt und alles ist erheblich komplizierter.

Offenbar können wir die Forderung, daß die Variablen x_i von I mit einem von nur zwei Werten belegt zu werden haben, dadurch ersetzen, daß wir auch mehr als nur zwei Werte zulassen. Der Berechnungsbaum hat dann einen höheren Verzweigungsgrad, und in DERAND_A wird

---

[8]Zuerst muß man sich überzeugen (oder durch kleine Programmier- „Tricks" sicherstellen), daß B substitutionstreu ist.

der Wert ausgesucht, der den größten Erwartungswert liefert.

Ebenso kann man die Substitutionstreue und die stochastische Unabhängigkeit in vielen Fällen aufgeben.

Wenn man $E[A(I)]$ nicht exakt berechnen kann, kann man manchmal doch $E[A(I)]$ gut genug abschätzen, um die Wahl der Belegung noch hinzubekommen. Ein solcher Ansatz ist z. B. die Methode der pessimistischen Abschätzungen.

Allen diesen „Aufweichungen" ist gemeinsam, daß die Derandomisierung durch einen Analyse des Berechnungsbaumes unter Anwendung der Beziehung (6.9) erfolgt, ohne daß dieser vollständig durchsucht werden muß.

Der Algorithmus DERAND_A für Max-SAT war schon lange bekannt, bevor er als derandomisierte Version des Algorithmus A erkannt wurde. Er stammt von Johnson [Joh74]. In [CFZ99] konnte sogar gezeigt werden, daß DERAND_A eine Güte von $3/2$ garantiert, was auch der Wert Ü. 6.21 der relativen Abweichung dieses Algorithmus ist. Weitere Ansätze für und Anwendungen von Derandomisierungen finden sich im Kapitel 3 „Derandomization" von [MPS98].

6.6 Literatur zu Kapitel 6

[AS92]   N. Alon and J. H. Spencer. *The Probabilistic Method.* Wiley, 1992.

[AW02]   T. Asano and D. P. Williamson. Improved approximation algorithms for MAX-SAT. *Journal of Algorithms*, 42:173–202, 2002.

[CFZ99]   J. Chen, D. K. Friesen, and H. Zheng. Tight bound on Johnson's algorithm for maximum satisfiability. *Journal of Computer and System Sciences*, 58:622–640, 1999.

[Fei99]   U. Feige. Randomized rounding for semidefinite programs – Variations on the MAX CUT example. In *Proc. Int. W'shops on Approximation Algorithms for Combinatorial Optimization Problems and on Randomization and Computation (RANDOM-APPROX)*, pages 189–196, 1999.

[Fel70]   W. Feller. *An Introduction to Probability Theory and Applications.* Wiley, New York, 1970.

[FS02]   U. Feige and G. Schechtman. On the optimality of the random hyperplane rounding technique for MAX CUT. *Random Structures & Algorithms*, 20:403–440, 2002.

[GJ79]   M. R. Garey and D. S. Johnson. *Computers and Intractability – A Guide to the Theory of NP-Completeness.* Freeman, New York, 1979.

[GKP95]   R. L. Graham, D. E. Knuth, and O. Patashnik. *Concrete Mathematics.* Addison-Wesley, Reading, MA, 2nd edition, 1995.

[GV96]   G. H. Golub and C. F. Van Loan. *Matrix Computations*. The Johns Hopkins University Press, 3rd edition, 1996.

[GW94]   M. X. Goemans and D. P. Williamson. New $\frac{3}{4}$-approximation algorithms for MAX SAT. *SIAM Journal on Discrete Mathematics*, 7:656–666, 1994.

[GW95]   M. X. Goemans and D. P. Williamson. Improved approximation algorithms for maximum cut and satisfiability problems using semidefinite programming. *Journal of the ACM*, 42:1115–1145, 1995.

[Had75] F. Hadlock. Finding a maximum cut of a planar graph in polynomial time. *SIAM Journal on Computing*, 4:221–225, 1975.

[Joh74] D. S. Johnson. Approximation algorithms for combinatorial problems. *Journal of Computer and System Sciences*, 9:256–278, 1974.

[Kar91] H. Karloff. *Linear Programming*. Birkhäuser, Boston, 1991.

[MPS98] E. W. Mayr, H. J. Prömel, and A. Steger, editors. *Lectures on Proof Verification and Approximation Algorithms*. Springer, Berlin, 1998.

[MR99]   S. Mahajan and H. Ramesh. Derandomizing semidefinite programming based approximation algorithms. *SIAM Journal on Computing*, 28:1641–1663, 1999.

[RT87]   P. Raghavan and C. D. Thompson. Randomized rounding: A technique for provably good algorithms and algorithmic proofs. *Combinatorica*, 7:365–374, 1987.

[SS01]   T. Schickinger and A. Steger. *Diskrete Strukturen, Band 2: Wahrscheinlichkeitstheorie und Statistik*. Springer, Berlin, 2001.

[WSV00] H. Wolkowicz, R. Saigal, and L. Vandenberghe, editors. *Handbook on Semidefinite Programming*. Kluwer, 2000.

Übungen zu Kapitel 6

Aufgabe 6.1

Sei $G = (V, E)$ ein Graph, $V = \{u_1, \ldots, u_n\}$. Eine *Knotenüberdeckung* (engl.: *vertex cover*) von G ist eine Knotenmenge $C \subseteq V$, so daß für jede Kante $\{u_i, u_j\} \in E$ gilt: $\{u_i, u_j\} \cap C \neq \emptyset$. Beim Optimierungsproblem VC soll eine kleinste Knotenüberdeckung bestimmt werden. (vgl. auch Übung 3.14)

(a) Erläutere, warum das folgende ILP eine Arithmetisierung von VC ist.

GANZZAHLIGES LINEARES PROGRAMM FÜR VC:

$$
\begin{aligned}
\text{minimiere} \quad & \sum_{i=1}^{n} x_i \\
\text{gemäß} \quad & x_i + x_j \geq 1 \qquad \forall \{u_i, u_j\} \in E \\
& x_i \in \{0, 1\} \qquad \forall u_i \in V
\end{aligned}
$$

(b) Zeige, daß deterministisches Runden der Lösung des relaxierten Problems, d. h. die Entscheidung „falls $x_i \geq \frac{1}{2}$, dann lege Knoten u_i in C", eine Approximation der relativen Güte 2 garantiert. Zuerst muß dazu gezeigt werden, daß durch diese Rundungsvorschrift überhaupt eine Knotenüberdeckung gewonnen wird.

(c) Betrachte den vollständigen Graphen auf n Knoten, also den K_n. Bestimme damit eine untere Schranke für die Ganzzahligkeitslücke der Relaxierung (siehe Definition 7.1 auf Seite 126).

Aufgabe 6.2

Stelle ein ILP für das *Independent Set Problem* (Def. 3.10 auf S. 47) auf.

Aufgabe 6.3

Sei

$$
\begin{aligned}
\Phi(x_1, x_2, x_3, x_4) \;=\; & (x_1 \vee \bar{x}_2) \wedge (x_1 \vee x_3 \vee \bar{x}_4) \wedge (\bar{x}_1 \vee x_2) \\
& \wedge (x_1 \vee \bar{x}_3 \vee x_4) \wedge (x_2 \vee x_3 \vee \bar{x}_4) \wedge (x_1 \vee \bar{x}_3 \vee \bar{x}_4) \\
& \wedge x_3 \wedge (x_1 \vee x_4) \wedge (\bar{x}_1 \vee \bar{x}_3) \wedge x_1
\end{aligned}
$$

eine Boolesche $(4, 10)$-Formel in KNF über der Variablenmenge $V = \{x_1, x_2, x_3, x_4\}$.

(a) Wieviele erfüllende Belegungen haben die einzelnen Klauseln?

(b) Bestimme b_{Φ}^*.

(c) Löse das entsprechende relaxierte LP (z. B. mit Hilfe von maple und dessen simplex-Paket).

Aufgabe 6.4

Beweise die Korrektheit von Satz 6.3 und gib eine Boolesche (n,m)-Formel an, für die der Algorithmus tatsächlich nur $m/2$ Klauseln erfüllt.

Aufgabe 6.5

Zeige, daß Korollar 6.6 nicht schärfer formuliert werden kann. Mit anderen Worten: Sei k gegeben. Zeige konstruktiv, daß es eine Boolesche (n,m)-Formel Φ_{mager} in KNF gibt, in der jede Klausel mindestens k Literale hat und in der $\text{OPT}(\Phi_{\text{mager}}) = (1 - \frac{1}{2^k}) \cdot m$ Klauseln erfüllt werden können.

Aufgabe 6.6

Beweise Korollar 6.6 konstruktiv.

Aufgabe 6.7

Sei $2^k > m$. Zeige: Jede Boolesche (n,m)-Formel Φ in KNF, in der jede Klausel mindestens k Literale hat, ist erfüllbar.

Aufgabe 6.8

(a) Beweise Satz 6.19, d. h.: Zeige durch Anwendung der Probabilistischen Methode, daß es durch jeden zusammenhängenden, ungerichteten Graphen $G = (V,E)$ einen Schnitt S gibt, über den mindestens $\frac{1}{2}|E|$ Kanten gehen.

(b) Derandomisiere den Algorithmus aus (a) mit der Methode der bedingten Erwartungswerte.

Aufgabe 6.9

Betrachte das Independent Set Problem IS. Sei $G = (V,E)$ ein Graph Dann ist $\text{OPT}(G)$ die Größe einer größten unabhängigen Knotenmenge in G. Zeige durch Anwendung der Probabilistischen Methode:

$$\text{OPT}(G) \geq \sum_{u \in V} \frac{1}{\deg_G(u) + 1}$$

Würfele für die Knoten eine totale Ordnung $\prec$. Betrachte die Kardinalität der Menge $U = \{u \mid \{u,v\} \in E \Rightarrow u \prec v\}$ und zeige, daß U eine unabhängige Menge ist.

Aufgabe 6.10

Zeige, daß der folgende deterministische greedy Algorithmus für Max-CUT einen Schnitt der

Größe mindestens $\frac{1}{2}|E|$ berechnet, er also Max-CUT mit relativer Güte 2 approximiert.

ALGORITHMUS GREEDYMAXCUT

> **if** $G = \emptyset$
> **then**
> $\quad V_\ominus := V_\oplus := \emptyset$
> **else**
> $\quad [V_\ominus, V_\oplus] := \text{GREEDYMAXCUT}(G \setminus \{u_1\})$;
> $\quad$ **if** $C([V_\oplus \cup \{u_1\}, V_\ominus]) > C([V_\oplus, V_\ominus \cup \{u_i\}])$
> $\quad\quad$ **then** $V_\oplus := V_\oplus \cup \{u_1\}$
> $\quad\quad$ **else** $V_\ominus := V_\ominus \cup \{u_1\}$;
> gib $S = [V_\ominus, V_\oplus]$ aus.

Aufgabe 6.11

Beschreibe eine Arithmetisierung von Max-CUT, bei der das Problem durch ein ganzzahliges lineares Programm beschrieben wird.

Aufgabe 6.12

Zeige, daß Max-CUT für planare Graphen in Polynomzeit *exakt* lösbar ist. [Had75]

Hinweis: Nimm einen ganz einfachen planaren Graphen mit nur zwei inneren Facetten und überlege Dir den Zusammenhang zwischen einem maximalen Schnitt und einem maximalen Matching zwischen den Facetten. Verallgemeinere Deine Erkenntnisse auf beliebige planare Graphen.

Aufgabe 6.13

Stelle aus den Abschnitten 6.1 „Die Probabilistische Methode" und 6.2 „Randomized Rounding" die *exakten* Formeln für $E[A(\Phi)]$ und $E[B(\Phi)]$ zusammen.

Aufgabe 6.14

(a) Zeige, daß für alle $z \in [0,1]$ und $k \in \mathbb{N}^+$ gilt:

$$1 - \left(1 - \frac{z}{k}\right)^k \geq \left(1 - \left(1 - \frac{1}{k}\right)^k\right) \cdot z$$

(b) Zeige für $k \in \mathbb{N}^+$:

$$\frac{1}{2} - \frac{1}{2^k} - \left(1 - \frac{1}{k}\right)^k \geq 0$$

Aufgabe 6.15

Sei $\pi(x)$ eine Funktion mit $1 - \frac{1}{4^x} \leq \pi(x) \leq 4^{x-1}$ für alle $x \in [0,1]$.

Zeige, daß Algorithmus B für alle derartigen Funktionen π eine relative Güte von $4/3$ bei der Lösung von Max-SAT garantiert.

Aufgabe 6.16

In RANDOMIZED ROUNDING$[\pi]$ hatten wir die Identität für die Funktion π gewählt.

Wir sagen: Die Funktion π erfüllt die $3/4$-*Eigenschaft*, wenn für alle $k \in \mathbb{N}$, alle $l \in \{0, \ldots, k\}$ und alle $(x_1, \ldots, x_k) \in [0,1]^k$ gilt:

$$1 - \left[\prod_{i=1}^{l}(1 - \pi(x_i))\right] \cdot \left[\prod_{i=l+1}^{k} \pi(x_i)\right] \geq \frac{3}{4} \cdot \min\left\{1, \left[\sum_{i=1}^{l} x_i\right] + \left[\sum_{i=l+1}^{k}(1 - x_i)\right]\right\}$$

Zeige:

(a) Wird in Algorithmus B RANDOMIZED ROUNDING$[\pi]$ für eine die $3/4$-Eigenschaft erfüllende Funktion π angewandt, dann ist die erwartete relative Güte $4/3$.

(b) Die Funktionen $\gamma_\alpha(x) = (1 - 2\alpha)x + \alpha$ mit $\alpha \in [1 - \frac{3}{\sqrt[3]{4}}, \frac{1}{4}]$ erfüllen die $3/4$-Eigenschaft.

Aufgabe 6.17

Zeige, daß $Y = B^T \cdot B$ ist.

Aufgabe 6.18

(a) Sei

$$c^* = \max\left\{c \in \mathbb{R} \;\middle|\; \frac{\arccos z}{\pi} \geq c \cdot \frac{1-z}{2}, \; z \in [-1,1]\right\} \;.$$

Bezeichne c_k eine Näherung für c^*, die auf k Stellen nach dem Komma genau ist. Berechne c_{21}. In Satz 6.20 hatten wir $c_4 = 0.8785$ benutzt.

Hinweis: Benutze z. B. Maple. Formuliere die Berechnung von c^* erst als „normales" Extremwertproblem, wie man es aus der Analysis kennt. Dieses Problem kann man dann mit der Maple-Funktion fsolve numerisch lösen.

(b) Wie muß ε in Algorithmus MAXCUT gewählt werden, um die erwartete relative Güte $1/c_{20}$ zu garantieren?

Aufgabe 6.19

Max2SAT ist die Einschränkung von Max-SAT, in der jede Klausel der Eingabeformel aus höchstens 2 Literalen besteht. Die Entscheidungsvariante von Max2SAT ist NP-vollständig.

Betrachte folgende Arithmetisierung von Max2SAT.

Für jede Boolesche Variable x_i haben wir eine Variable y_i, die den Wert -1 oder $+1$ annehmen kann. Zusätzlich gibt es eine Variable y_0, die ebenfalls nur Werte aus $\{-1,+1\}$ annehmen kann und die x_i auf TRUE setzt, wenn y_i und y_0 das gleiche Vorzeichen haben.

Den Beitrag einer Klausel der Länge 1 zu wahr(b, Φ) können wir mit der folgenden Funktion beschreiben:

$$v(x_i) \;=\; \frac{1 + y_i \cdot y_0}{2}$$
$$v(\bar{x}_i) \;=\; \frac{1 - y_i \cdot y_0}{2}$$

Für Klauseln der Länge 2 können wir ähnliche Formel angeben.

(a) Gib für alle 4 Möglichkeiten für Klauseln der Länge 2 eine Formel $v(.)$ an.

(b) Formuliere mittels der Funktion v ein quadratisches Programm für Max2SAT.

(c) Formuliere ein semidefinites Programm als Relaxierung des quadratischen Programms.

(d) Gib einen Approximationsalgorithmus für Max2SAT an und zeige, daß seine erwartete relative Güte 1.139 ist.

Woran scheitert es, dieses Vorgehen auf Klauseln der Länge 3 zu verallgemeinern?

Aufgabe 6.20
Betrachte den Kreis C_5 aus 5 Knoten als Eingabe für Max-CUT.

(a) Zeige, daß $\mathrm{OPT}(C_5) = 4$ ist.

(b) Zeige, daß die Einbettung in die zweidimensionale Ebene mit dem Einheitskreis, die in Abbildung 6.4(b) dargestellt ist, einer optimalen Lösung des relaxierten quadratischen Programms für Max-CUT auf Seite 107 entspricht.

(c) Berechne den Wert der Zielfunktion und damit das Integrality Gap dieser Relaxierung.

Zur Erinnerung: Für Vektoren $\vec{x}$ und $\vec{y}$ der Länge 1 gilt: $\vec{x} \cdot \vec{y} = \cos(\sphericalangle(\vec{x}, \vec{y}))$

Aufgabe 6.21
Sei $k \in \mathbb{N}^{\neq 0}$ und die folgende Boolesche $(3k, 3k)$-Formel

$$\Phi_k = \bigwedge_{i=0}^{k-1} \Big((x_{3i+1} \vee x_{3i+2}) \wedge (x_{3i+1} \vee x_{3i+3}) \wedge \bar{x}_{3i+1} \Big)$$

in KNF gegeben.

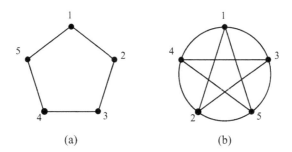

Abbildung 6.4: (a) C_5, der Kreis der Länge 5. (b) Eine Einbettung von C_5 in den Kreis mit Radius 1. Beachte die unterschiedliche Bedeutung des Wortes *Kreis*.

(a) Zeige, daß der derandomisierte Algorithmus DERAND_A für Max-SAT gestartet mit Φ_k alle Variablen x_i auf TRUE setzt.

Berechne DERAND_$A(\Phi_k)$.

(b) Bestimme eine Belegung b_{Φ_k}, die alle Klauseln erfüllt.

Welche relative Abweichung wurde damit für DERAND_A gezeigt? Mit anderen Worten: Was für ein Zeuge gegen DERAND_A ist Φ_k?

Kapitel 7

Lineare Optimierung und Approximationsalgorithmen

In Abschnitt 6.2 hatten wir Max-SAT durch ein ganzzahliges Lineares Optimierungsproblem (ILP) beschrieben, dann eine Relaxierung dieses ILP gelöst und schließlich durch die Technik des *Randomized Rounding* eine zulässige Lösung bestimmt. Ganz ähnlich waren wir in Abschnitt 6.4 bei der Lösung von Max-CUT vorgegangen.

In diesem Kapitel vertiefen wir die Anwendung der linearen Optimierung bis hin zur Ausnutzung der Dualität. Diese Techniken stellen wir am Beispiel-Problem SETCOVER vor, das zusammen mit seiner zu dem angewandten ILP führenden Arithmetisierung weiter unten eingeführt wird. Zuerst gehen wir allgemein auf den Zusammenhang zwischen den Werten der optimalen Lösung des kombinatorischen Problems und der Lösung der relaxierten Optimierungsaufgabe ein. Nach dieser Einführung werden wir zeigen, wie man die rationale Lösung des relaxierten LP benutzen kann, um durch *deterministisches* Runden eine erste Lösung des SETCOVER-Problems zu bestimmen. Als schönes Anwendungsbeispiel der Techniken des Kapitels 6 werden wir dann zwei randomisierte Approximationsalgorithmen für SETCOVER untersuchen und dabei erstmals einen Algorithmus kennenlernen, der nicht immer zulässige Lösungen bestimmt (und dieses Manko sogleich beseitigen). Danach stellen wir die Anwendung der Dualität im Bereich der Approximationsalgorithmen ausführlich vor

Bezeichne $L(|\langle LP \rangle|, k)$ die Laufzeit für das Lösen eines LP mit k Variablen. Wie bereits auf S. 97 erwähnt, ist gegenwärtig $L(|\langle LP \rangle|, k) = O(k^4 \cdot |\langle LP \rangle|^2)$. Wir werden zum Abschluß dieses Kapitels das Konzept der Dualität vorstellen und dazu verwenden, LPs nicht explizit lösen zu müssen, sondern gute zulässige Lösungen bereits aus dem ILP und seinem (relaxierten) Dual ablesen zu können.

7.1 Die Ganzzahligkeitslücke und ihre Beziehung zur relativen Güte

Zur Approximation der beiden im vorhergehenden Kapitel besprochenen Probleme Max-SAT und Max-CUT hatten wir u. a. diese beiden Probleme durch ein lineares bzw. ein quadratisches/semidefinites Optimierungsproblem beschrieben und dann das folgende Vorgehen, das wir den RUNDUNGSANSATZ nennen wollen, verfolgt.

Sei Π ein kombinatorisches Maximierungsproblem und I eine Instanz.

(1) Beschreibe die Instanz I durch ein ganzzahliges (lineares bzw. quadratisches) Programm X (*Arithmetisierung*). Es gilt $\mathrm{OPT}(I) = \mathrm{OPT}(X)$.

(2) Laß die Ganzzahligkeitsbedingung fallen (*Relaxierung*), so daß man das in Polynomialzeit lösbare relaxierte Programm X_{rel} erhält.
   Es gilt $\mathrm{OPT}(X) \leq \mathrm{OPT}(X_{\mathrm{rel}})$ (*Superoptimalität*).

(3) Der Approximationsalgorithmus A löst X_{rel} und *rundet geschickt* die gebrochen-rationale Lösung zu einer zulässigen Lösung von I.

(4) Zeige, daß $A(I) \geq \frac{1}{\rho} \cdot \mathrm{OPT}(X_{\mathrm{rel}})$ ist.

(5) Wegen der Superoptimalität ist $A(I) \geq \frac{1}{\rho} \cdot \mathrm{OPT}(I)$.

Wenn man sich die Beweise der Sätze 6.12 (Seite 100) und 6.20 (Seite 108) anschaut, sieht man, daß der „schwierige" Teil der Analyse abgeschlossen ist, sobald der obige Schritt (4) durchgeführt ist. Der Faktor $1/\rho$ vor $\mathrm{OPT}(X_{\mathrm{rel}})$ bestimmt dann die relative Güte des Approximationsalgorithmus.

Bei einem Minimierungsproblem ist das Vorgehen analog. In (2) gilt dann $\mathrm{OPT}(X) \geq \mathrm{OPT}(X_{\mathrm{rel}})$ und in (4) entsprechend $A(I) \leq \rho \cdot \mathrm{OPT}(X_{\mathrm{rel}})$.

Wir fragen uns nun, wieviel Genauigkeit man durch die Relaxierung verliert und wie dieser Verlust mit der relativen Güte zusammenhängen kann.

7.1 Definition:
Sei Π ein kombinatorisches Maximierungsproblem. Für die Instanz $I \in \mathcal{D}$ sei X ein äquivalentes ganzzahliges (lineares oder quadratisches/semidefinites) Programm, und sei X_{rel} das relaxierte Programm. Dann ist

$$\gamma = \max \left\{ \frac{\mathrm{OPT}(X_{\mathrm{rel}})}{\mathrm{OPT}(X)} \, \Big| \, I \in \mathcal{D} \right\}$$

die *Ganzzahligkeitslücke* (engl.: *Integrality Gap*) der Relaxierung.

Ist Π ein Minimierungsproblem, wird entsprechend der Kehrwert, d. h. $\frac{\mathrm{OPT}(X)}{\mathrm{OPT}(X_{\mathrm{rel}})}$ maximiert.

Bei Max-SAT bestimmt man die Ganzzahligkeitslücke γ des relaxierten LPs B_{rel} folgendermaßen: Betrachte die Boolesche $(2,4)$-Formel $\Phi = (x_1 \vee x_2) \wedge (\bar{x}_1 \vee x_2) \wedge (x_1 \vee \bar{x}_2) \wedge (\bar{x}_1 \vee \bar{x}_2)$. Es ist offensichtlich $\text{OPT}(\Phi) = 3$, aber eine optimale Lösung für das relaxierte Lineare Programm B_{rel} ergibt $\text{OPT}(B_{\text{rel}}) = 4$. Dieser Wert wird für die Variablenbelegungen $\hat{x}_1 = \hat{x}_2 = \frac{1}{2}$ und $\hat{Z}_1 = \hat{Z}_2 = \hat{Z}_3 = \hat{Z}_4 = 1$ erreicht. Damit gilt für die Ganzzahligkeitslücke γ dieser Relaxierung $\gamma \geq \frac{4}{3}$.

Für die Relaxierung des Semidefiniten Programms für das Problem Max-CUT haben wir in Übung 6.20 gesehen, daß $\gamma \geq \frac{1}{0.8845} \approx 1.131$ ist. Die Eingabe, die diese Lücke zur Folge hat, ist der Kreis auf 5 Knoten. Feige und Schechtman [FS02] zeigen sogar eine Ganzzahligkeitslücke von asympotisch $1/c^*$.

In Übung 6.1 wurde das Knotenüberdeckungsproblems VC (ein Minimierungsproblem) arithmetisiert. Die Relaxierung ergibt dort, daß mit dem vollständigen Graphen auf n Knoten als Eingabe $\gamma \geq 2 - \frac{2}{n}$ ist.

Interessanterweise sind diese Lücken die relativen Güten der entsprechenden Approximationsalgorithmen oder ganz nah an diesen dran. Der Grund ist der folgende: Sei Π ein kombinatorisches Maximierungsproblem, das nach dem RUNDUNGSANSATZ bearbeitet worden ist. Aus $\gamma \geq \frac{\text{OPT}(X_{\text{rel}})}{\text{OPT}(X)}$ folgt

$$A(I) \geq \frac{\gamma}{\rho} \cdot \text{OPT}(I) \ .$$

Da der Faktor vor $\text{OPT}(I)$ höchstens 1 ist, gilt $\frac{\gamma}{\rho} \leq 1$, also $\rho \geq \gamma$. Eine analoge Argumentation Ü. 7.2 für Minimierungsprobleme führt auf dieselbe Beziehung.

Allgemein hat die Erfahrung bei der Untersuchung von Approximationsalgorithmen, die auf der Relaxierung von ganzzahligen Optimierungsproblemen beruhen, gezeigt, daß es keine Rundungstechniken gibt, die eine bessere relative Güte garantieren als die Ganzzahligkeitslücke. Anders gewendet lehrt diese Erfahrung, das zugrundeliegende kombinatorische Optimierungsproblem durch lineare bzw. semidefinite Programme zu modellieren, die möglichst kleine Ganzzahligkeitslücken haben.

7.2 Das SETCOVER-Problem und seine Arithmetisierung

Das SETCOVER-Problem kennen wir bereits aus Übung 2.12. Dort wird gezeigt, daß es vermutlich nicht mit konstanter absoluter Gütegarantie approximiert werden kann. In diesem Kapitel werden wir einen Algorithmus für dieses Problem kennenlernen, der bezüglich der relativen Gütegarantie asymptotisch optimal ist.

7.2 Definition:

Eine Probleminstanz von SETCOVER ist eine Sammlung $S = \{S_1, \ldots, S_m\}$ verschiedener endlicher Mengen von Objekten. Die Mengen werden auch Gruppen genannt. Sei $V = S_1 \cup \cdots \cup S_m = \{u_1, \ldots, u_n\}$ die Menge dieser Objekte. Eine Teilsammlung $S_{\text{cov}} = \{S_{i_1}, \ldots, S_{i_\ell}\}$ von S heißt eine *Überdeckung* von V, wenn $V = S_{i_1} \cup \cdots \cup S_{i_\ell}$ gilt. ℓ ist die Größe der Überdeckung

Die Aufgabe bei SETCOVER besteht darin, eine möglichst kleine Überdeckung zu bestimmen.

Das zugehörige Entscheidungsproblem ist (stark) NP-vollständig [GJ79, S. 222].

Nützlich wird es sein, die folgende Notation zu benutzen: Wenn $X = \{S_{i_1}, \ldots, S_{i_\ell}\}$ eine Sammlung von Gruppen ist, dann ist $V(X) = S_{i_1} \cup \cdots \cup S_{i_\ell}$ die Menge der von X überdeckten Objekte. Somit ist die Aufgabe bei SETCOVER so zu beschreiben: Finde eine möglichst kleine Teilsammlung S_{cov} von S mit $V(S_{\text{cov}}) = V(S)$.

Neben n und m sind die nachstehend genannten Parameter der Instanz S von SETCOVER im folgenden von Belang:

- $G_S = \max\{|S_i| \mid 1 \leq i \leq m\}$ ist die Mächtigkeit der größten Gruppe;

- Für das Objekt $u \in V$ nennen wir $\deg_S(u) = |\{S_i \mid u \in S_i \in S\}|$ den Grad von u, und $\Delta_S = \max\{\deg_S(u) \mid u \in V\}$ ist dann der Grad von S.

Zur Veranschaulichung betrachte das folgende Beispiel.

7.3 Beispiel:

Sei $V = \{u_1, \ldots, u_{12}\}$, d. h. $n = 12$, und S bestehe aus den folgenden $m = 6$ Gruppen:

$$
\begin{aligned}
S_1 &= \{u_1, u_2, u_5, u_6, u_9, u_{10}\} &\qquad S_4 &= \{u_3, u_5, \ldots, u_8\} \\
S_2 &= \{u_6, u_7, u_{10}, u_{11}\} &\qquad S_5 &= \{u_9, \ldots, u_{12}\} \\
S_3 &= \{u_1, \ldots, u_4\} &\qquad S_6 &= \{u_4, u_8\}
\end{aligned}
$$

Abbildung 7.1 zeigt eine graphische Darstellung dieser Instanz für SETCOVER mit der minimalen Überdeckung $\{S_3, S_4, S_5\}$. Es ist $G_S = 6$ (wegen der Gruppe S_1) und $\Delta_S = 3$ (durch u_6 und u_{10}).

Es gibt eine weitere Definition von SETCOVER, die manchmal benutzt wird und die auf den ersten Blick etwas anders aussieht. Bei dieser Formulierung ist ebenfalls eine Sammlung S von Gruppen gegeben. Gesucht ist nach einer möglichst kleinen Teilmenge V_{cov} von $V = V(S)$, so daß für jede Gruppe $S_i \in S$ gilt: $S_i \cap V_{\text{cov}} \neq \emptyset$. V_{cov} wird ebenfalls Überdeckung genannt. In Beispiel 7.3 ist $V_{\text{cov}} = \{u_4, u_6, u_{12}\}$ eine derartige Überdeckung. Meist, aber nicht immer, wird für

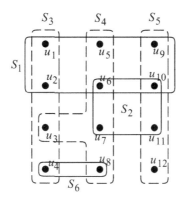

Abbildung 7.1: Die Instanz S von SETCOVER aus Beispiel 7.3. $S_{\text{cov}} = \{S_3, S_4, S_5\}$ ist eine, sogar minimale, Überdeckung.

diese Formulierung der Name HITTINGSET-Problem benutzt. Der Beweis, daß HITTINGSET äquivalent und bzgl. Approximationen „verlustfrei" zu SETCOVER umgeformt werden kann und umgekehrt, ist eine einfache Übungsaufgabe.   Ü. 7.3

Um SETCOVER als ILP zu beschreiben, führen wir folgende Arithmetisierung durch: Für jede   Ü. 7.1
Gruppe $S_i \in S$ führen wir eine 0-1-Variable x_i ein, so daß genau dann $x_i = 1$ ist, wenn S_i in die Ausgabeüberdeckung übernommen werden soll. Ein Objekt $u \in V$ ist überdeckt, wenn für mindestens eine Gruppe S_i, die u enthält, das entsprechende $x_i = 1$ ist.

Das ILP für SETCOVER, das wir wegen der darin auftauchenden Variablen X nennen, sieht damit so aus:

GANZZAHLIGES LINEARES PROGRAMM X FÜR SETCOVER:

$$
\begin{aligned}
\text{minimiere} \quad & \sum_{i=1}^{m} x_i \\
\text{gemäß} \quad & \sum_{i:\, u \in S_i} x_i \geq 1 \qquad \forall\, u \in V \\
& x_i \in \{0, 1\} \qquad \forall i \in \{1, \ldots, m\}
\end{aligned}
$$

Die Anzahl der Variablen ist m, die der „$\geq$"-Nebenbedingungen höchstens n, die der 0-1-Bedingungen m. Für dieses LP ist $|\langle X \rangle| = O(n \cdot m)$. Beachte, daß die Anzahl der Summanden je Nebenbedingung höchstens Δ_S ist, und daß jede Variable insgesamt höchstens G_S Mal vorkommt.

In unserem Beispiel gehört zum Objekt u_6 die Nebenbedingung $x_1 + x_2 + x_4 \geq 1$ und zum Objekt u_7 die Nebenbedingung $x_2 + x_4 \geq 1$. Beachte auch, daß sich für u_1 und u_2 beidemale die Nebenbedingung $x_1 + x_3 \geq 1$ ergibt. Eine besonders einfache Nebenbedingung ist die für u_{12}: $x_5 \geq 1$.

Dieses ILP X wird so relaxiert, wie wir das ILP für Max-SAT relaxiert hatten: Wir erlauben, daß die x_i beliebige Werte aus dem Intervall $[0,1]$ annehmen dürfen, und erhalten so das relaxierte Programm X_{rel}.

Um zu bestimmen, wie gut ein Rundungsansatz sein kann, berechnen wir eine untere Schranke für die Ganzzahligkeitslücke Wir werden sehen, daß sie ziemlich groß ist.

7.4 Satz:
Für das Ganzzahligkeitslücke γ der Relaxierung X_{rel} gilt: $\gamma \geq \frac{1}{2} \log n$.

Beweis:
Da γ nicht konstant ist, müssen wir unendlich viele Instanzen konstruieren.

Sei $k \in \mathbb{N}$, und sei $V = \{\bar{u} \mid \bar{u} \in \{0,1\}^k, \bar{u} \neq 0^k\}$ die Menge der Objekte. Also ist $n = 2^k - 1$.

Die Gruppen sind wie folgt definiert: Für $\bar{b} \in \{0,1\}^k$, $\bar{b} \neq 0^k$ sei

$$S_{\bar{b}} = \left\{ \bar{u} \;\middle|\; \bigoplus_{i=1}^{k}(u_i \wedge b_i) = 1 \right\} \;.$$

Dabei bezeichnet $\oplus$ das exklusive Oder. Der Galois-Körper GF[2] ist der Körper über $\{0,1\}$ mit den Operationen $\wedge$ als Multiplikation und $\oplus$ als Addition. Über GF[2] können wir auch $S_{\bar{b}} = \{\bar{u} \mid \bar{u} \cdot \bar{b} = 1\}$ schreiben. Die Instanz, die wir im weiteren untersuchen, ist $\mathcal{S} = \{S_{\bar{b}} \mid \bar{b} \in \{0,1\}^k, \bar{b} \neq 0^k\}$. Also ist $m = n = 2^k - 1$.

Ü. 7.4   Es ist $|S_{\bar{b}}| = 2^{k-1} = \frac{n+1}{2}$, und jedes Objekt kommt in genau $\frac{n+1}{2}$ Gruppen vor. D. h. jede Nebenbedingung besteht aus genau $\frac{n+1}{2}$ Variablen. Deswegen ist $x_i = \frac{2}{n+1}$, $i \in \{1,\dots,n\}$, eine zulässige Lösung von X_{rel}. Sie liefert den Wert $\frac{2n}{n+1}$. Also ist $\mathrm{OPT}(X_{\mathrm{rel}}) \leq \frac{2n}{n+1}$.

Sei $\ell < k$ und betrachte eine beliebige Auswahl $X = \{S_{\bar{b}^{(1)}}, \dots, S_{\bar{b}^{(\ell)}}\}$ von ℓ Gruppen. Sei M die $(\ell \times k)$-Matrix, die aus den Zeilen $\bar{b}^{(1)}, \dots, \bar{b}^{(\ell)}$ besteht. Das Gleichungssystem $M \cdot \bar{u} = \bar{0}$ hat über GF[2] mindestens eine von der 0-Folge verschiedene Lösung $\bar{u}$. Also ist $\bar{u} \notin V(X)$ und X ist keine Überdeckung. Damit enthält jede Überdeckung mindestens k Mengen, also $\mathrm{OPT}(\mathcal{S}) = \mathrm{OPT}(X) \geq k = \log(n+1)$.

Insgesamt bekommen wir für die Ganzzahligkeitslücke

$$\gamma \geq \frac{\mathrm{OPT}(X)}{\mathrm{OPT}(X_{\mathrm{rel}})} \geq \frac{\log(n+1)}{\dfrac{2n}{n+1}} \geq \frac{1}{2} \cdot \log n \;.$$

$\square$

Satz 7.4 bedeutet, daß wir nicht damit rechnen können, durch einen Rundungsansatz, der das Lineare Programm X benutzt, eine bessere relative Güte als $\Omega(\log n)$ bei der Lösung von SET-COVER zu bekommen.

7.3 Deterministisches Runden

X_{rel} wird nun in Polynomzeit $L(nm,m)$ gelöst. Die Superoptimalität dieser Lösung bedeutet, daß $\sum_{i=1}^{m} x_i = \text{OPT}(X_{rel}) \leq \text{OPT}(S)$ ist, da SETCOVER ein Minimierungsproblem ist, und stellt zum Abschluß der Überlegungen wieder den Zusammenhang zwischen der Approximation und einer optimalen Lösung her.

Nachdem das relaxierte lineare Optimierungsproblem gelöst wurde, muß nun eine zulässige Lösung ausgegeben werden. Eine Möglichkeit besteht darin, deterministisch wie folgt zu runden: Wenn $x_i \geq 1/\Delta_S$ ist, dann nimm S_i in die Ausgabe S_{cov} auf, sonst nicht. Daß das zu einer Überdeckung führt, ist so erst einmal nicht ersichtlich und muß in der Tat bewiesen werden.

> DETROUNDSC
>
>   löse das relaxierte LP X_{rel} für SETCOVER;
> $S_{cov} := \emptyset$;
>   **for** $i := 1$ **to** m **do**
>   **if** $x_i \geq 1/\Delta_S$ **then** $S_{cov} := S_{cov} \cup \{S_i\}$;
>   gib S_{cov} aus.

7.5 Satz:

Sei S eine Instanz von SETCOVER. Dann berechnet DETROUNDSC in Zeit $O(m + L(nm,m))$ eine Überdeckung, und es ist DETROUNDSC$(S) \leq \Delta_S \cdot \text{OPT}(S)$.

Beweis:

Es ist nicht offensichtlich, daß die Menge S_{cov} eine Überdeckung ist. Wir müssen also zeigen, daß die Ausgabe tatsächlich eine zulässige Lösung ist.

Damit die Ausgabe eine zulässige Lösung ist, muß jedes Objekt u überdeckt werden. Betrachte die zu einem beliebigen Objekt u gehörende Nebenbedingung $\sum_{i:\, u \in S_i} x_i \geq 1$, die ja durch die Lösung erfüllt ist. Die Summe besteht aus $\deg_S(u)$ Summanden. Also ist mit Durchschnitts-argumentation einer der Summanden x_i mindestens $1/\deg_S(u) \geq 1/\Delta_S$. Für mindestens dieses x_i wird in der **if**-Abfrage S_i in S_{cov} aufgenommen und damit u überdeckt.

Für die Qualität der Lösung ergibt sich dann vergleichsweise einfach

$$\text{DETROUNDSC}(S) = |S_{cov}| \leq \sum_{i=1}^{m} \Delta_S \cdot x_i = \Delta_S \cdot \sum_{i=1}^{m} x_i \leq \Delta_S \cdot \text{OPT}(X_{rel}) \leq \Delta_S \cdot \text{OPT}(S) \ ,$$

da für jede Gruppe $S_i \in S_{cov}$ gilt: $\Delta_S \cdot x_i \geq 1$. $\qquad\square$

Das Ergebnis bedeutet, daß, solange die Einzelobjekte nicht in allzu vielen Gruppen enthalten   Ü. 6.1 sind, dieser deterministische Rundungsalgorithmus ganz gute Überdeckungen liefert.

Der Nachteil ist natürlich die Laufzeit von $O(m + L(nm, m)) = O(m^6 \cdot n^2)$.

Bevor wir dagegen etwas tun, werden wir erst einmal die relative Güte, wenn auch „nur" beim randomisierten Runden, verbessern.

7.4   *Randomized Rounding*: Von Monte Carlo nach Las Vegas

Als nächste Möglichkeit, aus der gebrochen-rationalen Lösung des relaxierten LP eine Lösung zu konstruieren, betrachten wir die aus Abschnitt 6.2 bekannte Technik des Randomized Rounding. Wir machen einen Lösungs*vorschlag* X durch Anwendung von RANDOMIZEDROUNDING[$\pi(x) = 1 - e^{-r \cdot x}$], wobei wir den Wert für r erst später bestimmen werden. Es wird sich herausstellen, daß r die erwartete relative Güte ist, aber leider nicht konstant gewählt werden kann, wie unsere Diskussion der Ganzzahligkeitslücke der Relaxierung bereits nahegelegt hat.

> RANDROUNDINGSC[r]
>
>> löse das relaxierte LP X_{rel} für SETCOVER;
>> $X := \emptyset$;
>> **for** $i := 1$ **to** m **do**
>>> mit Wahrscheinlichkeit $1 - e^{-r \cdot x_i} : X := X \cup \{S_i\}$;
>> gib X aus.

Die Aufrundungswahrscheinlichkeit $\pi(x) = 1 - e^{-r \cdot x}$ fällt natürlich nicht vom Himmel. Vielmehr ergibt sie sich aus dem Ansatz, als Aufrundungswahrscheinlichkeit die Identität, die wir ja auch bei der Lösung von Max-SAT benutzt hatten, zu nehmen, und dann die Technik der Wahrscheinlichkeitsverstärkung anzuwenden, bei der das Zufallsexperiment sehr oft unabhängig Ü. 7.5 wiederholt wird. In den Übungen führen wir diese Herleitung durch. Die m Experimente sind auch hier unabhängig.

Das Randomized Rounding bedeutet also, daß S_i mit Wahrscheinlichkeit $1 - e^{-r \cdot x_i}$ in die Ausgabe X gelegt wird, und entsprechend ist

$$\Pr[S_i \notin X] = e^{-r \cdot x_i} \ .$$

Anders als bei den vorgestellten Verfahren für Max-SAT ist die Ausgabe X, die durch das Randomized Rounding bestimmt wird, nicht unbedingt eine zulässige Lösung! An dieser Stelle kommt der Wahl von r eine erhebliche Bedeutung zu, wie der folgende Satz zeigt.

7.6 Satz:

Sei S eine Eingabe von SETCOVER *und X die Ausgabe von* RANDROUNDINGSC[r]. *Dann gilt:*

(a) $\Pr[X \text{ ist eine Überdeckung}] \geq 1 - n \cdot e^{-r}$.

(b) $E[|X|] \leq r \cdot \text{OPT}(S)$.

Beweis:

(a) Sei $u \in V$ ein beliebiges Objekt. Dann gilt

$$\Pr[u \notin V(X)]$$
$$= \Pr[\forall i \text{ mit } u \in S_i : S_i \notin X] = \prod_{i:\, u \in S_i} e^{-r \cdot x_i} = \Big(\prod_{i:\, u \in S_i} e^{-x_i} \Big)^r = \big(e^{-\sum_{i:\, u \in S_i} x_i} \big)^r \leq e^{-r} \ .$$

Die Produktbildung ist wegen der vollständigen stochastischen Unabhängigkeit der Entscheidungen, ob S_i nach X gelegt wird, erlaubt. Bei der letzten Abschätzung kommen die erfüllten Nebenbedingungen des LPs zum Tragen. Die Wahrscheinlichkeit, daß es überhaupt ein nichtüberdecktes Objekt gibt, ist damit

$$\Pr[\exists u \in V : u \notin V(X)] \leq n \cdot e^{-r} \ ,$$

so daß Teil (a) bewiesen ist.

(b) Für $|X|$ ergibt sich:

$$E[|X|] = \sum_{i=1}^{m} \Pr[S_i \in X] = \sum_{i=1}^{m} (1 - e^{-r \cdot x_i}) \overset{(*)}{\leq} r \cdot \sum_{i=1}^{m} x_i = r \cdot \text{OPT}(X_{\text{rel}}) \leq r \cdot \text{OPT}(S)$$

Dabei haben wir an $(*)$ die Beziehung $e^{-r \cdot x} = \sum_{i=0}^{\infty} \frac{(-r \cdot x)^i}{i!} \geq 1 - r \cdot x$ für $r \geq 0$ genutzt. □

Nun haben wir also einen Monte-Carlo-Algorithmus, der mit Wahrscheinlichkeit $1 - n \cdot e^{-r}$ eine Überdeckung der erwarteten relativen Güte r ausgibt. Diesen Algorithmus verwandeln wir nun in einen Las-Vegas-Algorithmus, indem wir ihn solange wiederholen, bis er tatsächlich eine Überdeckung berechnet hat. Natürlich wird das relaxierte LP dabei insgesamt nur ein einziges Mal gelöst.

ALGORITHMUS LASVEGASSETCOVER[r]

    löse das relaxierte LP X_{rel} für SETCOVER;
    $\tau := 0$;
    repeat $\tau := \tau + 1$; { τ zählt, wie oft die **repeat**-Schleife durchlaufen wird. }
        $X := \text{RANDROUNDINGSC}[r](S)$;
    until $V(X) = V$;
    gib $S_{\text{cov}} := X$ aus.

Die Variable τ haben wir nur eingeführt, um in der kommenden Analyse die Anzahl der Durchgänge durch die **repeat**-Schleife zu bezeichnen.

7.7 Satz:

Sei S eine Eingabe von SETCOVER, *und sei $r > \ln n$. Für* LASVEGASSETCOVER$[r]$ *gilt:*

(a) S_{cov} *ist eine Überdeckung mit erwarteter Größe höchstens $r \cdot \mathrm{OPT}(S)$.*

(b) *Die erwartete Anzahl der Durchgänge durch die* **repeat***-Schleife ist höchstens $\dfrac{\mathrm{e}^{2r}}{(n - \mathrm{e}^r)^2}$.*

Beweis:

(a) gilt offensichtlich wegen Satz 7.6(b).

(b) Bezeichne die Zufallsvariable τ die Anzahl der Wiederholungen der **repeat**-Schleife. Dann ist

$$
\begin{aligned}
E[\tau] &= \sum_{t=1}^{\infty} t \cdot \Pr[\text{erst die } t\text{te Wiederholung ist eine Überdeckung}] \\
&\leq \sum_{t=1}^{\infty} t \cdot \Pr[t - 1 \text{ Wiederholungen liefern keine Überdeckung}] \\
&\leq \sum_{t=1}^{\infty} t \cdot (n \cdot \mathrm{e}^{-r})^{t-1} = \frac{\mathrm{e}^{2r}}{(n - \mathrm{e}^r)^2}
\end{aligned}
$$

Die letzte Reihe konvergiert nur, wenn $n \cdot \mathrm{e}^{-r} < 1$, also $r > \ln n$ ist. $\square$

Ü. 7.7   Dieser Beweis ist ein Spezialfall eines allgemeinen Tricks, der häufig Monte-Carlo-Algorithmen in Las-Vegas-Algorithmen verwandeln kann. Dies wird in einer Übung behandelt.

7.8 Korollar:

LASVEGASSETCOVER$[\ln n + 1]$ *garantiert eine erwartete relative Güte von $\ln n + 1$. Der Erwartungswert für die Anzahl der Durchgänge durch die* **repeat***-Schleife ist $\frac{\mathrm{e}^2}{(\mathrm{e}-1)^2} < 2.503$.*

7.5   Dualität

Bislang wird in allen Algorithmen, die wir für Probleme, die durch ILPs beschrieben werden, zuerst mit recht großer Laufzeit das relaxierte LP gelöst. Wir untersuchen nun, wie man zu einer guten Approximation mittels des LP kommt, ohne es explizit lösen zu müssen. Dazu benötigen wir einige vertiefende Begriffe rund um die „Dualität" aus dem Bereich der Linearen Optimierung.

7.5.1 Grundlagen

In diesem Abschnitt wird anhand eines Beispiels der Begriff des Duals hergeleitet. Betrachte dazu das folgende LP, das wir in zwei äquivalenten Varianten beschreiben:

$$\text{minimiere}\quad z(\vec{x}) = x_1 + 3x_2 + x_3 \qquad\qquad \text{minimiere}\quad z(\vec{x}) = \begin{pmatrix} 1 & 3 & 1 \end{pmatrix} \cdot \begin{pmatrix} x_1 \\ x_2 \\ x_3 \end{pmatrix}$$

$$\begin{aligned} \text{gemäß}\qquad 2x_1 + x_2 \quad &\geq 3 \\ -x_1 \quad + x_3 &\geq 4 \\ x_1, x_2, x_3 &\geq 0 \end{aligned}$$

$$\text{gemäß}\qquad \begin{pmatrix} 2 & 1 & 0 \\ -1 & 0 & 1 \end{pmatrix} \cdot \begin{pmatrix} x_1 \\ x_2 \\ x_3 \end{pmatrix} \geq \begin{pmatrix} 3 \\ 4 \end{pmatrix}$$

$$\begin{pmatrix} x_1 \\ x_2 \\ x_3 \end{pmatrix} \geq \begin{pmatrix} 0 \\ 0 \\ 0 \end{pmatrix}$$

Die optimale Lösung dieses LPs ist $x_1 = \frac{3}{2}$, $x_2 = 0$, $x_3 = \frac{11}{2}$ mit einem Wert von 7 für die Zielfunktion z.

Allgemein und kompakt schreibt man für ein solches LP (beachte, daß das hochgestellte T die Transposition des entsprechenden Vektors bzw., später, der entsprechenden Matrix bezeichnet):

$$\text{minimiere}\quad z(\vec{x}) = \vec{c}^{\mathrm{T}} \cdot \vec{x}$$

$$\text{gemäß}\qquad A \cdot \vec{x} \geq \vec{b}$$
$$\vec{x} \geq \vec{0}$$

Da ein derartiges lineares Programm ein Optimierungsproblem ist, heißt ein Vektor $\vec{x}$, der die Nebenbedingungen erfüllt, zulässige Lösung des Programms.

Mit $row_i[A]$ bezeichnen wir die $i$te Zeile der Matrix A und $row_i[A] \cdot \vec{x} \geq b_i$ nennen wir die $i$te Nebenbedingung des LP.

Wie bei linearen (Un-)Gleichungssystemen üblich, können wir die Nebenbedingungen mit Konstanten multiplizieren und dann addieren, so daß wir eine weitere Nebenbedingung erhalten, die ebenfalls von jeder zulässigen Lösung erfüllt werden muß. Im Beispiel haben wir zwei Bedingungen, die wir mit y_1 bzw. y_2 multiplizieren und danach addieren. Wir erhalten

$$(2y_1 - y_2) \cdot x_1 + y_1 \cdot x_2 + y_2 \cdot x_3 \geq 3y_1 + 4y_2 \ , \tag{7.1}$$

bzw. in allgemeiner Darstellung

$$\vec{y}^{\mathrm{T}} \cdot A \cdot \vec{x} \geq \vec{y}^{\mathrm{T}} \cdot \vec{b} \ . \tag{7.2}$$

Das können wir garantieren, wenn die $y_j \geq 0$ sind, um zu verhindern, daß in Nebenbedingungen ein „$\geq$" durch ein „$\leq$" ersetzt werden muß.

Interessant ist nun, daß die linke Seite dieser Ungleichung von der gleichen Form wie die Ziel-funktion $z(\vec{x})$ ist. Wenn die y_j so gewählt werden, daß die aus den y_j berechneten Koeffizienten der x_i auf der linken Seite von Ungleichung (7.1) jeweils kleiner als die Koeffizienten c_i der x_i in der Zielfunktion sind, so gilt für solche $\vec{y}$: $z(\vec{x}) \geq y^T \cdot A \cdot \vec{x} \geq \vec{y}^T \cdot \vec{b}$ für *alle* zulässigen Lösun-gen $\vec{x}$, d. h. $\vec{y}^T \cdot \vec{b}$ ist eine untere Schranke für den Wert einer optimalen Lösung. Im Beispiel ergibt der Koeffizientenvergleich in Ungleichung (7.2) die drei Bedingungen

$$
\begin{aligned}
2y_1 - y_2 &\leq 1 \\
y_1 &\leq 3 \\
y_2 &\leq 1
\end{aligned}
$$

Wir können z. B. $y_1 = 0$ und $y_2 = 1$ wählen und erhalten dann, daß jede zulässige Lösung mindestens einen Wert von 4 hat. Mit $y_1 = 1$ und $y_2 = 1$ bekommen wir sogar eine untere Schranke von 7.

Um also eine möglichst große *untere* Schranke für den Wert zu bekommen, müssen wir das folgende Maximierungsproblem lösen, das wir gerade hergeleitet haben:

$$
\begin{aligned}
\text{maximiere} \quad &\zeta(\vec{y}) = 3y_1 + 4y_2 \\
\text{gemäß} \quad &2y_1 - y_2 \leq 1 \\
&y_1 \qquad\ \leq 3 \\
&\qquad\ y_2 \leq 1 \\
&y_1, y_2 \geq 0
\end{aligned}
$$

Dieses lineare Programm ist das *Dual* des ursprünglichen LPs, das nun *Primal* genannt wird. Allgemein haben wir also:

	Primal		Dual
minimiere	$z(\vec{x}) = \vec{c}^T \cdot \vec{x}$	maximiere	$\zeta(\vec{y}) = \vec{b}^T \cdot \vec{y}$
gemäß	$A \cdot \vec{x} \geq \vec{b}$	gemäß	$A^T \cdot \vec{y} \leq \vec{c}$
	$\vec{x} \geq \vec{0}$		$\vec{y} \geq \vec{0}$

Zu jeder Variablen x_i des Primals hat man eine entsprechende Nebenbedingung, nämlich die $i$te Nebenbedingung des Duals, und umgekehrt. Jede zulässige Lösung $\vec{y}$ des Duals liefert eine untere Schranke $\zeta(\vec{y})$ für die Zielfunktion $z(\vec{x})$ für alle zulässigen Lösungen des Primals, also gilt immer

$$
\zeta(\vec{y}) \leq z(\vec{x}) \tag{7.3}
$$

Diese Beziehung wird *schwache Dualität* genannt. In unserem Beispiel haben wir mit $\vec{y}^T = (1,1)$ und $\vec{x}^T = (\frac{3}{2}, 0, \frac{11}{2})$ zwei zulässige Lösungen mit $z(\vec{x}) = \zeta(\vec{y}) = 7$, die damit optimale Lösungen ihres jeweiligen LPs sein müssen. Der folgende Satz besagt, daß die optimalen Werte *immer* übereinstimmen.

7.9 Fakt: (Dualitätssatz)

Seien $\vec{x}_{opt}$ und $\vec{y}_{opt}$ optimale Lösungen des Primals bzw. des Duals. Dann ist $z(\vec{x}_{opt}) = \zeta(\vec{y}_{opt})$. D. h. die optimalen Zielfunktionswerte des Primals und des Duals sind gleich.

Was haben wir mit diesen beiden LPs gewonnen? Aus algorithmischer Sicht noch nicht allzu viel. Wenn wir zwei zulässige Lösungen $\vec{x}$ und $\vec{y}$ haben, können wir immerhin mit Hilfe des Dualitätssatzes entscheiden, ob sie beide optimale Lösungen ihres jeweiligen LPs sind.

Aber wir können aus den LPs noch etwas ablesen. $p_j = row_j[A] \cdot \vec{x} - b_j$ ist das, was zu viel ist, damit die $j$te Nebenbedingung des Primals scharf wird, und wird primaler Schlupf (engl.: *primal slackness*) genannt. Ähnlich ist $s_i = c_i - row_i[A^T] \cdot \vec{y}$ das, was fehlt, um die $i$te Nebenbedingung des Duals scharf zu machen. Dieser Wert wird dualer Schlupf (engl.: *dual slackness*) genannt.

Betrachten wir noch einmal unser Beispiel. Die erste Nebenbedingung können wir umschreiben zu $x_1 + x_2 - 3 \geq 0$. Diese Zeile hatten wir mit y_1 multipliziert. Also gilt $y_1(x_1 + x_2 - 3) \geq 0$ und allgemein $y_j \cdot p_j = y_j \cdot (row_j[A] \cdot \vec{x} - b_j) \geq 0$. Ebenso ist $s_i \cdot x_i = (c_i - row_i[A^T] \cdot \vec{y}) \cdot x_i \geq 0$. Optimale Lösungen sind nun dadurch charakterisiert, daß bei diesen das „$\geq$" durch „$=$" ersetzt werden muß.

7.10 Fakt: (Satz vom komplementären Schlupf)

Seien $\vec{x}$ und $\vec{y}$ zulässige Lösungen des Primals bzw. Duals. $\vec{x}$ und $\vec{y}$ sind genau dann optimale Lösungen, wenn $y_j \cdot (row_j[A] \cdot \vec{x} - b_j) = 0$ und $(c_i - row_i[A^T] \cdot \vec{y}) \cdot x_i = 0$ für alle i und j.

Diese beiden Bedingungen können auch formuliert werden als:

$$y_j > 0 \;\Rightarrow\; row_j[A] \cdot \vec{x} = b_j \tag{a}$$

$$x_i > 0 \;\Rightarrow\; row_i[A^T] \cdot \vec{y} = c_i \tag{b}$$

Fakt 7.10(b) werden wir im Bereich des Entwurfs von Approximationsalgorithmen nun unsere besondere Aufmerksamkeit zuwenden.

Die Anwendung der Primal/Dual-Sichtweise im Bereich der exakten Optimierung wird ausführlich im Lehrbuch von Papadimitriou/Steiglitz [PS82] behandelt.

7.5.2 Dualität und Approximationsalgorithmen

Für Approximationsalgorithmen lassen sich im wesentlichen zwei Einsatzgebiete unterscheiden, die natürlich nicht losgelöst voneinander betrachtet werden dürfen, sondern sich gegenseitig beeinflussen: der Entwurf neuer und die Analyse bestehender Approximationsalgorithmen. Sie beginnen beide mit der Modellierung: Wenn ein schwieriges kombinatorisches Minimierungsproblem[1] vorliegt, geht man wie folgt vor. Zuerst wird zur Instanz I ein ILP X mit Zielfunktion $z(\vec{x})$ formuliert, bei dem die Variablen $\vec{x}$ Werte aus $\{0, 1\}$ annehmen können. Das wird nun relaxiert zu X_{rel}. Zu X_{rel} wird das duale LP Y_{rel} mit den Variablen $\vec{y}$ und der Zielfunktion $\zeta(\vec{y})$ aufgestellt. Da wir uns ja für Näherungslösungen interessieren, formulieren wir eine sehr nützliche Beziehung, die die Superoptimalität verallgemeinert und aus dem Dualitätssatz und der schwachen Dualität (Beziehung 7.3) folgt.

7.11 Satz:
Sei Π ein Minimierungsproblem, I eine Instanz, und seien X, X_{rel} und Y_{rel} wie oben beschrieben, und seien $\vec{x}$ und $\vec{y}$ beliebige zulässige Lösungen von X bzw. Y_{rel}. Dann gilt:

$$\zeta(\vec{y}) \le \text{OPT}(Y_{\text{rel}}) = \text{OPT}(X_{\text{rel}}) \le \text{OPT}(X) = \text{OPT}(I) \le z(\vec{x})$$

Zur Veranschaulichung siehe Abbildung 7.2. Für Maximierungsprobleme kann der Satz entsprechend mit „$\ge$"-Zeichen formuliert werden.

Übrigens eignet sich diese Beziehung auch hervorragend für *Branch&Bound*-Algorithmen, um den Beitrag der noch nicht in eine Teillösung einbezogenen Objekte zur Gesamtlösung abzuschätzen (vgl. Seite 46).

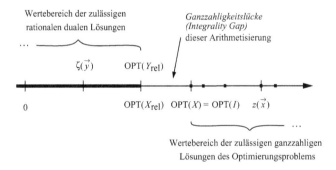

Abbildung 7.2: Bereiche, in denen bei einem Minimierungsproblem die Werte der verschiedenen LPs liegen können.

Die beiden nachfolgenden Abschnitte beschreiben sehr abstrakt, wie man die Dualität einsetzt. Sie sollten nach der Vorstellung der Approximationsalgorithmen für SETCOVER in Abschnitt 7.5.3 noch einmal durchgegangen werden.

---

[1] Der ganze in diesem Kapitel entwickelte Apparat kann natürlich entsprechend auch für Maximierungsprobleme entwickelt werden.

Einsatz im *Entwurf* von Algorithmen: Dual Fitting

Der *Dual Fitting* oder auch *Primal-Dual-Schema* genannte Ansatz ist eine Möglichkeit, aus Primal und Dual einen Approximationsalgorithmus zu entwickeln. Fakt 7.10(b) spielt dabei eine sehr wichtige Rolle, die Bedingung (b) wird nämlich „zwangsweise" erfüllt und die Bedingung (a) ignoriert. Es wird eine zulässige duale Lösung $\vec{y}$ bestimmt, die einige Nebenbedingungen des Duals scharf macht. Dabei wird nicht gefordert, daß $\vec{y}$ eine optimale Lösung ist! Wäre sie optimal, so müßte in der optimalen Lösung des relaxierten Primals X_{rel} der Wert der entsprechenden x_i von 0 verschieden sein. Darum, in der Hoffnung, so eine gute Approximation zu erhalten, setzt man diese x_i dann auf 1 und die anderen auf 0. Da nun $x_i = 1$ und $row_i[A^{\text{T}}] \cdot \vec{y} = c_i$ gilt, besteht für diese x_i die Beziehung $c_i \cdot x_i = row_i[A^{\text{T}}] \cdot \vec{y}$, die in der Berechnung des Werts $z(\vec{x})$ eingesetzt und mit Satz 7.11 eine *obere* Schranke ergeben kann. Wie man $\vec{y}$ bestimmt, ist dabei die Aufgabe des Algorithmusdesigns und bestimmt die Lösungsqualität erheblich.

Einsatz in der *Analyse* von Algorithmen

Das andere wichtige Anwendungsgebiet ist die Analyse vorgegebener Approximationsalgorithmen. Ein solcher Algorithmus wird eine $\{0, 1\}$-Lösung des ursprünglichen ILPs X berechnen, und wir wollen die Lösungsqualität bestimmen. Gleichzeitig mit der Berechnung der Ausgabe – und das geschickt zu machen, ist die Kunst dabei – wird der Algorithmus so erweitert, daß er zusätzlich eine zulässige Lösung von Y_{rel} konstruiert. Das besondere ist, daß es eine Beziehung zwischen den x_i und den y_j gibt. Wenn dann der Wert $z(\vec{x})$ der konstruierten Lösung bestimmt wird, ist der auch eine Funktion von $\vec{y}$, d. h. $z(\vec{x}) = f(\vec{y})$. Dann hoffen wir, aus dem erhaltenen Term den Term $\zeta(\vec{y})$ zu isolieren, d. h. etwas von der Form $f(\vec{y}) \leq g \cdot \zeta(\vec{y})$ zu bekommen, und schließlich mit Hilfe von Satz 7.11 dann eine *obere* Schranke des Wertes der Lösung zu I berechnen zu können: $z(\vec{x}) \leq g \cdot \text{OPT}(I)$. Das mag jetzt alles ziemlich abstrakt klingen. Die Analyse des Algorithmus PRIMALDUALSC_II für SETCOVER am Ende von Abschnitt 7.5.3 wird genau diesem Muster folgen.

7.5.3 Anwendung der Dualität auf das Problem SETCOVER

Das gerade beschriebene Vorgehen wenden wir jetzt auf das SETCOVER-Problem an, wir beginnen mit der Modellierung. Sei also S eine Instanz von SETCOVER, und wir bestimmen nun das duale LP. Im Primal gibt es zu jeder Gruppe S_i eine 0-1-Variable x_i. Und wie sieht das Dual des relaxierten LP für SETCOVER aus? Für jedes Objekt $u_j \in V$ gibt es darin eine Variable y_j.

LPs FÜR SetCover

Primal X (Nicht relaxiert)   Dual Y_{rel} (relaxiert)

minimiere $\displaystyle\sum_{i=1}^{m} x_i$	maximiere $\displaystyle\sum_{j=1}^{n} y_j$
gemäß $\displaystyle\sum_{i:\,u_j\in S_i} x_i \geq 1 \qquad \forall u_j \in V$	gemäß $\displaystyle\sum_{j:\,u_j\in S_i} y_j \leq 1 \qquad \forall S_i \in S$
$x_i \in \{0,1\} \qquad \forall i \in \{1,\dots,m\}$	$0 \leq y_j \leq 1 \qquad \forall j \in \{1,\dots,n\}$

Im Dual taucht jede einzelne Variable in höchstens Δ_S Nebenbedingungen auf, und jede Nebenbedingung besitzt höchstens G_S Variablen.

Die erste Anwendung der Dualität besteht darin, daß wir, dem *Dual Fitting* folgend, eine zulässige Lösung $\vec{y}$ für das Dual bestimmen und versuchen, Fakt 7.10(b) zu erfüllen. Da die x_i im ganzzahligen LP nur den Wert 0 oder 1 annehmen können, ist also die Aufgabe eines Approximationsalgorithmus, diejenigen x_i auf 1 zu setzen, die den komplementären Schlupf auf 0 bringen.

Entwurf: Dual Fitting

Der erste Algorithmus, den wir untersuchen, löst noch mit großer Laufzeit das relaxierte Dual optimal und baut nach der oben beschriebenen Methode des Dual Fitting aus der Lösung einen 0-1-Vektor für $\vec{x}$.

    ALGORITHMUS DualPurSC

        bestimme eine optimale Lösung $\vec{y}$ des relaxierten Duals Y_{rel};
        for $i := 1$ **to** m **do**
            if die $i$te Nebenbedingung des Duals ist scharf
                then $x_i := 1$ $\left\{ x_i = 1 \text{ und } \displaystyle\sum_{j:\,u_j\in S_i} y_j = 1, \text{ also } x_i = \displaystyle\sum_{j:\,u_j\in S_i} y_j \right\}$
                else $x_i := 0$;
        gib $(x_1,\dots,x_m)$ aus.

7.12 Satz:
Die Ausgabe von DualPurSC *beschreibt eine Überdeckung der relativen Güte* Δ_S. *Die Laufzeit ist* $O(m + L(nm, n))$

Beweis:
Würde es ein Objekt u_j geben, das nicht überdeckt wird, wäre für jedes $S_i \in S$ mit $u_j \in S_i$ die

Variable $x_i = 0$ und damit wegen der **if**-Abfrage die zugehörige $i$te Nebenbedingung des Duals, in der y_j auftaucht, nicht scharf. Dann könnte die Variable y_j aber noch vergrößert werden, da noch Schlupf da ist, und der Wert der Zielfunktion würde damit ebenfalls größer werden, im Widerspruch dazu, daß die berechnete duale Lösung optimal ist. Also beschreibt $(x_1, \ldots, x_m)$ eine Überdeckung.

Für jedes i mit $x_i = 1$ gilt $\sum_{j:\, u_j \in S_i} y_j = 1$. Also:

$$
\text{DUALPURSC}(S) = \sum_{i=1}^{m} x_i = \sum_{i:\, x_i=1} 1 = \sum_{i:\, x_i=1} \sum_{j:\, u_j \in S_i} y_j \overset{(*)}{\leq} \Delta_S \cdot \sum_{j=1}^{n} y_j
$$

$$
= \Delta_S \cdot \text{OPT}(Y_{\text{rel}}) \overset{(**)}{\leq} \Delta_S \cdot \text{OPT}(S)
$$

An $(*)$ wird benutzt, daß jedes y_j in höchstens Δ_S Nebenbedingungen vorkommen kann. $(**)$ gilt wegen Satz 7.11. $\qquad\square$

Konkret als Verbindung zwischen Primal und Dual wird im Beweis also die Beziehung $x_i = 1 = \sum_{j:\, u_j \in S_i} y_j$ genutzt, die zu der Abschätzung $z(\vec{x}) \leq \Delta_S \cdot \zeta(\vec{y})$ führt.

Diesen Algorithmus wenden wir nun auf die in Abbildung 7.3 dargestellte (kleine) Instanz von SETCOVER an. Eine mögliche optimale Lösung ist $S_{\text{cov}} = \{S_1, S_3\}$. Dazu formulieren wir das zugehörige Primal X und das entsprechende bereits relaxierte Dual Y_{rel}.

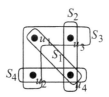

Abbildung 7.3: Eine Beispieleingabe; eine optimale Lösung: $S_{\text{cov}} = \{S_1, S_3\}$

LPs für die Eingabe aus Abbildung 7.3

Primal X (ganzzahlig)	Dual Y_{rel} (relaxiert)
min $\quad z(\vec{x}) = x_1 + x_2 + x_3 + x_4$	max $\quad \zeta(\vec{y}) = y_1 + y_2 + y_3 + y_4$
gemäß $\quad x_1 + \quad x_3 \quad\quad \geq 1 \quad$ (zu u_1)	gemäß $\quad y_1 + \quad\quad\quad y_4 \leq 1 \quad$ (zu S_1)
$x_3 + x_4 \geq 1 \quad$ (zu u_2)	$y_3 + y_4 \leq 1 \quad$ (zu S_2)
$x_2 + x_3 \quad\quad \geq 1 \quad$ (zu u_3)	$y_1 + y_2 + y_3 \quad\quad \leq 1 \quad$ (zu S_3)
$x_1 + x_2 + \quad x_4 \geq 1 \quad$ (zu u_4)	$y_2 + \quad y_4 \leq 1 \quad$ (zu S_4)
$x_1, x_2, x_3, x_4 \in \{0, 1\}$	$0 \leq y_1, y_2, y_3, y_4 \leq 1$

Eine mögliche optimale Lösung von X ist $\vec{x}_{\text{opt}}^{\mathrm{T}} = (1,0,1,0)$ mit einem Wert von OPT$(X) = z(\vec{x}_{\text{opt}}) = 2$. Diese entspricht der genannten Überdeckung $\{S_1, S_3\}$. Eine optimale Lösung des zugehörigen relaxierten LPs X_{rel} ist $\vec{x}^{\mathrm{T}} = (\frac{1}{3}, \frac{1}{3}, \frac{2}{3}, \frac{1}{3})$ mit einem Wert von OPT$(X_{\text{rel}}) = \frac{5}{3}$, und eine optimale Lösung von Y_{rel} ist $\vec{y}^{\mathrm{T}} = (\frac{1}{3}, \frac{1}{3}, \frac{1}{3}, \frac{2}{3})$ bei optimalem Wert OPT$(Y_{\text{rel}}) = \zeta(\vec{y}) = \frac{5}{3}$. Nachdem im Algrithmus DUALPURSC das Dual Y_{rel} gelöst worden ist, ist in jeder Nebenbedingung der duale Schlupf 0, d. h. der Algorithmus setzt jedes x_i auf 1 und gibt somit als Lösung die nichtoptimale Überdeckung $\{S_1, S_2, S_3, S_4\}$ aus.

Bezüglich der Laufzeit ist DUALPURSC keine Verbesserung gegenüber den bislang vorgestellten LP-basierten Verfahren DETROUNDSC und RANDROUNDINGSC, da wir noch immer ein LP lösen müssen. Davon gehen wir jetzt ab. Grundlegend dazu ist, daß, wie in der Abschätzung benutzt, $\zeta(\vec{y}) \le$ OPT(S) für alle zulässigen $\vec{y}$ ist. Eine optimale Lösung von Y_{rel} braucht $\vec{y}$ gar nicht zu sein! Wir betrachten jetzt den folgenden Algorithmus.

> ALGORITHMUS PRIMALDUALSC_I
>
> > **for** $j := 1$ **to** n **do** $y_j := 0$;
> > **for** $i := 1$ **to** m **do** $x_i := 0$; dualer_schlupf$[i] := 1$ **done** ;
> > **while** es ein nicht überdecktes Objekt u_j gibt **do**
> > > bestimme eine Gruppe S_i mit $u_j \in S_i$ mit minimalem dualer_schlupf$[i]$;
> > > $x_i := 1$;
> > > $y_j := $ dualer_schlupf$[i]$; $\left\{ \text{nun ist die } i\text{te Nebenbedingung scharf: } x_i = \sum\limits_{j:\, u_j \in S_i} y_j \right\}$
> > > **for** alle i' mit $u_j \in S_{i'}$ **do**
> > > > dualer_schlupf$[i'] := $ dualer_schlupf$[i'] - y_j$;
> >
> > **done** ;
> > gib $(x_1, \ldots, x_m)$ aus.

PRIMALDUALSC_I gibt für unser Beispiel aus Abbildung 7.3 eine optimale Überdeckung aus, nämlich $\{S_1, S_3\}$, und als Belegung der Variablen $\vec{x}^{\mathrm{T}} = (1,0,1,0)$ und $\vec{y} = (1,0,0,0)$.

Dieser Algorithmus startet also mit der zulässigen Lösung $\vec{y} = \vec{0}$ des Duals, bestimmt ein noch nicht überdecktes Objekt u_j und sucht unter allen Nebenbedingungen, in denen y_j auftaucht, diejenige (mit Nummer i) mit dem kleinsten Schlupf. Um diesen Schlupf erhöht er y_j, so daß die $i$te Nebenbedingung nun scharf ist. Um Fakt 7.10(b) zu erfüllen, wird $x_i = 1$ gesetzt, also die Gruppe S_i in das Cover übernommen. Schließlich wird der Schlupf aktualisiert. Beachte auch, daß die y_j immer nur 0 oder 1 sind.

7.13 Satz:

Die Ausgabe von PRIMALDUALSC_I *beschreibt eine Überdeckung der relativen Güte* Δ_S. *Die Laufzeit ist* $O(n \cdot m)$

Beweis:

Die **while**-Schleife kann bis zu n Mal wiederholt werden, die Bestimmung einer Gruppe mit minimalem dualen Schlupf innerhalb der Schleife dauert $O(m)$ Schritte, womit sich die Laufzeit von $O(n \cdot m)$ ergibt.

Da $\vec{y} = (y_1, \ldots, y_n)$ zu Beginn eine zulässige Lösung des Duals ist und da jeder Eintrag y_j nur höchstens einmal verändert wird, ist $\vec{y}$ auch zum Schluß eine zulässige Lösung.

Die Güte-Rechnung ist wie im Beweis zu Satz 7.12. □

Dieser Algorithmus kommt also ohne die explizite Lösung eines der beiden LPs aus und ist daher sehr viel schneller als DUALPURSC.

Aber es geht noch besser, wie der folgende Abschnitt zeigt. Wir erreichen mit dem Algorithmus dann deterministisch die Güte des randomisierten Verfahrens aus Abschnitt 7.4.

Analyse: Ein besserer, vermutlich sogar der bestmögliche Ansatz

PRIMALDUALSC_I reduziert den dualen Schlupf einer Nebenbedingung zu 0 durch Setzen einer einzigen Variablen y_j auf 1. Wenn man sich PRIMALDUALSC_I ansieht, erkennt man, daß man sich bei der Wahl des noch nicht überdeckten Objekts u_j sehr viel Freiheit nimmt, an u_j ist keine sonstige Bedingung geknüpft. Ein typischer Greedy-Ansatz würde nun aber nicht nur „irgendein" noch nicht überdecktes u_j aussuchen, sondern gleich die (genauer: eine) Gruppe S_i auswählen, die möglichst viele unüberdeckte auf einmal abdeckt. Um für dieses S_i im Primal $x_i = 1$ hinzubekommen, kann man nun den noch vorhandenen dualen Schlupf gleichmäßig auf alle in der $i$ten Nebenbedingung vorkommenden y_j verteilen, die noch keinen Wert zugewiesen bekommen hatten.

In der Tat erweist sich dieses Vorgehen als erfolgreich, die relative Güte dieses Verfahrens ist nur noch $\ln G_S + 1$. Leider ist die Analyse recht aufwendig und im Endeffekt sogar die nachfolgende Untersuchung. Sie wird in den Übungen behandelt. Im folgenden wird derselbe Algorithmus analysiert, aber anstatt daß wir von den Gruppen, die in die Überdeckung aufgenommen werden, fordern, daß die entsprechende duale Nebenbedingung scharf ist, konstruieren wir „nur noch" geschickt eine zulässige duale Lösung, die natürlich eng genug mit der Ausgabe verbunden ist. Wir wenden die Dualität also als Analysewerkzeug an. — Ü. 7.8

Sei $\mathcal{H}(n) = \sum_{i=1}^{n} \frac{1}{i}$ die $n$te harmonische Zahl. Eine eindrucksvoll genaue Analyse dieser Reihe ist in [Knu97, S. 114] zu finden. Für unsere Zwecke reicht, daß $\mathcal{H}(n) \leq \ln n + 1$ ist.

ALGORITHMUS PRIMALDUALSC_II

for $i := 1$ **to** m **do** $x_i := 0$;
$C := \emptyset$;   { in C sind die schon überdeckten Objekte }
while $C \neq V$ **do**

bestimme einen Index i mit $|S_i \setminus C|$ maximal;

$x_i := 1$;

for alle $u_j \in S_i \setminus C$ **do**

$$\text{preis}[u_j] := \frac{1}{|S_i \setminus C|}; \qquad \left\{ \Rightarrow x_i = 1 \text{ und } \sum_{u_j \in S_i \setminus C} \text{preis}[u_j] = 1 \right\}$$

$$y_j := \frac{1}{\mathcal{H}(G_S)} \cdot \text{preis}[u_j] \qquad \left\{ \text{d. h. } \mathcal{H}(G_S) \cdot y_j = \text{preis}[u_j] \right\}$$

done;

$C := C \cup S_i$

done;

gib $(x_1, \ldots, x_m)$ aus.

Die innere **for**-Schleife ist offensichtlich nicht für die Berechnung der Ausgabe notwendig, aber sie ist sehr nützlich für die Bestimmung der relativen Güte.

7.14 Satz:

Die Ausgabe von PRIMALDUALSC_II *beschreibt eine Überdeckung der relativen Güte* $\mathcal{H}(G_S)$. *Die Laufzeit ist* $O(n \cdot m)$.

Beweis:

Die **while**-Schleife kann maximal n Mal wiederholt werden, und die Bestimmung des Index i kann $O(m)$ Schritte dauern, weswegen sich die Laufzeit von $O(n \cdot m)$ ergibt.

In die nachfolgende Bestimmung der relativen Güte geht nun das Dualitätsprinzip stark ein.

Um Satz 7.11 anwenden zu können, zeigen wir zunächst, daß die y_j eine zulässige Lösung des Duals bilden. Anders als bei den anderen Verfahren ist das nämlich nicht mehr offensichtlich.

Betrachte die $i$te Nebenbedingung und die zugehörige Gruppe $S_i = \{u_{j_1}, \ldots, u_{j_k}\}$, wobei die Objekte aus S_i in der Reihenfolge $u_{j_1}, \ldots, u_{j_k}$ durch den Algorithmus überdeckt worden sein sollen. Beachte, daß $k \leq G_S$ ist. Nun schauen wir auf die Runde, in der u_{j_ℓ} überdeckt wird. Wäre S_i die Gruppe, die in der Runde gewählt wird, wären neben u_{j_ℓ} noch $k - \ell$ weitere Objekte unüberdeckt. Die tatsächlich gewählte, vielleicht noch mehr freie Objekte treffende Gruppe trifft also mindestens $k - \ell + 1$ noch unüberdeckte Objekte, unter ihnen u_{j_ℓ}. Also ist $\text{preis}[u_{j_\ell}] \leq \frac{1}{k-\ell+1}$ und damit

$$y_{j_\ell} \leq \frac{1}{\mathcal{H}(G_S)} \cdot \frac{1}{k-\ell+1} \ .$$

Nun haben wir für die $i$te Nebenbedingung des Duals

$$\sum_{\ell=1}^{k} y_{j_\ell} \leq \frac{1}{\mathcal{H}(G_S)} \cdot \sum_{\ell=1}^{k} \frac{1}{k-\ell+1} = \frac{\mathcal{H}(k)}{\mathcal{H}(G_S)} \leq 1 \ ,$$

die damit erfüllt erfüllt ist.

Für die Ausgabeüberdeckung gilt weiterhin:

$$\text{PRIMALDUALSC\_II}(\mathcal{S}) = \sum_{i=1}^{m} x_i \overset{(*)}{=} \sum_{j=1}^{n} \text{preis}(u_j) = \mathcal{H}(G_{\mathcal{S}}) \cdot \sum_{j=1}^{n} y_j \overset{(**)}{\leq} \mathcal{H}(G_{\mathcal{S}}) \cdot \text{OPT}(\mathcal{S})$$

Dabei wird an $(*)$ genutzt, daß $\bigcup_{i:x_i=1} S_i = V$ ist, und an $(**)$ der Satz 7.11 angewandt. □

Da $G_{\mathcal{S}} \leq n$ folgt unmittelbar:

7.15 Korollar:
PRIMALDUALSC_II *hat eine relative Gütegarantie von* $\ln n + 1$.

Zusammen mit unserer Beobachtung, daß HITTINGSET und SETCOVER äquivalente Probleme sind, und der Beobachtung, daß das Knotenüberdeckungsproblem VC eine Einschränkung von HITTINGSET auf Gruppen der Größe genau 2 ist, haben wir damit auch den Algorithmus GREEDYDEGVC aus Übung 3.16 (S. 63) analysiert.

Umgekehrt zeigt der dort angegebene $\Theta(\log n)$-Zeuge, daß die Aussage von Korollar 7.15 asymptotisch scharf ist.

Nun kann man unsere beiden PrimalDual-Algorithmen noch kombinieren, indem man beide Algorithmen laufen läßt und die kleinere Übedeckung ausgibt. Dieser Algorithmus hat dann eine relative Gütegarantie von $\min\{\Delta_{\mathcal{S}}, \ln G_{\mathcal{S}} + 1\}$.

Eine detailreiche Übersicht über Algorithmen für SETCOVER und weitere primal/dual-basierte Verfahren sind in [Hoc96a, GW96] zu finden.

Unmöglichkeitsergebnisse sind auch für die Approximation von SETCOVER bekannt. Allerdings ist die übliche Annahme P $\neq$ NP nicht hinreichend, man muß von einer anderen, etwas stärkeren Vermutung ausgehen, auf die wir aber in unserem Rahmen nicht näher eingehen wollen. Jedenfalls kann man unter dieser Annahme zeigen, daß SETCOVER nicht mit relativer Güte $\frac{1}{48} \log n$ approximiert werden kann. Eine ausführliche Darstellung ist in [AL96] zu finden.

7.6   Literatur zu Kapitel 7

[AL96]   S. Arora and C. Lund. Hardness of approximations. In D. S. Hochbaum, editor, *Approximation Algorithms for NP-Hard Problems*, pages 399–446. PWS, 1996.

[FS02]   U. Feige and G. Schechtman. On the optimality of the random hyperplane rounding technique for MAX CUT. *Random Structures & Algorithms*, 20:403–440, 2002.

[GJ79]   M. R. Garey and D. S. Johnson. *Computers and Intractability – A Guide to the Theory of NP-Completeness*. Freeman, New York, 1979.

[GW96]   M. X. Goemans and D. P. Williamson. The primal-dual method for approximation algorithms and its application to network design methods. In D. S. Hochbaum, editor, *Approximation Algorithms for NP-Hard Problems*, pages 144–191. PWS, 1996.

[Hoc96]   D. Hochbaum. Approximating covering and packing problems: set cover, vertex cover, independent set, and related problems. In D. S. Hochbaum, editor, *Approximation Algorithms for NP-Hard Problems*, pages 94–143. PWS, 1996.

[Knu97]   D. E. Knuth. *The Art of Computer Programming, Volume 1: Fundamental Algorithms.* Addison-Wesley, Reading, Massachusetts, 3rd edition, 1997.

[PS82]   C. H. Papadimitriou and K. Steiglitz. *Combinatorial Optimization: Algorithms and Complexity.* Prentice-Hall, 1982.

Übungen zu Kapitel 7

Aufgabe 7.1
Arithmetisiere die folgenden Probleme und beschreibe sie als ILP.

(a) RUCKSACK.

(b) Das Independent-Set-Problem IS (Abschnitt 3.2.1).

(c) Das Knotenüberdeckungsproblem VC (Übung 3.14).

(d) Minimaler Spannbaum.

Aufgabe 7.2
Sei Π ein kombinatorisches Minimierungsproblem,, sei für die Instanz $I \in \mathcal{D}X$ ein äquivalentes ganzzahliges (lineares oder quadratisches/semidefinites) Programm, und sei X_{rel} das relaxierte Programm.

Zeige: Das Integrality Gap γ der Relaxierung ist eine untere Schranke für die relative Güte ρ ist, wenn Π gemäß dem RUNDUNGSANSATZ approximiert wird.

Aufgabe 7.3
Beweise, daß SETCOVER und HITTINGSET unter dem Approximationsgesichtspunkt äquivalent sind, d. h. zeige folgendes: Genau dann, wenn es einen Algorithmus A gibt, der SETCOVER mit relativer Gütegarantie $\rho(n)$ approximiert, gibt es einen Approximationsalgorithmus B für HITTINGSET mit relativer Gütegarantie $\rho(n)$.

Bemerkung: Vergleiche diese Aussage mit dem Ergebnis aus Übung 3.14.

Aufgabe 7.4
Sei $k \in \mathbb{N}$. Für $\bar{b} \in \{0,1\}^k$, $\bar{b} \neq 0^k$ sei

$$S_{\bar{b}} = \left\{ \bar{a} \ \middle| \ \bigoplus_{i=1}^{k}(a_i \wedge b_i) = 1 \right\} \ .$$

Zeige:

(a) $|S_{\bar{b}}| = 2^{k-1}$

(b) $\bar{a}$, $\bar{a} \in \{0,1\}^k$ und $\bar{a} \neq 0^k$, kommt in genau 2^{k-1} Gruppen vor.

Aufgabe 7.5
Betrachte den folgenden, randomisierten Algorithmus zur Lösung des SETCOVER-Problems:

RANDROUNDINGSC_II

> löse das relaxierte LP für SETCOVER;
> $X := \emptyset$;
> **for** $i := 1$ **to** n **do**
>   mit Wahrscheinlichkeit x_i : $X := X \cup \{S_i\}$;
> gib X aus.

Als Rundungsfunktion wird also lediglich die Identität benutzt, die wir ja auch schon bei Max-SAT angewandt hatten. RANDROUNDINGSC_II wollen wir jeztzt analysieren.

(a) Berechne $E[|X|]$.

(b) Sei $u \in V$ ein beliebiger Knoten. Zeige: $\Pr[u \notin V(X)] \leq \dfrac{1}{e}$

   Hinweis: Benutze dazu Fakt 6.10(a).

   Wie groß ist damit die Wahrscheinlichkeit, daß X eine Überdeckung ist?

(c) Das Ergebnis aus (b) ist überhaupt nicht gut. Überlege Dir, wie Du aus RANDROUN-DINGSC_II einen Algorithmus machst, bei dem die Wahrscheinlichkeit, daß X eine Überdeckung ist, größer wird. Beachte, daß es nicht ausreicht, die letzten vier Zeilen „einfach" r Mal zu wiederholen und dann das beste Ergebnis zu nehmen.

   Bestimme nun die Lösungsqualität Deines Algorithmus und die Laufzeit.

Aufgabe 7.6

Gib konkret einen $\Omega(\log m)$-Zeugen gegen PRIMALDUALSC an.

Hinweis: Übung 3.16.

Aufgabe 7.7

Gegeben sei ein Monte-Carlo-Algorithmus A für ein Problem Π, und es gelte:

- Ob die Ausgabe von A eine zulässige Lösung zu Eingabe I ist, kann in Zeit $t(|I|)$ entschieden werden.

- $E[\text{Laufzeit}(I)] \leq T(|I|)$.

- $\Pr[\text{die Ausgabe von } A \text{ ist korrekt}] = \gamma(|I|)$

Gib einen Las-Vegas-Algorithmus für Π an, der mit erwarteter Laufzeit

$$\frac{T(|I|) + t(|I|)}{\gamma(|I|)}$$

immer eine zulässige Lösung zu I bestimmt.

Aufgabe 7.8

Betrachte folgenden Algorithmus:

ALGORITHMUS PRIMALDUALSC_GREEDY

    for $j := 1$ **to** n **do** $y_j := 0$;

    for $i := 1$ **to** m **do** $x_i := 0$; dualer_schlupf$[i] := 1$ **done**;

    $C := \emptyset$;

    while $C \neq V$ **do**

        bestimme einen Index i mit $|S_i \setminus C|$ maximal;

        $x_i := 1$;

        for alle $u_j \in S_i \setminus C$ **do** $y_j := \dfrac{\text{dualer\_schlupf}[i]}{|S_i \setminus C|}$;

        aktualisiere das Array dualer_schlupf ;

        $C := C \cup S_i$

    done;

    gib $(x_1, \ldots, x_m)$ aus.

Zeige, daß er eine relative Güte von $\mathcal{H}(G_S)$ garantiert.

Kapitel 8

Approximate Counting und die Monte-Carlo-Methode

Uns allen sind „kleine Volkszählungen" (Mikrozensus), die Ermittlung von Einschaltquoten für Fernsehsendungen, Befragungen über Konsumgüter und Meinungsumfragen, insbesondere die *Sonntagsfrage*[1], wohlvertraut. Es geht dabei mathematisch gesprochen darum, zuverlässig die Anzahl der Elemente einer Menge zu bestimmen, ohne aus Kostengründen die Menge insgesamt aufzuzählen. Es werden eben nicht alle Wahlbürger befragt, um das Ergebnis der Sonntagsfrage zu ermitteln, sondern lediglich eine repräsentative Teilmenge der Wahlbürger. D. h. die veröffentlichten Zahlen[2] sind eine Approximation des tatsächlichen Wertes.

In einem Teilgebiet der statistischen Physik wird untersucht, welche Eigenschaften die Materie hat, wenn man sie bestimmten Feldern aussetzt. Insbesondere ferromagnetische Eigenschaften und bestimmte Phänomene auf Kristalloberflächen sind sehr wichtig. Es hat sich herausgestellt, daß solche Eigenschaften durch kombinatorische Probleme wie Graphfärbbarkeit und Graphmatching (siehe [HL72]) modelliert werden können, und daß die Eigenschaften davon abhängen, wieviele – in unserer Terminologie – verschiedene zulässige Lösungen es zu einer Instanz I gibt. Diese Anzahl ist in der Regel exponentiell in der Größe der Beschreibung von I, weshalb eine Aufzählung der zulässigen Lösungen zur Bestimmung der Anzahl nicht in Betracht kommt, selbst wenn diese möglich wäre. Wir müssen uns also auch hier mit möglichst guten Abschätzungen zufrieden geben.

In diesem Kapitel werden wir die Monte-Carlo-Methode als wesentlichen Ansatz kennenlernen, die beschriebenen Zählprobleme approximativ zu lösen. Die Kunst besteht darin, zur Menge unbekannter Größe eine Obermenge, das *Universum*, bekannter Größe zu bestimmen, und

---

[1] „Welche Partei würden Sie wählen, wenn am kommenden Sonntag Bundestagswahl wäre?"

[2] Wie Wahlergebnisse oft beweisen, können die Umfrageergebnisse erheblich von dem tatächlichen Ausgang der Wahl abweichen. Wahlen können nicht durch statistische Befragungen ersetzt werden, insbesondere dann, wenn sie einen knappen Ausgang haben.

dann durch das Ziehen von Stichproben die unbekannte Größe abzuschätzen. Als wichtigen Begriff werden wir die *Expansion* vorstellen, die eine ähnliche Position einnimmt wie die Ganzzahligkeitslücke bei der Approximation mit Hilfe der Linearen Optimierung in Kapitel 7.

8.1   Kombinatorische Zählprobleme und #P-Vollständigkeit

Wir beginnen unsere Betrachtungen mit der formalen Definition kombinatorischer Zählprobleme: Wir wollen die Anzahl der zulässigen Lösungen berechnen.

8.1 Definition:
Bei einem *kombinatorischen Zählproblem* #Π ist ein kombinatorisches Optimierungsproblem Π gemäß Definition 1.2 (Seite 7) gegeben. Die Aufgabe besteht darin, die Anzahl #$(I) = |S(I)|$ der zu einer Probleminstanz I zulässigen Lösungen zu bestimmen.

Hier und im folgenden wird das Symbol „#" als *number* ausgesprochen. Es ist für ein Zählproblem unerheblich, ob das zugrundeliegende Optimierungsproblem ein Minimierungs- oder Maximierungsproblem ist.

Mit den vier in der nächsten Definition beschriebenen Zählproblemen werden wir uns in diesem Kapitel ausführlich auseinandersetzen. Ihnen ist gemeinsam, daß #$(I) \geq 1$ ist, und daß es einfach ist, irgendeine konkrete, meist triviale, zulässige Lösung zu konstruieren.

8.2 Definition:

(a) Beim *DNF-Zählproblem* (#DNF) ist eine Probleminstanz Ψ eine Boolesche (n,m)-Formel in Disjunktiver Normalform über den n Variablen $V = \{x_1, \ldots, x_n\}$, d. h. $\Psi = C_1 \vee \ldots \vee C_m$ und die Klauseln C_i sind Und-Formeln der Länge k_i aus Literalen x_j und $\bar{x}_k$. Der Einfachheit halber fordern wir, daß Variablen je Klausel höchstens einmal vorkommen. Eine zulässige Belegung ist eine Belegung $b_\Psi : V \to \{\text{TRUE}, \text{FALSE}\}$ der Variablen derart, daß Ψ erfüllt ist. Gesucht ist die Anzahl der zulässigen Belegungen.

(b) Sei $k \in \mathbb{N}$. Beim *Färbungen-Zählproblem* #COL$_k$ ist das Knotenfärbungsproblem gemäß Definition 2.3 auf Seite 19 gegeben. Ziel ist es, zum Eingabegraphen die Anzahl der zulässigen Knotenfärbungen zu bestimmen, bei denen höchstens k Farben benutzt werden.

(c) Beim *Rucksack-Zählproblem* #RUCKSACK ist das Rucksackproblem gemäß Defintion 1.3(b) auf Seite 8 gegeben. Gesucht ist die Anzahl der Rucksack-Füllungen, die die Rucksack-Kapazität nicht überschreiten.

(d) Beim Zählen unabhängiger Mengen #IS ist ein Graph gegeben und die Anzahl der unabhängigen Mengen (siehe Definition 3.10 auf Seite 47) gesucht.

Beachte, daß das dem DNF-Zählproblem zugrundeliegende kombinatorische Entscheidungsproblem nicht die Frage ist, ob die Eingabeformel Ψ erfüllbar ist, sondern die, ob es eine Belegung b der Variablen gibt, so daß $b(\Psi) = \text{FALSE}$ ist, also die Frage danach, ob $\overline{\Psi}$ erfüllbar ist. Dieses Problem ist NP-vollständig, wie man sich durch Anwendung der DeMorganschen Regeln auf Fragen zu SAT leicht überlegen kann. Das #DNF zugrundeliegende Optimierungsproblem ist ein Minimierungsproblem, man will so wenig Klauseln wie möglich erfüllen.

Wir werden in diesem Kapitel sehen, daß die ersten drei Probleme randomisiert beliebig genau approximiert werden können, während dies für #IS vermutlich nicht möglich ist.

Zählprobleme sind mindestens genauso schwer wie die entsprechenden Entscheidungsprobleme. Wenn wir beispielsweise die Zahl der erfüllenden Belegungen einer Eingabe von #DNF genau berechnen können, können wir auch entscheiden, ob es eine nichterfüllende Belegung gibt oder nicht.

Die Komplexitätsklasse #P enthält die Optimierungsprobleme, für die es polynomialzeitbeschränkte Algorithmen mit Hilfe (vgl. Seite 6) gibt, die für jede Probleminstanz I genausoviele verschiedene Zertifikate besitzt, wie es verschiedene zulässige Lösungen für I gibt. In unserem Zusammenhang können wir auch sagen, daß #P die Zählprobleme enthält, deren zugehörige Entscheidungsprobleme in NP sind. Der Vollständigkeitsbegriff kann mit Polynomialzeitreduktionen für #P übernommen werden, so daß #P-vollständige Probleme die „schwierigsten" Probleme in #P sind. Offensichtlich kann man nur dann #P-vollständige Probleme in Polynomzeit lösen, wenn P = NP ist[3]. #DNF ist #P-vollständig, was somit vermuten läßt, daß es keinen exakten Polynomzeit-Algorithmus für #DNF gibt.

Prominente klassische Zählprobleme, die in Polynomzeit gelöst werden können und darum vermutlich nicht #P-vollständig sind, sind die folgenden Probleme:

- Die Berechnung der Anzahl der Spannbäume eines Eingabegraphen. Die gesuchte Zahl ist die Determinante der Kirchhoff-Matrix (sie ist auch unter dem Namen Laplace-Matrix bekannt) des Graphen (siehe [Bol98, Abschnitt II.3]), die in polynomieller Zeit berechnet werden kann.

- Die Berechnung der Anzahl der verschiedenen Euler-Touren eines gerichteten Graphen (siehe [Tut84]);

- Die Berechnung der Anzahl der verschiedenen Matchings eines planaren Graphen (siehe [LP86]).

---

[3]Beachte, daß P = NP nicht P = #P zur Folge haben muß.

Jerrum [Jer03] nennt diese in Polynomzeit lösbaren Probleme die Ausnahmen, die die Regel bestätigen, daß nichttriviale Zählprobleme #P-vollständig sind.

Da sich also #P-vollständige Zählprobleme offenbar hartnäckig einer schnellen exakten Lösung entziehen, müssen wir uns damit zufrieden geben, die gesuchte Zahl schnell zu approximieren. Allerdings kennt man bis heute keine guten deterministischen Approximationsalgorithmen, erst durch den zusätzlichen Einsatz von Münzwürfen, d. h. den Einsatz von Randomisierung, kann man bislang gute Approximationsalgorithmen entwerfen.

Welch gibt in [Wel93] eine Übersicht über einige Zählprobleme und ihre Lösung.

8.2   Relative Gütegarantie, die Expansion und die Wahl des Universums

Sei #Π ein kombinatorisches Zählproblem. Wir werden im Rest dieses Kapitels erlauben, daß die Approximationsalgorithmen zur Bearbeitung der Zählprobleme Ausgaben berechnen, die größer oder kleiner als die gesuchte Zahl #(I) sein dürfen.

Wir passen die Definition 3.1 (Seite 35) eines Approximationsalgorithmus A mit relativer Güte $\rho_A(n)$ dergestalt an, daß wir im Quotienten OPT(I) durch #(I) ersetzen. Beachte, daß bei der individuellen relativen Güte

$$\rho_A(I) = \max\left\{\frac{A(I)}{\#(I)}, \frac{\#(I)}{A(I)}\right\} \tag{8.1}$$

beide Brüche relevant sind, da, wie erwähnt, $A(I)$ sowohl größer, als auch kleiner als der gesuchte Wert #(I) sein darf. $\rho_A(n)$ ist entsprechend der Definition 3.1 definiert. Mit $|I| = n$ ist

$$\frac{1}{\rho_A(n)} \cdot \#(I) \leq A(I) \leq \rho_A(n) \cdot \#(I) \ .$$

Als sehr erfolgreich zur approximativen Lösung von Zählproblemen hat sich der folgende Ansatz erwiesen: $S(I)$ wird zu einer Menge erweitert, deren Kardinalität bekannt ist. Dann wird abgeschätzt, wie stark die Erweiterung höchstens ist, und daraus eine Abschätzung von #(I) erzeugt.

8.3 Definition:
Sei I eine Instanz von #Π. Sei U_I eine Menge mit $S(I) \subseteq U_I$, deren Kardinalität bekannt ist. U_I wird *Universum* von $S(I)$ genannt. Sei

$$\xi = \frac{|U_I|}{\#(I)}$$

das Verhältnis der beiden Kardinalitäten. Wir nennen ξ die *Expansion* des Universums.

Beachte, daß $\xi \geq 1$ ist. Wenn wir eine obere Schranke s für die Expansion ξ haben, können wir aus dieser eine deterministische Abschätzung für $\#(I)$ ableiten, die eine *bessere* Güte als s garantiert, da es ja erlaubt ist, zu große oder zu kleine Werte als Schätzwert zurückzugeben. Der Schätzwert ist darum nicht $|U_I|$, sondern $|U_I|/\sqrt{s}$.

8.4 Satz:
Sei $\xi \leq s$. Dann approximiert $A(I) = \dfrac{|U_I|}{\sqrt{s}}$ den gesuchten Wert $\#(I)$ mit der relativen Güte $\sqrt{s}$.

Der Beweis ist eine einfache Übung. Es brauchen lediglich die beteiligten Parameter bzw. ihre   Ü. 8.2
Definitionen in die Gleichung (8.1) eingesetzt zu werden.

Satz 8.4 nutzen wir im folgenden, um #DNF zu approximieren. Sei also eine Boolesche (n,m)-Formel $\Psi = C_1 \vee \cdots \vee C_m$ in DNF gegeben. Die Variablenmenge sei $\{x_1, \ldots, x_n\}$, die Anzahl der Literale in C_j sei k_j. Gesucht ist die Anzahl $\#(\Psi)$ der Belegungen $u : \{x_1, \ldots, x_n\} \to \{\text{FALSE}, \text{TRUE}\}$ mit $u(\Psi) = \text{TRUE}$.

Zwei wichtige Eigenschaften sind,

(1) daß wir erfüllende Belegungen für Ψ ganz einfach bestimmen können, da es ausreicht, eine Klausel zu erfüllen, und

(2) daß wir die Anzahl $\#(C_j)$ der erfüllenden Belegungen einer einzelnen Klausel C_j unmittelbar berechnen können.

Als Beispiel betrachte in der Booleschen $(5,2)$-Formel

$$\Psi = (x_1 \wedge \bar{x}_2 \wedge x_3) \vee (x_1 \wedge \bar{x}_4 \wedge x_5)$$

in DNF die erste Klausel. Man kann die in ihr vorkommenden Variablen x_1, x_2 und x_3 so belegen, daß diese Klausel TRUE wird. Dafür gibt es genau eine Belegung, nämlich: $x_1 = x_3 = $ TRUE und $x_2 = $ FALSE. Die übrigen zwei Variablen x_4 und x_5 können dann beliebig gewählt werden, weswegen es in diesem Beispiel insgesamt $2^2 = 4$ Belegungen der Variablen $x_1, \ldots, x_5$ gibt, die die erste Klausel erfüllen[4]. Analog können wir für die zweite Klausel argumentieren, für die es ebenfalls 4 erfüllende Belegungen gibt. Doch die Zahl der erfüllenden Belegungen ist offensichtlich nicht die Summe der beiden Zahlen. Die Belegung $x_1 = x_3 = x_5 = $ TRUE und $x_2 = x_4 = $ FALSE erfüllt beide Klauseln und würde dann doppelt gezählt.

Allgemein gilt für einzelne Klauseln:

---

[4]Hier sieht man auch, warum wir in Definition 8.2 fordern, daß in einer Klausel eine Variable nicht mehrfach vorkommen darf.

8.5 Lemma:

Sei $C = l_1 \wedge \cdots \wedge l_k$ eine Klausel der Booleschen (n,m)-Formel Ψ in DNF aus k Literalen. Dann gibt es genau 2^{n-k} Belegungen, die C erfüllen, d. h. $\#(C) = 2^{n-k}$.

Sei k^* die Länge der kürzesten Klausel in Ψ. Mit Lemma 8.5 ist dann $\#(\Psi) \geq 2^{n-k^*}$.

Ein naheliegendes Universum ist die Menge aller möglichen Belegungen, d. h.

$$U_\Psi^{\text{blind}} = \{u \mid u : \{x_1, \ldots, x_n\} \rightarrow \{\text{FALSE}, \text{TRUE}\}\} \ ,$$

mit $|U_\Psi^{\text{blind}}| = 2^n$. Beachte, daß U_Ψ^{blind} nicht von den konkreten Klauseln von Ψ abhängt. Dies ist der Grund für den Namen dieses Universums.

Lemma 8.5 ergibt dann für die Expansion

$$\xi_{\text{blind}} = \frac{|U_\Psi^{\text{blind}}|}{\#(\Psi)} \leq \frac{2^n}{2^{n-k^*}} = 2^{k^*} \ .$$

Mit Satz 8.4 wissen wir, daß $\#(\Psi)$ durch

$$A_1(\Psi) = \frac{2^n}{\sqrt{2^{k^*}}} = 2^{n-k^*/2}$$

mit relativer Güte $\sqrt{2^{k^*}} = 2^{k^*/2}$ approximiert wird.

Leider kann diese Güte sehr groß sein, und wir können einen einfachen Zeugen gegen diese Abschätzung mit scharfer Abweichung angeben. Betrachten wir dazu für gerades n die zugegebenermaßen triviale $(n,1)$-Formel $\Psi_{\text{bad}} = x_1 \wedge \cdots \wedge x_{n/2}$. Es ist $k^* = n/2$. Mit Lemma 8.5 hat Ψ_{bad} genau $2^{n/2}$ erfüllende Belegungen. Bei der Wahl des Universums $U_{\Psi_{\text{bad}}}^{\text{blind}}$ ist $\xi_{\text{blind}} = 2^n / 2^{n/2} = 2^{n/2}$, der Schätzwert $A_1(\Psi_{\text{bad}}) = 2^{n-n/4} = 2^{(3/4) \cdot n}$ und die relative Abweichung $\rho'(\Psi_{\text{bad}}) = 2^{n/4}$.

Daß die Abschätzung $A_1(\Psi)$ so schlecht sein kann, liegt daran, daß die Expansion sehr groß sein kann. Bei der Konstruktion des Universums U_Ψ^{blind} werden alle nichterfüllenden Belegungen aufgenommen. Deswegen ist es wichtig, ein Universum anzugeben, das nicht viel größer als $S(\Psi)$ ist.

Im folgenden stellen wir die Konstruktion eines Universums U_Ψ^{clever} vor, die nur die erfüllenden Belegungen in Betracht zieht. Wir werden dieses Universum sehr genau beschreiben, obwohl es recht einfach ist, seine Kardinalität direkt zu bestimmen, da wir dieses Universum erfolgreich im Abschnitt 8.4 über die Monte-Carlo-Methode einsetzen werden.

Sei u eine Belegung der Variablen, die Ψ wahr macht. Wichtig an ihr ist, daß sie *mindestens* eine der Klauseln erfüllt. Wir brauchen uns gar nicht dafür zu interessieren, ob sie noch weitere Klauseln erfüllt. Wir richten unser Augenmerk darum nur noch auf die erste Klausel in Ψ, die von u erfüllt wird.

Dazu schreiben wir $S(\Psi)$ um und benutzen dann im weiteren eine *neue* Menge $S'(\Psi)$ von zulässigen Lösungen, die genausoviele Elemente wie $S(\Psi)$ enthält:

$$S(\Psi) \;=\; \bigcup_{j=1}^{m} \{u \mid u \text{ erfüllt } C_j\}$$

$$=\; \bigcup_{j=1}^{m} \{u \mid u \text{ erfüllt } C_j, \text{ aber kein } C_k, k < j\}$$

$$S'(\Psi) \;=\; \bigcup_{j=1}^{m} \{(u,j) \mid u \text{ erfüllt } C_j, \text{ aber kein } C_k, k < j\}$$

Offensichtlich ist $\#(\Psi) = |S(\Psi)| = |S'(\Psi)|$. Zu $S'(\Psi)$ können wir ein Universum angeben, das sehr viel kleiner sein kann als U_{Ψ}^{blind} und von der inneren Struktur von Ψ abhängt:

$$U_{\Psi}^{\text{clever}} \;=\; \{(u,j) \mid u \text{ macht } C_j \text{ wahr}\}$$

$$=\; \dot{\bigcup_{j=1}^{m}} \{(u,j) \mid u \text{ macht } C_j \text{ wahr}\}$$

Offensichtlich ist $S'(\Psi) \subseteq U_{\Psi}^{\text{clever}}$.

Was haben wir genau gemacht? Wir haben Belegungen, die Ψ nicht erfüllen, nicht in das Universum aufgenommen. In den Paaren $(u,j) \in U_{\Psi}^{\text{clever}}$ auftauchende Belegungen u sind ausschließlich erfüllend! Dadurch kommen u. U. erfüllende Belegungen u in verschiedenen Paaren (u,j) und (u,j') in U_{Ψ}^{clever} vor, aber keine kann mehr als m Mal vorkommen. In diesem Fall würde u jede der m Klauseln erfüllen. In der Beziehung zu $S'(\Psi)$ ignoriert das Universum, daß die der Belegung u zugeordnete Zahl j die *erste* Klausel in Ψ bezeichnet, die von u erfüllt wird.

Schön ist nun, daß wir $|U_\Psi|$ berechnen können, da wir oben eine disjunkte Vereinigung haben und da wir für eine einzelne Klausel mit Lemma 8.5 die Anzahl der erfüllenden Belegungen kennen. Es ist $|U_{\Psi}^{\text{clever}}| = \sum_{j=1}^{m} 2^{n-k_j}$.

Die Expansion, die, wie wir gesehen hatten, bei U_{Ψ}^{blind} exponentiell in n sein kann, ist hier garantiert klein, wie das folgende Expansionslemma zeigt.

8.6 Lemma: (Expansionslemma)
$$\xi_{\text{clever}} = \frac{|U_{\Psi}^{\text{clever}}|}{|S'(\Psi)|} \leq m \;\;.$$

Beweis:
Sei u eine Belegung, die Ψ erfüllt. In U_{Ψ}^{clever} wird an u die Nummer aller Klauseln angehängt, die u erfüllt, also ist $|U_{\Psi}^{\text{clever}}| \leq m \cdot S(\Psi)$, womit die Behauptung folgt. $\qquad\square$

Mit Satz 8.4 wissen wir, daß

$$A_2(\Psi) = \frac{1}{\sqrt{m}} \cdot \sum_{j=1}^{m} 2^{n-k_j}$$

den gesuchten Wert mit der relativen Güte $\sqrt{m}$ approximiert. Er kann offensichtlich in polynomieller Zeit in $|\langle \Psi \rangle|$ berechnet werden.

8.3   Randomisierte Approximationsschemata und Wahrscheinlichkeitsverstärkung

Für die Algorithmen, die wir im folgenden angeben wollen, fordern wir in Analogie zu den Approximationsschemata des Kapitels 4, daß sie beliebig nah an den gesuchten Wert herankommen können, also mit anderen Worten einen beliebig kleinen relativen Fehler garantieren können. Dies führt unmittelbar zu folgender Definition (vgl. dazu auch die Aussage von Bemerkung 3.3(c) auf Seite 37).

8.7 Definition:

Sei #Π ein kombinatorisches Zählproblem, und sei A ein Algorithmus, der als Eingabe eine Instanz I von #Π und ein ε, $0 < \varepsilon < 1$, bekommt, und die Zahl $A(I, \varepsilon)$ berechnet.

- A ist ein *polynomielles Zähl-Approximationsschema* (PASC) für #Π, falls A deterministisch ist, Laufzeit $O(\text{poly}(|I|))$ hat und gilt:

$$|A(I, \varepsilon) - \#(I)| \le \varepsilon \cdot \#(I) \ . \tag{8.2}$$

- A ist ein *streng* polynomielles Zähl-Approximationsschema (FPASC), falls A ein PASC ist mit der Laufzeit $O(\text{poly}(|I|, \frac{1}{\varepsilon}))$.

- A ist ein polynomielles *randomisiertes* Zähl-Approximationsschema (PRASC), falls A die Laufzeit $O(\text{poly}(|I|))$ hat und gilt:

$$\Pr[|A(I, \varepsilon) - \#(I)| \le \varepsilon \cdot \#(I)] \ge \frac{3}{4} \ . \tag{8.3}$$

- A ist ein *streng* polynomielles randomisiertes Zähl-Approximationsschema (FPRASC), falls A ein PRASC ist und die Laufzeit $O(\text{poly}(|I|, \frac{1}{\varepsilon}))$ hat.

- A ist ein (ε, δ)-FPRASC, wenn A ein FPRASC ist, zusätzlich die Eingabe δ, $0 < \delta < 1$, bekommt und in Zeit $O(\text{poly}(|I|, \frac{1}{\varepsilon}, \log(\frac{1}{\delta})))$ die Ausgabe $A(I, \varepsilon, \delta)$ berechnet mit

$$\Pr[|A(I, \varepsilon, \delta) - \#(I)| \le \varepsilon \cdot \#(I)] \ge 1 - \delta \ .$$

In allen Abkürzungen steht das „C" für *counting*. Wenn es klar ist, daß man ein kombinatorisches Zählproblem bearbeitet, läßt man die Vorsilbe „Zähl-" auch weg. Dieser Konvention folgen wir im weiteren.

Die Bedingung (8.2) besagt, daß der Algorithmus einen relativen Fehler von ε machen darf (vgl. Definition 3.1(d) auf Seite 35). Man kann diese Bedingung äquivalent zu $\left| \frac{A(I,\varepsilon)}{\#(I)} - 1 \right| \leq \varepsilon$ und $(1-\varepsilon) \cdot \#(I) \leq A(I,\varepsilon) \leq (1+\varepsilon) \cdot \#(I)$ umschreiben. Die erste Schreibweise ist direkt die Definition des relativen Fehlers, die zweite zeigt, daß $A(I,\varepsilon)$ in einem „relativen ε-Schlauch" um $\#(I)$ liegen muß. Die in der Definition gewählte Schreibweise ist nützlich, wenn wir mit Wahrscheinlichkeiten rechnen und in der Analyse die Tschebyscheffsche Ungleichung anwenden werden.

Beachte, daß die Laufzeit bei den strengen Approximationsschemata auch hier polynomiell nur in $1/\varepsilon$ sein muß, nicht in der Länge $\Theta(\log(1/\varepsilon))$ der Darstellung von ε. Eine strengere Definition hätte zur Folge, daß die Existenz eines solchen ganz strengen FPASC für ein #P-vollständiges Problem P = #P implizieren würde.   Ü. 8.5

Daß in der Bedingung (8.3) der Definiton der randomisierten Approximationsschemata die Wahrscheinlichkeit $\frac{3}{4}$ benutzt wird, ist willkürlich. Wichtig ist lediglich, daß der Wert größer als $\frac{1}{2}$ ist, daß es also wahrscheinlicher ist, daß man nah am gesuchten Wert ist, als daß man weit von ihm entfernt ist. Durch *Wahrscheinlichkeitsverstärkung* (engl.: *probability amplification* oder auch *probability boosting*) ist es möglich, jedes FPRASC in ein (ε, δ)-FPRASC zu verwandeln. Dazu braucht man das FPRASC nur $\Theta(\log(\frac{1}{\delta}))$ Mal zu wiederholen und den Mittelwert der berechneten Zahlen auszugeben, wie es der nachstehende Algorithmus AMPL macht.

ALGORITHMUS AMPL$(A; \varepsilon, \delta, I)$

> **for** $\tau := 1$ **to** T_δ **do**
> $\quad N_\tau := A(I, \varepsilon);$
> gib $\dfrac{1}{T_\delta} \cdot \displaystyle\sum_{\tau=1}^{T_\delta} N_\tau$ aus.

Welchen konkreten Wert wir für T_δ einsetzen können, werden wir im folgenden bestimmen. Dazu benutzen wir eine auf Chernoff zurückgehende Abschätzung, die in der Wahrscheinlichkeitsrechnung bei der Bestimmung von „Restwahrscheinlichkeiten" sehr nützlich ist. Einen Beweis findet man in [JVV86].

8.8 Lemma:

Für $m \in \mathbb{N}$, p mit $0 < p < 1$ und $k \in \mathbb{N}$ mit $k \geq pm$ gilt:

$$\sum_{i=k}^{m} \binom{m}{i} \cdot p^i \cdot (1-p)^{m-i} \leq \left(\frac{m \cdot (1-p)}{m-k} \right)^{m-k} \cdot \left(\frac{m \cdot p}{k} \right)^k$$

Damit können wir nun den folgenden Satz formulieren und beweisen.

8.9 Satz: (Wahrscheinlichkeitsverstärkung)

Sei #Π ein kombinatorisches Zählproblem und sei A ein FPRASC für #Π. Sei δ < 1. Mit $T_\delta = 8\lceil \ln(\frac{1}{\delta}) \rceil$ ist $\text{AMPL}(A; \varepsilon, \delta, I)$ *ein* (ε, δ)-*FPRASC für #Π.*

Beweis:

Damit der Mittelwert der T_δ Wiederholungen einen Fehler größer als ε bezogen auf $\#(I)$ hat, muß in mehr als der Hälfte der Wiederholungen ein Fehler von mehr als ε gemacht worden sein. Die Wahrscheinlichkeit, daß in einer Wiederholung der Fehler zu groß ist, ist $\frac{1}{4}$. Daß in einer festen Folge von Wiederholungen der Länge T_δ genau i Mal der Fehler zu groß ist, hat die Wahrscheinlichkeit $(\frac{1}{4})^i \cdot (\frac{3}{4})^{T_\delta - i}$. Es gibt genau $\binom{T_\delta}{i}$ solcher Folgen.

Damit erhalten wir:

$$
\begin{aligned}
\Pr\left[\left| \frac{1}{T_\delta} \cdot \sum_{\tau=1}^{T_\delta} N_\tau - \#(I) \right| > \varepsilon \cdot \#(I) \right] &\leq \sum_{i=T_\delta/2}^{T_\delta} \binom{T_\delta}{i} \cdot \left(\frac{1}{4} \right)^i \cdot \left(\frac{3}{4} \right)^{T_\delta - i} \\
&\leq \left(\frac{3}{2} \right)^{T_\delta/2} \cdot \left(\frac{1}{2} \right)^{T_\delta/2} = \left(\frac{3}{4} \right)^{T_\delta/2} \\
&= \left(\frac{3}{4} \right)^{4\ln(1/\delta)} = \delta^{4\ln(\frac{4}{3})} \leq \delta
\end{aligned}
$$

Das erste $\leq$ kommt daher, daß wir die Summe mit $T_\delta/2$ um 1 „zu früh" beginnen und daß Fehler sich ja sogar aufheben können. Beim zweiten $\leq$ wurde Lemma 8.8 angewandt und beim letzten, daß $\delta < 1$ ist.

Die Laufzeit von $\text{AMPL}(A; \varepsilon, \delta, I)$ ist somit $O(\log(\frac{1}{\delta}) \cdot \text{poly}(|I|, \frac{1}{\varepsilon}))$ und erfüllt also die Laufzeitbedingung eines (ε, δ)-FPRASC, womit der Satz bewiesen ist. □

Ü. 8.1 Zum Verständnis dieses Satzes finde im Beweis die Stelle, an der benötigt wird, daß die Wahrscheinlichkeit in Bedingung (8.3), einen Fehler von ε zu machen, größer als $\frac{1}{2}$ sein muß.

8.4   Die klassische Monte-Carlo-Methode

Ziel dieses Abschnitts ist es, ein streng polynomielles randomisiertes Approximationsschema für das Zählproblem #DNF anzugeben, das auf der klassischen Monte-Carlo-Methode basiert.

Die Monte-Carlo-Methode wurde in den 1940er-Jahren im Rahmen des Manhattan-Projekts entwickelt, um die zufällige Diffusion von Neutronen in spaltbarem Material zu simulieren. Nicholas Metropolis, einer der Wissenschaftler, die diese Methode entwickelten, beschreibt in [Met87], wie es zu diesem Verfahren kam.

8.4.1 Der Monte-Carlo-Algorithmus und das Estimator-Theorem

In diesem Abschnitt stellen wir den Monte-Carlo-Algorithmus und seinen Zusammenhang zu den kombinatorischen Zählproblemen vor.

Sei #Π ein Zählproblem, und sei zu jeder Instanz I ein Universum U_I gemäß Definition 8.3 gegeben, dessen Kardinalität bekannt ist. U_I wird auch der *Stichprobenraum* zu $S(I)$ genannt. $\xi = \frac{|U_I|}{\#(I)}$ ist die Expansion des Universums. Sei $\chi : U_I \to \{0,1\}$ die charakteristische Funktion von $S(I)$, d. h.

$$\chi(u) = \begin{cases} 1 & \text{falls } u \in S(I) \\ 0 & \text{sonst.} \end{cases}$$

Um die Monte-Carlo-Methode anwenden zu können. fordern wir zweierlei:

- Es gibt einen randomisierten Algorithmus UG, der in Polynomzeit in $|I|$ Elemente u aus U_I ausgibt, so daß für alle $u \in U_I$ gilt:

$$\Pr[u \text{ wird von UG ausgegeben}] = \frac{1}{|U_I|} \ .$$

  Die Ausgabe von UG heißt *Stichprobe* (engl.: *sample*) aus U_I. Ein derartiger Stichproben-Lieferant UG heißt *uniformer Generator*.

- Es gibt einen deterministischen Algorithmus BEANTWORTER, der χ in Polynomzeit in $|I|$ berechnet.

Wenn das dem Zählproblem zugrundeliegende Optimierungsproblem aus NPO stammt, gibt es den Algorithmus BEANTWORTER definitionsgemäß (Definition 5.1(a2b)).

Betrachte den folgenden *Monte-Carlo*-Algorithmus MC:

> ALGORITHMUS MC(T) ;
>
> > **for** $i := 1$ **to** T **do**
> > > (1) ziehe eine Stichprobe $u \in U_I$ mittels UG ;
> > > (2) $Y_i := \chi(u)$ mittels BEANTWORTER
> >
> > **done**;
> > $R := \frac{1}{T} \cdot \sum_{i=1}^{T} Y_i$;
> > gib $Z := R \cdot |U_I|$ aus.

Hier und im folgenden schreiben wir abkürzend MC(T) anstelle von MC($T;I$).

Es ist $E[Y_i] = \xi^{-1}$, da wir einen *uniformen* Generator zum Ziehen der Stichproben benutzen. Folglich ist $E[R] = \xi^{-1}$ und damit $E[\mathrm{MC}(T)] = E[Z] = \xi^{-1} \cdot |U_I| = \#(I)$, unabhängig von T. Also haben wir zusammenfassend:

8.10 Lemma:

  (a) $E[R] = \xi^{-1}$

  (b) $E[MC(T)] = \#(I)$

Genau genommen berechnet MC näherungsweise den Kehrwert der Expansion ξ. Da $|U_I|$ bekannt ist, können wir $\#(I)$ aus dem Näherungwert für die Expansion approximativ bestimmen. Der Algorithmus wird T-fach wiederholt, damit R und somit $MC(T)$ nah an den Erwartungswert herankommt. Wie groß ist die Abweichung vom Erwartungswert, wenn man T Stichproben nimmt, oder, andersherum gefragt, wie groß muß man T wählen, so daß die Abweichung vom Erwartungswert klein ist?

Die Berechnung von T erfolgt im Rahmen einer *Varianzanalyse*. Die elementaren Begriffe zu diesem sehr interessanten Gebiet finden sich im Anhang B.

8.11 Lemma:

  (a) $\mathrm{Var}[R] = \dfrac{\xi^{-1} \cdot (1 - \xi^{-1})}{T}$

  (b) $\mathrm{Var}[MC(T)] = |U_I|^2 \cdot \dfrac{\xi^{-1} \cdot (1 - \xi^{-1})}{T}$

Beweis:

(a) Da alle Y_i die gleiche Verteilung haben und 0-1-Zufallsvariablen sind, gilt für alle i (vgl. im Anhang Satz B.3(c)): $\mathrm{Var}[Y_i] = \xi^{-1} \cdot (1 - \xi^{-1})$. Damit ist:

$$\mathrm{Var}[R] = \mathrm{Var}\left[\frac{1}{T} \cdot \sum_{i=1}^{T} Y_i\right] = \frac{1}{T^2} \cdot \sum_{i=1}^{T} \mathrm{Var}[Y_i] = \frac{\xi^{-1} \cdot (1 - \xi^{-1})}{T}$$

(b) Das Ergebnis aus (a) setzen wir zur Berechnung von $\mathrm{Var}[MC(T)]$ ein:

$$\mathrm{Var}[MC(T)] = \mathrm{Var}[|U_I| \cdot R] = |U_I|^2 \cdot \mathrm{Var}[R] = |U_I|^2 \cdot \frac{\xi^{-1} \cdot (1 - \xi^{-1})}{T} \quad,$$

womit das Lemma bewiesen ist. $\qquad\qquad\qquad\qquad\qquad\qquad\qquad\qquad\qquad\qquad\square$

Diese beiden Lemmata ermöglichen es uns, eine konkrete Schranke für die Zahl der Stichproben zu bestimmen, so daß die Wahrscheinlichkeit, daß der Fehler der Ausgabe höchstens ε ist, mindestens $3/4$ ist. Der folgende Satz ist unter der Bezeichnung *Estimator-Theorem* der Monte-Carlo-Methode bekannt.

8.12 Satz: (Estimator-Theorem der Monte-Carlo-Methode)
Sei ε, $\varepsilon > 0$, beliebig, aber fest. Mit $T_\xi(\varepsilon) = \left\lceil \frac{4}{\varepsilon^2} \cdot (\xi - 1) \right\rceil$ gilt:

$$\Pr\big[\, |MC(T_\xi(\varepsilon)) - \#(I)| \leq \varepsilon \cdot \#(I) \,\big] \geq \frac{3}{4}$$

Beweis:

Mit der Tschebyscheffschen Ungleichung in der Version von Korollar B.5(b) auf Seite 194 und den Lemmata 8.10 und 8.11 haben wir:

$$\Pr[\,|\mathrm{MC}(T_\xi(\varepsilon)) - \#(I)| \geq \varepsilon \cdot \#(I)\,] \quad \leq \quad \frac{1}{\varepsilon^2} \cdot \frac{\mathrm{Var}[Z]}{E[Z]^2} = \frac{1}{\varepsilon^2} \cdot \frac{|U_I|^2 \cdot \frac{\xi^{-1} \cdot (1 - \xi^{-1})}{T_\xi(\varepsilon)}}{\#(I)^2}$$

$$= \quad \frac{1}{\varepsilon^2} \cdot \xi^2 \cdot \frac{\xi^{-1} \cdot (1 - \xi^{-1})}{T_\xi(\varepsilon)} = \frac{1}{\varepsilon^2} \cdot (\xi - 1) \cdot \frac{1}{T_\xi(\varepsilon)} \leq \frac{1}{4}$$

$\square$

Haben wir damit in $\mathrm{MC}(T_\xi(\varepsilon))$ „automatisch" ein FPRASC für sogar jedes Zählproblem, für das es ein Universum mit uniformem Generator und Beantworter gibt?

Leider ist das nicht der Fall. $T_\xi(\varepsilon)$ ist linear in der Expansion ξ und hängt damit vom *gesuchten* Wert $\#(I)$ ab. Um eine konkrete Zahl für $T_\xi(\varepsilon)$ anzugeben, muß ξ vorab abgeschätzt werden, was nicht immer möglich sein mag. In einer Implementierung kann dieses Problem umgangen werden, indem man das Ziehen der Stichproben dann beendet, wenn sich der Wert für R kaum noch ändert. Allerdings kann man dann vorab keine Garantie für die Laufzeit des Algorithmus abgeben.

Gravierender ist, daß ξ exponentiell groß sein kann. Wir hatten bei der Besprechung des Problems #DNF auf Seite 156 gesehen, daß das Universum U_Ψ^{blind} eine Expansion von $2^{n/2}$ haben kann, so daß der Monte-Carlo-Algorithmus zwar die gesuchte Anzahl approximieren kann, aber eine exponentielle Schrittzahl benötigt, um eine gute Näherung „mit zufriedenstellender Wahrscheinlichkeit" zu berechnen.

Da das Universum U_Ψ^{blind} nur von der Anzahl n der Variablen abhängt, aber nicht von der „inneren" Struktur der Eingabe Ψ selbst, benutzt man für einen derartigen Ansatz die Bezeichnung *blind sampling*.

Um das Estimator-Theorem erfolgreich anwenden zu können, benutzen wir das Universum U_Ψ^{clever} als Stichprobenraum, da dessen Expansion lediglich m ist. Das werden wir im nächsten Abschnitt machen.

8.4.2 #DNF und *Importance Sampling*

Sei $\Psi = C_1 \vee \ldots \vee C_m$ eine Boolesche (n, m)-Formel in DNF. Wir verwenden die oben beschriebene Menge $S'(\Psi) = \{(u, j) \mid u \text{ erfüllt } C_j, \text{ aber kein } C_k, k < j\}$, deren Kardinalität $\#(\Psi)$ ist, und das Universum $U_\Psi^{\mathrm{clever}} = \{(u, j) \mid u \text{ macht } C_j \text{ wahr}\}$.

Jetzt geben wir den BEANTWORTER für $S'(\Psi)$ und den uniformen Generator UG für U_Ψ^{clever} an.

Die charakteristische Funktion χ zu $S'(\Psi)$, die in MC benutzt werden soll, ist nun

$$\chi(\,(u,j)\,) = \begin{cases} 1 & \text{falls } j = \min\{k \mid u \text{ erfüllt } C_k\} \\ 0 & \text{sonst} \end{cases}$$

und kann offensichtlich in Zeit $O(m \cdot n)$ durch ein Programm BEANTWORTER berechnet werden. Diese Forderung zur Anwendung des Monte-Carlo-Algorithmus ist also erfüllt.

Jetzt müssen wir dafür sorgen, daß die Stichproben aus U_Ψ^{clever} alle mit der gleichen Wahrscheinlichkeit $\frac{1}{|U_\Psi^{\text{clever}}|}$ gezogen werden. Mit anderen Worten: Wir müssen einen uniformen Generator für U_Ψ angeben. Er muß im Gegensatz zum *blind sampling* unmittelbar von der Form von Ψ abhängen. Kurze Klauseln von Ψ haben sehr viele erfüllende Belegungen, weswegen diese Klauseln beim Stichprobenziehen bevorzugt werden müssen. Das macht man, indem man die Wahrscheinlichkeit, daß man auf eine Klausel C_j schaut, in Abhängigkeit von der Klausellänge k_j wählt.

> ALGORITHMUS UG
>
> (1) würfele ein $j \in \{1,\dots,m\}$ mit Wahrscheinlichkeit $\dfrac{2^{n-k_j}}{|U_\Psi^{\text{clever}}|}$;
>
> (2) setze die in C_j auftauchenden Variablen so, daß C_j wahr wird;
>
> (3) würfele eine Belegung der restlichen Variablen;
>
> (4) gib j und die teils berechnete, teils gewürfelte Belegung u aus.

8.13 Lemma:
Algorithmus UG *ist ein uniformer Generator für* U_Ψ^{clever}.

Beweis:
Es gilt

$$\Pr[(u,j) \in U_\Psi^{\text{clever}} \text{ wird gewählt}]$$
$$= \Pr[j \in \{1,\dots,m\} \text{ wird in (1) ausgewürfelt}$$
$$\wedge \text{ die } C_j \text{ erfüllende Belegung } u \text{ wird ausgegeben}]$$
$$\overset{(*)}{=} \frac{2^{n-k_j}}{|U_\Psi^{\text{clever}}|} \cdot \frac{1}{2^{n-k_j}} = \frac{1}{|U_\Psi^{\text{clever}}|} \quad .$$

An $(*)$ haben wir ausgenutzt, daß UG in (2) eine immer erfüllende Belegung konstruiert, und in (3) die Restbelegung auswürfelt[5]. Für die Wahrscheinlichkeit wird Lemma 8.5 genutzt. $\square$

Nun kombinieren wir alle Beobachtungen.

---

[5]Mache Dir klar, warum man die beiden Wahrscheinlichkeiten multiplizieren darf.

8.14 Satz:

Mit $S'(\Psi)$ (für Unterprogramm BEANTWORTER*) und U_{Ψ}^{clever} (für Unterprogramm* UG*) wie in diesem Abschnitt definiert gilt: Mit $T(\varepsilon,\delta) = \lceil m \cdot \frac{4}{\varepsilon^2} \ln \frac{2}{\delta} \rceil$ ist Algorithmus $\mathrm{MC}(T(\varepsilon,\delta))$ ein (ε,δ)-FPRASC für #DNF der Laufzeit $O(m^2 \cdot n \cdot \frac{1}{\varepsilon} \cdot \log \frac{1}{\delta})$.*

Beweis:

Gemäß dem Expansionslemma 8.6 ist $\xi_{clever} \leq m$ und gemäß Lemma 8.13 haben wir einen uniformen Generator für U_{Ψ}^{clever}. Diese Erkenntnisse können wir in Satz 8.12 einsetzen und haben nach Anwendung von Satz 8.9 den Satz bewiesen. □

Der in diesem Abschnitt behandelte Algorithmus stammt von Karp/Luby/Madras [KLM89]. Da U_{Ψ}^{clever} um die „wichtigen", d. h. die erfüllenden Belegungen herum entworfen wird, nennen diese Autoren ihren Ansatz *importance sampling*.

8.5 Die Markov-Ketten-Monte-Carlo-Methode

Wir stellen jetzt einen auf der Monte-Carlo-Methode des vorhergehenden Abschnitts basierenden Ansatz vor, der zur Lösung einer ganzen Reihe von Zählproblemen erfolgreich angewandt werden konnte: Die Markov-Ketten-Monte-Carlo-Methode. Er ist gewissermaßen eine Fortsetzung des Importance Sampling, da bei diesem Ansatz Stichproben ausschließlich aus $S(I)$ gezogen werden.

Wir beginnen damit, daß wir die benötigten Begriffe aus der Markov-Ketten-Theorie – für unsere Bedürfnisse entsprechend „abgespeckt" – vorstellen. Eine sehr gute Einführung in die Theorie der Markov-Ketten ist in Fellers Buch [Fel70] zu finden.

8.5.1 Ein Exkurs über Random Walks

Markov-Ketten beschreiben das gedächtnislose, zufallsgesteuerte Durchlaufen eines Graphen. Den Vorgang nennt man auch einen *Random Walk*. Markov-Ketten werden in der Analyse dynamischer Systeme sehr erfolgreich eingesetzt.

8.15 Definition:

Gegeben sei ein zusammenhängender, ungerichteter Graph $G = (V,E)$, in dem jeder Knoten eine Schleife (engl.: *self-loop*) haben kann, d. h. durch eine Kante mit sich selbst verbunden sein darf. Jeder Kante $\{u,w\} \in E$ sind Gewichte $p(u,w)$ und $p(w,u)$ aus $]0,1[$ so zugeordnet, daß für alle Knoten $u \in V$ gilt: $\sum_{w:\{u,w\}\in E} p(u,w) = 1$.

Die Funktion p kann als $|V| \times |V|$-Matrix $\mathfrak{M} = (m_{uw})$ geschrieben werden, in der $m_{uw} = p(u,w)$

ist, falls $\{u,w\} \in E$, und 0 sonst. $\mathfrak{M}$ beschreibt einen *Random Walk* auf G und wird auch *Markov-Kette* genannt.

Jede Zeile der Matrix $\mathfrak{M}$ summiert sich zu 1.

Ein Beispiel eines Random Walks zeigt Abbildung 8.1. Dort ist jeder Kante des $\Delta(G)$-regulären Graphen dasselbe Gewicht $1/\Delta(G)$ zugeordnet. Einen solchen Random Walk nennt man *uniform*. Wenn A_G die Adjazenzmatrix von G bezeichnet, dann ist bei einem uniformen Random Walk $\mathfrak{M} = \frac{1}{\Delta(G)} \cdot A_G$.

Die Ausdrücke Random Walk und Markov-Kette sind synonym. Da sich im Beispiel jede Zeile und jede Spalte von $\mathfrak{M}$ jeweils zu 1 addiert, ist $\mathfrak{M}$ hier eine *doppelt stochastische Matrix*.

Die Interpretation ist die, daß man sich zu Beginn des Random Walks auf einem Knoten u des Graphen befindet und dann je Schritt eine der Kanten mit Wahrscheinlichkeit $p(u,w)$ auswählt, über diese zum Knoten w wechselt und dann das Vorgehen wiederholt. Genau dies werden wir für unseren Monte-Carlo-Approximationsalgorithmus benutzen, um Stichproben beinahe uniform aus dem Universum zu ziehen. Die Knoten werden dabei zulässige Lösungen sein.

Bei unseren Untersuchungen werden wir uns besonders dafür interessieren, wie groß die Wahrscheinlichkeit ist, daß man sich zu einem Zeitpunkt t an einem Knoten u befindet. Dazu können wir jedem Zeitpunkt t, $t \geq 0$, einen $|V|$-dimensionalen stochastischen Vektor $\vec{v}^{(t)} = (v_1^{(t)}, \ldots, v_{|V|}^{(t)})$ zuordnen, so daß $v_u^{(t)}$ die Wahrscheinlichkeit bezeichnet, sich nach t Schritten beim Knoten u zu befinden. Die $\vec{v}^{(t)}$ sind Wahrscheinlichkeitsverteilungen.

Es gilt für $t > 0$: $\vec{v}^{(t+1)} = \vec{v}^{(t)} \cdot \mathfrak{M} = \vec{v}^{(0)} \cdot \mathfrak{M}^t$. Natürlich sind wir frei, für $\vec{v}^{(0)}$ einen *beliebigen* stochastischen Vektor als Anfang zuzulassen.

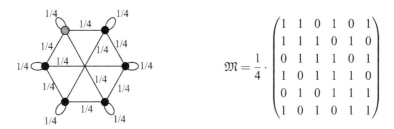

Abbildung 8.1: Ein ergodischer Random Walk auf einem 4-regulären Graphen mit Schleifen und die entsprechende Matrix $\mathfrak{M}$. Der schraffierte Knoten sei ein Startknoten. Die stationäre Verteilung ist $\vec{\pi} = (\frac{1}{6}, \frac{1}{6}, \frac{1}{6}, \frac{1}{6}, \frac{1}{6}, \frac{1}{6})$.

8.16 Definition:

Sei $\mathfrak{M}$ ein Random Walk auf einem zusammenhängenden, ungerichteten Graphen $G = (V, E)$.

Wenn der eindeutige Vektor $\vec{\pi} = \lim\limits_{t\to\infty} \vec{v} \cdot \mathfrak{M}^t$ für alle stochastischen, $|V|$-dimensionalen Vektoren $\vec{v}$ existiert, heißt $\mathfrak{M}$ *ergodisch* und $\vec{\pi}$ die *stationäre* Verteilung von $\mathfrak{M}$.

Der Begriff *stationär* kommt von der Eigenschaft von $\vec{\pi}$, ein Fixpunkt bzgl. der Multiplikation mit $\mathfrak{M}$ zu sein, d. h. daher, daß $\vec{\pi} = \vec{\pi} \cdot \mathfrak{M}$ ist.

Ist die Wahrscheinlichkeit, in endlich vielen Schritten von u nach w zu kommen, für alle Knoten u und w von 0 verschieden, wie dies auf einem zusammenhängenden Graphen der Fall ist, dann wird der Random Walk *irreduzibel* genannt. Ein Random Walk heißt *periodisch*, wenn es eine Anfangsverteilung $\vec{v}^{(0)}$ und ein $t > 1$ gibt, so daß $\vec{v}^{(0)} \cdot \mathfrak{M}^t = \vec{v}^{(0)}$ und $\vec{v}^{(0)} \cdot \mathfrak{M}^{t-1} \neq \vec{v}^{(0)}$.

Der Random Walk aus Abbildung 8.1 ist ergodisch. Abbildung 8.2 zeigt, daß es Random Walks auf schleifenfreien, regulären Graphen mit gerader Knotenzahl gibt, so daß $\mathfrak{M}$ oszilliert. Daß

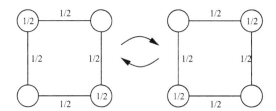

Abbildung 8.2: Ein nichtergodischer Random Walk. Er oszilliert zwischen den beiden gezeigten Verteilungen $\vec{v}_1 = (\frac{1}{2}, 0, \frac{1}{2}, 0)$ und $\vec{v}_2 = (0, \frac{1}{2}, 0, \frac{1}{2})$.

die Schleifen tatsächlich ausreichen, Markov-Ketten ergodisch zu machen, zeigt folgender Satz[6], der in Kurzform auch formuliert werden kann als: Irreduzible, aperiodische Random Walks sind ergodisch.

8.17 Satz:
Sei $G = (V, E)$ ein zusammenhängender, ungerichteter Graph mit Schleifen und $\mathfrak{M}$ ein Random Walk auf G mit $m_{uw} = 1/\deg(u)$. Dann gilt:

(a) $\vec{\pi} = \left(\frac{\deg(u_1)}{2|E|}, \ldots, \frac{\deg(u_{|V|})}{2|E|} \right)$

(b) Ist G regulär, so folgt aus (a): $\vec{\pi} = \left(\frac{1}{|V|}, \ldots, \frac{1}{|V|} \right)$

Der Beweis dieser Aussage ist eine einfache Übungsaufgabe.   Ü. 8.8

---

[6]In Wirklichkeit reicht es aus, daß die Taillenweite, d. h. die Länge des kürzesten Kreises in G, ungerade ist. Die Schleifen stellen sicher, daß diese Länge 1 ist.

Ab jetzt gehen wir immer davon aus, daß wir uniforme Random Walks auf zusammenhängenden, regulären Graphen mit Schleifen haben.

Die Aussage von Satz 8.17(b) bedeutet, daß jeder Knoten, unabhängig davon, wo man im regulären Graphen G startet, nach „unendlich langer" Zeit als Aufenthaltsort gleich wahrscheinlich ist. Die aus algorithmischer Sicht wichtige Frage ist die, wie lange man braucht, bis man „nah" bei der stationären Verteilung ist, d. h. die Aufgabe ist es, ein t so zu bestimmen, daß $\|\vec{v} \cdot \mathfrak{M}^t - \vec{\pi}\|$ nah bei 0 ist, unabhängig von $\vec{v}$. Dabei bezeichnet $\|.\|$ eine (beliebige) Vektornorm. Als sehr gut geeignet, die Nähe zur stationären Verteilung zu messen, erweist sich der *Variationsabstand* (engl.: *variation distance*), der für jeden Knoten $u \in V$ wie folgt definiert ist:

$$\delta_u(t) = \frac{1}{2} \cdot \sum_{w \in V} \left| \Pr[\mathfrak{M} \text{ gestartet in } u \text{ führt in } t \text{ Schritten nach } w] - \pi_w \right|$$

In unseren Betrachtungen werden nur Markov-Ketten mit $\pi_w = 1/|V|$ für alle $w \in V$ vorkommen.

Der Variationsabstand hat eine schöne Eigenschaft, die wir benötigen werden.

8.18 Lemma:
Sei $\mathfrak{M}$ ein Random Walk auf einem regulären zusammenhängenden Graphen $G = (V, E)$, und sei $W \subseteq V$. Dann ist

$$\frac{|W|}{|V|} - \delta_u(t) \leq E[\mathfrak{M} \text{ gestartet in } u \text{ ist nach } t \text{ Schritten an einem Knoten aus } W] \leq \frac{|W|}{|V|} + \delta_u(t).$$

Beweis:
Die stationäre Verteilung zu $\mathfrak{M}$ ist $\vec{\pi} = (\frac{1}{|V|}, \ldots, \frac{1}{|V|})$, d. h. $\pi_w = \frac{1}{|V|}$ für alle $w \in V$. Gemäß der Definition des Erwartungswertes gilt

$$E[\mathfrak{M} \text{ gestartet in } u \text{ ist nach } t \text{ Schritten an einem Knoten aus } W]$$

$$= \sum_{w \in W} \Pr[\mathfrak{M} \text{ gestartet in } u \text{ führt in } t \text{ Schritten nach } w]$$

$$= \sum_{w \in W} \left(\frac{1}{|V|} + \Pr[\mathfrak{M} \text{ gestartet in } u \text{ führt in } t \text{ Schritten nach } w] - \frac{1}{|V|} \right)$$

$$= \frac{|W|}{|V|} + \sum_{w \in W} (\Pr[\mathfrak{M} \text{ gestartet in } u \text{ führt in } t \text{ Schritten nach } w] - \pi_w) \ .$$

Ü. 8.9 Die letzte Summe liegt zwischen $-\delta_u(t)$ und $\delta_u(t)$, wie etwas leichtes Nachdenken zeigt, womit die Aussage folgt.   □

Beachte an dieser Aussage, daß die Abweichung des Erwartungswertes vom Grenzwert $|W|/|V|$ nicht von $|W|$ abhängt.

Als ein Beispiel für die Frage nach der Konvergenzgeschwindigkeit betrachte das Mischen von Karten. Die Knoten des Graphen sind die möglichen Anordnungen der Karten (d. h. in Informatik-Sprechweise „Konfigurationen"). Zwei Anordnungen sind durch eine Kante miteinander verbunden, wenn man durch einen Mischzug die eine in die andere überführen kann. Jeder solcher Übergang soll gleich wahrscheinlich sein. Satz 8.17(b) garantiert, daß, wenn man „unendlich lange" mischen würde, jede Anordnung gleich wahrscheinlich ist. Die Frage ist nur, wieviele Mischzüge tatsächlich durchgeführt werden müssen, um nah an die stationäre Verteilung zu kommen.

Aus diesem Kartenspiel-Beispiel hat man eine Bezeichnung für Markov-Ketten $\mathfrak{M}$ übernommen.

8.19 Definition:
Sei $\mathfrak{M}$ ein ergodischer Random Walk auf einem Graphen $G = (V,E)$. Sei $t(|V|,\varepsilon_0)$ so, daß für alle $u \in V$ und $t \geq t(|V|,\varepsilon_0)$ gilt: $\delta_u(t) \leq \varepsilon_0$. Die Zeit $t(|V|,\varepsilon_0)$ heißt die *Misch-Zeit* (engl.: *mixing time*) von $\mathfrak{M}$. Ist $t(|V|,\varepsilon_0) = \text{poly}(\log|V|, \frac{1}{\varepsilon_0})$, so nennt man $\mathfrak{M}$ eine *schnell mischende* (engl.: *rapidly mixing*) Markov-Kette.

Beachte, daß bei der Definition für „schnell mischend" die Laufzeit polylogarithmisch in $|V|$ gefordert ist. Das kommt daher, daß der Random Walk typischerweise in einem Konfigurationsraum eines Problems durchgeführt wird. Die Größe dieses Raumes ist ja gerade $|V|$. Nun kann und wird er natürlich exponentiell groß in der Beschreibung des Problems sein, so daß „polylogarithmisch in $|V|$" gerade „polynomiell in der Problemgröße" bedeutet. Bei einem Kartenstapel mit n verschiedenen Karten ist beispielsweise $|V| = n!$ und somit $\log|V| = \Theta(n \log n)$. Dieses Beispiel zeigt auch, daß man schon aus Platzgründen die Matrix $\mathfrak{M}$ nur selten wirklich hinschreiben wird, um sie zu analysieren. Stattdessen beschreibt man den Random Walk oder, genauer, die Kanten des Graphen durch einen Algorithmus, der definiert, wie man von einem Knoten zu einem anderen kommt. Im Karten-Misch-Beispiel wäre dies eine Anleitung für einen Mischzug.[7]

Da in unseren stationären Verteilungen alle Knoten gleich wahrscheinlich sind, muß bei einem schnell mischenden Random Walk für jeden Startknoten gelten, daß man schnell zu jedem anderen Knoten gelangen kann, d. h. der Durchmesser von G muß sehr klein sein.

Wegen Satz 8.17(b) ist es häufig sehr einfach, Markov-Ketten zu entwerfen, deren stationäre Verteilung eine Gleichverteilung der Knoten bedeutet. Die tatsächliche harte Arbeit, die auch

---

[7]Zumindest hier haben Kartenspieler Glück. Wenn ein einzelner Mischzug darin besteht, den Kartenstapel in zwei gleichgroße Stapel zu trennen und diese dann „amerikanisch" in Zeit $O(n)$ zu einem neuen Stapel zu mischen, dann ist nach $\frac{3}{2} \log n$ solcher Züge die Wahrscheinlichkeitsdifferenz zweier beliebiger Kartenfolgen höchstens $1/e \approx 0.368$. Die Misch-Zeit ist damit bloß logarithmisch in n. Bei 32 Karten braucht man also ca. 5 derartige Mischzüge.

über das Thema dieses Buchs hinausgeht, besteht darin, für Markov-Ketten zu beweisen, daß sie schnell mischen[8]!

8.5.2   Zählen zulässiger Knotenfärbungen

Wir betrachten jetzt das in Definition 8.2 vorgestellte Zählproblem #COL$_k$, dessen zugrundeliegendes Optimierungsproblem das in den Kapiteln 2 und 3 behandelte Knotenfärbungsproblem ist. Wir folgen der Darstellung in [Jer95, Jer98]. Dieses Zählproblem findet Anwendung in der statistischen Physik im Rahmen von Modellen für den Ferromagnetismus. Mit seiner Hilfe kann z. B. die Berechnung der Superfluidität, d. h. des Zustands einer Flüssigkeit, bei der sie jede innere Reibung verliert, angegangen werden.

Zuerst überlegen wir uns, daß der einfache *Blind-Sampling*-Monte-Carlo-Ansatz, bei dem der Stichprobenraum aus allen Abbildungen von Farben auf die Knoten besteht, zu exponentieller Laufzeit führt. Dazu betrachten wir den Graphen $G_{\exp}$, der für gerades n aus n Knoten und $m = n/2$ isolierten Kanten besteht, also ein perfektes Matching ist (siehe Abbildung 8.3), und wir setzen $k = 3$.

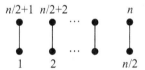

Abbildung 8.3: Der Graph $G_{\exp}$

Es gibt k^n Abbildungen von k Farben auf n Knoten, die offensichtlich nicht alle zulässige Färbungen sind. Also ist konkret $|U_{G_{\exp}}| = 3^n$. Die Zahl der zulässigen Färbungen ist

$$\#(G_{\exp}) = \left(2 \cdot \binom{k}{2}\right)^{n/2} = 6^{n/2} \ .$$

Die Expansion des Universums ist

$$\xi_{\exp} = \frac{3^n}{6^{n/2}} \approx 1.22^n \ ,$$

d. h. wir brauchen exponentiell viele Stichproben, wenn wir den Monte-Carlo-Algorithmus MC (siehe Seite 161) mit diesem Universum anwenden wollen.

Eine im folgenden sehr wichtige Forderung ist, daß der Grad $\Delta(G)$ des Eingabegraphen $G = (V, E)$ im Verhältnis zu k klein ist. Konkret heißt das, daß wir fordern, daß $k \geq 2\Delta(G) + 1$

---

[8]Eine in letzter Zeit erfolgreich hierfür eingesetzte Technik ist die des sog. *Path Coupling* [Bub00], die im wesentlichen von Russ Bubley, einem Wissenschaftler, der auf dem Gebiet des Approximate Counting arbeitet, entwickelt worden ist.

ist. Der Grund hierfür ist, daß wir k nicht zu klein wählen dürfen, wenn wir eine oder viele Knoten-k-Färbungen auswürfeln wollen, da ja die Entscheidungsvariante des Knotenfärbungsproblems für z. B. $k = 3$ NP-vollständig und es damit sehr schwierig ist, eine solche Knoten-k-Färbung zu bestimmen. Dagegen liefert uns der Approximationsalgorithmus GREEDYCOL aus Kapitel 2 (siehe Seite 22) immer eine Färbung mit höchstens $\Delta(G) + 1$ Farben. Daß wir sogar $k \geq 2\Delta(G) + 1$ fordern, liegt in der Analyse des weiter unten beschriebenen Random Walk begründet und wird für uns unsichtbar bleiben.

Im weiteren sei $n = |V|$, $m = |E|$ und die Kantenmenge $E = \{e_1, \ldots, e_m\}$ beliebig angeordnet. Wir gehen auch davon aus, daß $m \geq 1$ ist, daß also der Eingabegraph mindestens eine Kante hat.

In gewisser Weise können wir sagen, daß es umso schwieriger ist, eine Knotenfärbung mit wenigen Farben zu konstruieren, je mehr Kanten der betrachtete Graph hat. Darum betrachten wir folgende Konstruktion: Sei $G_m = G$ und sei, für $i \in \{m-1, \ldots, 0\}$, $G_i = (V, E_i)$ der Graph, den man erhält, wenn man die Kante e_{i+1} in G_{i+1} entfernt. Wir betrachten jetzt nicht nur das Zählproblem G, sondern sogar alle Zählprobleme $G_m, \ldots, G_0$. Ausgangspunkt unseres Lösungsverfahrens wird sein, daß wir wissen,

(a) daß $\#(G_0) = k^n$ ist, da im Graphen ohne Kanten jede Zuordnung von k Farben zu n Knoten eine zulässige Färbung ist,

(b) daß $\#(G_m) = \#(G)$ der gesuchte Wert ist,

(c) und daß $S(G_m) \subseteq S(G_{m-1}) \subseteq \cdots \subseteq S(G_1) \subseteq S(G_0)$ ist.

Diese drei Punkte bilden die *Schalen-Eigenschaft* des Problems: $S(G_{i+1})$ wird als Universum für $S(G_i)$ benutzt. Mit (a) und (b) können wir schreiben:

$$\#(G) = \#(G_m) = \frac{\#(G_m)}{\#(G_{m-1})} \cdot \frac{\#(G_{m-1})}{\#(G_{m-2})} \cdot \ldots \cdot \frac{\#(G_1)}{\#(G_0)} \cdot \underbrace{\#(G_0)}_{=k^n} \tag{8.4}$$

D. h. also, daß das Zählproblem für die Instanz G_i gelöst werden kann, wenn es für G_{i-1} gelöst werden kann. Der Punkt (c) ist wichtig für den noch zu beschreibenden Random Walk. Wegen der Schalen-Eigenschaft sagt man auch, daß das Zählproblem *selbstreduzierbar* ist. Mit $\xi_i = \#(G_{i-1})/\#(G_i)$ ist $\#(G) = k^n \cdot \prod_{i=1}^{m} \xi_i^{-1}$ ist.

Wie das nächste Lemma zeigt, hält sich der Zuwachs an Färbungen durch das Löschen einer einzelnen Kante in Grenzen: Die Anzahl der zulässigen Färbungen kann sich nicht mehr als verdoppeln.

8.20 Lemma: (Expansionslemma)

Für alle $i \in \{1, \ldots, m\}$ *gilt:*

$$\frac{\#(G_{i-1})}{\#(G_i)} = \xi_i \leq 2$$

Beweis:

Sei $e_i = \{u, w\} \in E_i$ die Kante, die in $G_i = (V, E_i)$ gelöscht wird, um G_{i-1} zu erhalten. u möge in einer beliebigen, aber festen Numerierung der Knoten vor w kommen.

Wir zeigen, daß $|S(G_{i-1}) \setminus S(G_i)| \leq |S(G_i)|$ ist.

Sei $C \in S(G_{i-1}) \setminus S(G_i)$. C färbt die Knoten u und w gleich, denn sonst wäre sie in $S(G_i)$. C kann in eine Färbung aus $S(G_i)$ verwandelt werden, indem man u mit einer von mindestens $k - \deg_{G_i}(u) \geq 1$ freien Farben färbt.

Andererseits kann jede Färbung $C' \in S(G_i)$ auch nur auf eine einzige solche Art aus einer Färbung $C \in S(G_{i-1}) \setminus S(G_i)$ konstruiert werden, denn die Farbe $C'(w)$ bestimmt bereits die Farben von u und w in C. Damit ist $|S(G_{i-1}) \setminus S(G_i)| \leq |S(G_i)|$.

Da $|S(G_{i-1})| = |S(G_{i-1}) \setminus S(G_i)| + |S(G_i)|$, folgt $2 \cdot \#(G_i) \geq \#(G_{i-1})$, womit die Behauptung bewiesen ist.   □

Betrachte nun den folgenden Algorithmus FÄRBUNGENZÄHLEN$_k$ mit den beiden Unterprogrammen Markov$_t$ und Verhältnis:

procedure Markov$_t(G)$;

    $C := \text{GREEDYCOL}(G)$;

    for $j := 1$ **to** $\boxed{t}$ **do**

        würfle Knoten $u \in V$ und Farbe $c \in \{1, \dots, k\}$;

        $C' := $ ersetze in C die Farbe von u durch c ;

        if C' zulässige Färbung **then** $C := C'$

    done ;

    gib C aus.

procedure Verhältnis(i) ;

    for $\tau := 1$ **to** $\boxed{T}$ **do**

        $C := \text{Markov}_t(G_{i-1})$;

        if $C \in S(G_i)$

        then $X_\tau^{(i)} := 1$

        else $X_\tau^{(i)} := 0$

    done ;

    gib $R_i := \dfrac{1}{T} \cdot \sum_{\tau=1}^{T} X_\tau^{(i)}$ aus.

ALGORITHMUS FÄRBUNGENZÄHLEN$_k(G, \varepsilon)$;

    $m := |E|$; $n = |V|$;

    $G_m := G$;

    for $i := m$ **downto** 1 **do**

        $G_{i-1} := $ lösche Kante e_i in G_i ;

        $R_i := \text{Verhältnis}(i)$

    done ;

    $Z := \prod_{i=1}^{m} R_i$;

    gib $k^n \cdot Z$ aus.

In diesem Algorithmus sind zwei Parameter noch unbestimmt, nämlich t in Markov$_t$ und T in Verhältnis. Im Rest dieses Abschnitts werden wir diese so festlegen, daß FÄRBUNGENZÄHLEN$_k$

ein FPRASC für #COL_k wird.

Das Unterprogramm Markov$_t$ beschreibt einen Random Walk auf dem Graphen $\mathcal{G}(G)$, dessen Knotenmenge die Menge der zulässigen Färbungen des Graphen G ist[9]. Der Random Walk beginnt bei der Färbung $C_0(G)$, die der Algorithmus GREEDYCOL(G) aus Abschnitt 2.1.1 berechnet. Die Kanten sind durch den Algorithmus definiert. Eine neue zulässige Färbung wird ermittelt, indem ein Knoten u und eine Farbe c ausgewürfelt werden. Erhält man durch Umfärben von u zur Farbe c eine zulässige Knotenfärbung, so wird zu dieser Färbung gewechselt, sonst bleibt man bei der aktuellen Färbung. Dieses Vorgehen wird t Mal wiederholt.

$\mathcal{G}(G)$ ist zusammenhängend, da vom Startknoten jede andere zulässige Lösung erreicht und damit auch *jede* zulässige Lösung in jede andere zulässige Lösung überführt werden kann[10]. Mit anderen Worten: Dieser Random Walk ist irreduzibel.

Die Wahrscheinlichkeit, von einer Färbung C zu einer Färbung $\hat{C}$ zu wechseln, ist offensichtlich gleich der, von $\hat{C}$ nach C zu gelangen, d. h. die zugehörige Matrix $\mathfrak{M}$ ist symmetrisch.

Da c auch die aktuelle Farbe von v sein kann, ist sichergestellt, daß jeder Knoten mindestens eine Schleife hat. Der Random Walk ist also aperiodisch.

Durch die **if**-Abfrage ist sichergestellt, daß ausschließlich Färbungen aus $S(G)$ ausgegeben werden. Ebenso ist sie dafür verantwortlich, daß der Graph $\mathcal{G}(G)$ genau $(|V| \cdot k)$-regulär ist. Allerdings müssen wir dazu zulassen, daß, wann immer die **if**-Abfrage ergibt, daß C' keine zulässige Färbung ist, dies als zusätzliche Schleife am entsprechenden Knoten C gezählt wird. Würde man die Matrix $\mathfrak{M}$ aufstellen, würde es ausreichen, für jeden solchen auftretenden Fall zum entsprechenden Diagonaleintrag $\frac{1}{|V| \cdot k}$ zu addieren.

Damit haben wir unter Anwendung von Satz 8.17(b):

8.21 Lemma:
Für $t \to \infty$ gilt: Markov$_t(G)$ gibt jede zulässige Knotenfärbung mit höchstens k Farben von G mit Wahrscheinlichkeit $1/\#(G)$ aus.

Wir könnten Markov$_t(G)$ also wie einen uniformen Generator benutzen, wenn t nicht gegen unendlich gehen müßte. Sei für beliebig kleines ε_0, $0 < \varepsilon_0 < 1$, $t = t(G, \varepsilon_0)$ die Misch-Zeit der Markov-Kette, d. h. ein Zeitpunkt, zu dem der Random Walk gestoppt werden kann, weil ab diesem Zeitpunkt mit $t' \geq t$ gilt:

$$\frac{1}{2} \cdot \sum_{C \in S(G)} \left| \Pr[\text{Markov}_{t'}(G) \text{ gibt die Färbung } C \text{ aus}] - \frac{1}{\#(G)} \right| = \delta_{C_0(G)}(t') \leq \varepsilon_0 \ .$$

---

[9]Nicht verwirren lassen: Der Random Walk wird nicht auf dem Eingabegraphen G durchgeführt, sondern auf den geeignet untereinander verbundenen Elementen der Menge der zulässigen Färbungen.

[10]Dies gilt, da wir immer eine freie Farbe zum Umfärben von u haben. Im Fall $k = \Delta(G) + 1$ können wir das nicht immer garantieren, deshalb ist der Random Walk nur für $k \geq \Delta(G) + 2$ ergodisch.

Wegen der um insgesamt ε_0 etwas „verschobenen" Wahrscheinlichkeiten heißt Markov$_t$ *bei-nahe* uniformer Generator (engl.: *near-uniform generator*), und ε_0 wird die *Perturbanz* der Ausgabe genannt.

Jerrum konnte zeigen, daß Markov$_t$ schnell mischt.

8.22 Satz: ([Jer95, Jer98])
Sei $G = (V, E)$ ein Graph mit $2\Delta(G) + 1 \leq k$. Die Misch-Zeit von Markov$_t(G)$ *ist*

$$ t(G, \varepsilon_0) = \left\lceil \frac{k - \Delta(G)}{k - 2\Delta(G)} \cdot |V| \cdot \ln\left(\frac{|V|}{\varepsilon_0}\right) \right\rceil \quad . $$

Der Beweis dieser Aussage gehört nicht in den Zusammenhang von Approximationsalgorithmen, sondern in die Markov-Ketten-Theorie.

Um diesen Satz anwenden zu können, müssen wir fordern, daß $k \geq 2\Delta(G) + 1$ ist.

Allerdings: Was hilft uns überhaupt ein beinahe uniformer Generator für die Menge der zulässigen Färbungen von G? In der Monte-Carlo-Methode benötigen wir schließlich den uniformen Generator, um Stichproben aus dem Universum mit *bekannter* Größe zu ziehen, nicht, um an zufällige zulässige Lösungen zu kommen.

Dies ist die Stelle, an der wir die Gleichung (8.4) und die Beziehung (c) der Schalen-Eigenschaft benutzen!

Wir hatten auf Seite 161 bei der Diskussion von Algorithmus MC gesehen, daß MC eigentlich den Kehrwert $\xi^{-1} = \#(I)/|U_I|$ der Expansion approximiert, wenn man lediglich R ausgeben würde. Dafür brauchen wir weder $\#(I)$ noch $|U_I|$ zu kennen! Darum wählen wir jetzt als Universum, aus dem die Stichproben gezogen werden, die Menge $S(G_{i-1})$ und als „zu untersuchende" Menge $S(G_i)$ und wenden den angepaßten Algorithmus MC an, um $\xi_i^{-1} = \#(G_i)/\#(G_{i-1})$ zu bestimmen[11]. So erhalten wir unmittelbar die Prozedur Verhältnis(i), die eine direkte Umsetzung der Monte-Carlo-Methode ist. Für jede einzelne Expansion ξ_i ist mit Lemma 8.20 $\xi_i \leq 2$, was für die Anwendung des Estimator Theorems sehr gut ist.

Wenn wir ξ_i für alle i bestimmen, können wir $\#(G)$ gemäß Gleichung (8.4) einfach berechnen. Das wird schließlich in Algorithmus FÄRBUNGENZÄHLEN$_k$ gemacht. In die Analyse müssen wir die Perturbanz ε_0 mit einbeziehen. Die Zufallsvariablen des Algorithmus, die wir nun genau

---

[11]Mark Jerrum von der University of Edinburgh, der 1996 zusammen mit Alistair Sinclair für seine Arbeit über das Zählen von Matchings in Graphen (vgl. Abschnitt 8.5.3) mit dem Gödel-Preis ausgezeichnet wurde, erklärte in einer Pressemitteilung den Einsatz von Random Walks zur Bestimmung solcher Verhältnisse mit schnell mischenden Markov-Ketten so: "Suppose we take as our mental picture of a 'Markov chain' a perfect drunk executing a random walk around an ideal City of Edinburgh. Then the 'mixing time' is roughly the number of steps that the drunk would need to take until the ratio of total time spent North and South of Princes Street approximates to the ratio of the respective areas North and South." Die Rolle der Princes Street übernimmt bei uns die Grenze zwischen G_{i-1} und G_i.

untersuchen, sind die R_i und Z.

Um das weitere Rechnen zu vereinfachen, setzen wir die Werte für T und ε_0 fest. Ihre Wahl erfolgt so, daß es erst im Nachhinein klar wird, warum sie so durchgeführt wurde. Wir wählen

$$T = \frac{74m}{\varepsilon^2} \qquad \text{und} \qquad \varepsilon_0 = \frac{\varepsilon}{6m} \quad .$$

Aus der Wahl für ε_0 folgt als Festlegung für t: $t = \left\lceil \frac{k-\Delta(G)}{k-2\Delta(G)} \cdot n \cdot \ln\left(\frac{6nm}{\varepsilon}\right) \right\rceil = O\left(n \cdot \ln\left(\frac{6nm}{\varepsilon}\right)\right)$. Beachte, daß k in der O-Notation nicht auftaucht.

8.23 Lemma: (Erwartungswerte der R_i und Z)

(a) Für alle $i \in \{1, \dots, m\}$ ist

$$\left(1 - \frac{\varepsilon}{3m}\right) \cdot \xi_i^{-1} \leq E[R_i] \leq \left(1 + \frac{\varepsilon}{3m}\right) \cdot \xi_i^{-1} \quad .$$

(b)

$$\left(1 - \frac{\varepsilon}{2}\right) \cdot \#(G) \leq E[\text{FÄRBUNGENZÄHLEN}_k(G, \varepsilon)] = k^n \cdot E[Z] \leq \left(1 + \frac{\varepsilon}{2}\right) \cdot \#(G)$$

Beweis:

(a) Es ist $E[R_i] = E[\text{Verhältnis}(i)] = E[X_\tau^{(i)}]$. Aus Lemma 8.18 folgt: $\xi_i^{-1} - \varepsilon_0 \leq E[X_\tau^{(i)}] \leq \xi_i^{-1} + \varepsilon_0$. Da $\xi_i^{-1} \geq \frac{1}{2}$, ist $\varepsilon_0 = \frac{\varepsilon}{6m} = \frac{1}{2} \cdot \frac{\varepsilon}{3m} \leq \xi_i^{-1} \cdot \frac{\varepsilon}{3m}$, womit die Aussage folgt.

(b) Mit $E[Z] = \prod_{i=1}^m E[R_i]$, $k^n \cdot \prod_{i=1}^m \xi_i^{-1} = \#(G)$ und (a) folgt direkt

$$\left(1 - \frac{\varepsilon}{3m}\right)^m \cdot \#(G) \leq k^n \cdot E[Z] \leq \left(1 + \frac{\varepsilon}{3m}\right)^m \cdot \#(G) \quad .$$

Nun gilt mit Übung 8.7   Ü. 8.7

$$\left(1 - \frac{\varepsilon}{3m}\right)^m \geq 1 - \frac{\varepsilon}{2} \quad \text{und} \quad \left(1 + \frac{\varepsilon}{3m}\right)^m \leq 1 + \frac{\varepsilon}{2} \quad ,$$

womit (b) gezeigt ist.   □

D. h. im Gegensatz zur Benutzung eines uniformen Generators liegen bei Verwendung eines Random Walks zum Stichprobenziehen die Erwartungswerte etwas neben den gewünschten Werten.

Aus Lemma 8.23(a), $\varepsilon \in [0, 1]$ und $\xi_i^{-1} \geq \frac{1}{2}$ folgt $E[R_i] \geq \frac{1}{3}$.

Wie bei der Monte-Carlo-Methode üblich, wird die Abweichung vom Erwartungswert von der Anzahl der Stichproben beeinflußt und durch die Varianz beschrieben.

8.24 Lemma: (Varianzen der R_i und Z)

(a) *Für alle* $i \in \{1, \ldots, m\}$ *ist* $\qquad\qquad$ (b)

$$\frac{\mathrm{Var}[R_i]}{E[R_i]^2} \leq \frac{\varepsilon^2}{37m} \quad . \qquad\qquad\qquad\qquad \frac{\mathrm{Var}[Z]}{E[Z]^2} \leq \frac{\varepsilon^2}{36}$$

Beweis:

(a) Da die $X_\tau^{(i)}$ alle die gleiche Verteilung haben, gilt

$$\mathrm{Var}[R_i] = \mathrm{Var}\left[\frac{1}{T}\sum_{\tau=1}^{T} X_\tau^{(i)}\right] = \frac{1}{T^2}\sum_{\tau=1}^{T}\mathrm{Var}[X_\tau^{(i)}] = \frac{1}{T}\cdot\mathrm{Var}[X_1^{(i)}] \quad .$$

$X_1^{(i)}$ ist eine 0-1-Zufallsvariable, weswegen $\mathrm{Var}[X_1^{(i)}] = E[X_1^{(i)}]\cdot(1 - E[X_1^{(i)}])$ ist. Mit $E[R_i] = E[X_1^{(i)}]$ und $E[R_i] \geq \frac{1}{3}$ haben wir

$$\frac{\mathrm{Var}[R_i]}{E[R_i]^2} = \frac{1}{T}\left(\frac{1}{E[R_i]} - 1\right) \leq \frac{2}{T} = \frac{\varepsilon^2}{37m} \quad .$$

Ü. 8.7　(b)

$$\frac{\mathrm{Var}[Z]}{E[Z]^2} \overset{\text{Satz B.3(d)}}{=} -1 + \prod_{i=1}^{m}\left(1 + \frac{\mathrm{Var}[R_i]}{E[R_i]^2}\right)$$

$$\overset{\text{(a)}}{\leq} -1 + \prod_{i=1}^{m}\left(1 + \frac{\varepsilon^2}{37m}\right) = \left(1 + \frac{\varepsilon^2}{37m}\right)^m - 1 \leq \frac{\varepsilon^2}{36}$$

$\square$

Nun, da wir den Erwartungswert und die Varianz von Z kennen, können wir mit Hilfe der Tschebyscheffschen Ungleichung die Ausgabequalität von FÄRBUNGENZÄHLEN$_k$ analysieren.

8.25 Satz:

FÄRBUNGENZÄHLEN$_k$ *läuft in Zeit* $O\left(\left(\frac{nm}{\varepsilon}\right)^2\ln\left(\frac{nm}{\varepsilon}\right)\right)$, *und für die Ausgabe gilt:*

$$\Pr[(1-\varepsilon)\cdot\#(G) \leq \text{FÄRBUNGENZÄHLEN}_k(G,\varepsilon) \leq (1+\varepsilon)\cdot\#(G)] \geq \frac{3}{4}$$

Beweis:

Die Laufzeit kann einfach bestimmt werden.

Es ist FÄRBUNGENZÄHLEN$_k(G,\varepsilon) = k^n\cdot Z$. Lemma 8.24(b) bedeutet, daß für die Standardabweichung $\sigma[Z] \leq \frac{\varepsilon}{6}\cdot E[Z]$ gilt. Dies, zusammen mit Lemma 8.23(b) und der Tschebyscheffschen

Ungleichung (Satz B.4) ergibt:

$$\Pr[|Z - E[Z]| \geq 2 \cdot \sigma[Z]] \leq \frac{1}{4}$$

$$\Rightarrow \quad \Pr[|Z - E[Z]| \leq 2 \cdot \sigma[Z]] \geq \frac{3}{4}$$

$$\Rightarrow \quad \Pr[E[Z] - 2\sigma[Z] \leq Z \leq E[Z] + 2\sigma[Z]] \geq \frac{3}{4}$$

$$\Rightarrow \quad \Pr\left[\left(1 - \frac{\varepsilon}{3}\right)\left(1 - \frac{\varepsilon}{2}\right) \cdot \#(G) \leq k^n \cdot Z \leq \left(1 + \frac{\varepsilon}{3}\right)\left(1 + \frac{\varepsilon}{2}\right) \cdot \#(G)\right] \geq \frac{3}{4}$$

$$\overset{(*)}{\Rightarrow} \quad \Pr[(1 - \varepsilon) \cdot \#(G) \leq k^n \cdot Z \leq (1 + \varepsilon) \cdot \#(G)] \geq \frac{3}{4}$$

Dabei haben wir an $(*)$ genutzt, daß $1 - \varepsilon \leq (1 - \frac{\varepsilon}{2})(1 - \frac{\varepsilon}{3})$ und $(1 + \frac{\varepsilon}{2})(1 + \frac{\varepsilon}{3}) \leq 1 + \varepsilon$ für $\varepsilon \in [0, 1]$ ist.   □ Ü. 8.7

D. h. FÄRBUNGENZÄHLEN$_k$ ist ein streng polynomielles randomisiertes Zähl-Approximations-schema (FPRASC) für #COL$_k$ und kann mittels Wahrscheinlichkeitsverstärkung (Satz 8.9) in ein (ε, δ)-FPRASC umgewandelt werden.

Eine Markov-Kette, die etwas schneller als die in diesem Abschnitt beschriebene Kette mischt, wird in [DG98] beschrieben und analysiert. Auch dabei ist der Wechsel einer Farbe ganz einfach: Anstelle eines Knotens wird eine Kante $\{u, w\} \in E$ ausgewürfelt. Wenn $A = \{(c_1, c_2) \mid c_1$ ist freie Farbe an u und c_2 ist freie Farbe an $w\}$ ist, dann wird ein Farbpaar aus A mit Wahrscheinlichkeit $1/|A|$ gewählt und u und w werden damit umgefärbt. Diese Markov-Kette ist ergodisch für $k \geq \Delta + 1$. Eine Übersicht über die Erzeugung zufälliger Färbungen mit Hilfe der Markov-Ketten-Monte-Carlo-Methode geben Frieze und Vigoda in [FV07].

8.5.3 Weitere Anwendungen der Markov-Ketten-Monte-Carlo-Methode

Ein großer Durchbruch bei der Anwendung der Markov-Ketten-Monte-Carlo-Methode im Bereich der Approximationsalgorithmen ist der Algorithmus von Sinclair [Sin93], der das Zählproblem #MATCHING – das Problem, bei dem die Anzahl der verschiedenen Matchings in dichten Eingabegraphen, d. h. Graphen mit vielen Kanten, bestimmt werden soll – mit einem FPRASC approximiert. Sinclair konnte für einen Random Walk, der ein Matching in ein anderes verwandelt, zeigen, daß er schnell mischt. Das Gerüst des Algorithmus ist identisch zu dem in diesem Abschnitt vorgestellten, auch #MATCHING hat die Schaleneigenschaft. Ausführliche Darstellungen dieses Random Walks und seiner Analyse sind in [JS96] und [MR95] zu finden. Die Bemühungen, dieses für die Physik sehr wichtige Problem für beliebige Graphen zu lösen, führten zu dem in [JSV01] veröffentlichten FPRASC.

Als weitere Anwendungen der Markov-Ketten-Monte-Carlo-Methode auf Probleme, deren Optimierungsvarianten von uns bereits behandelt worden sind, sind zu nennen:

- #RUCKSACK, die Bestimmung der Anzahl der zulässigen Rucksackfüllungen [JS96, MS99].

- Die Bestimmung der Anzahl Hamiltonscher Kreise in dichten Graphen [DFJ98].

- Die Bestimmung der Anzahl unabhängiger Mengen dünner Graphen, d. h. in Graphen mit wenigen Kanten [DFJ99].

Für sie wurden FPRASC angegeben, die auf der Markov-Ketten-Monte-Carlo-Methode basieren.

Für #RUCKSACK geben wir im folgenden Abschnitt ein sehr einfaches FPRAS an, das zum Ziehen der Stichproben die dynamische Programmierung benutzt.

8.6   Dynamische Programmierung und die Monte-Carlo-Methode

Eine weitere interessante Möglichkeit, die Stichprobenziehung bei der Monte-Carlo-Methode für Zählalgorithmen zu steuern, hat Dyer [Dye03] vorgestellt. Er zeigt, wie man die Technik der Dynamischen Programmierung anwenden kann, um einen uniformen Generator eines hinreichend kleinen Universums zum Rucksackproblem zu konstruieren, womit es dann möglich ist, ein FPRASC für #RUCKSACK anzugeben.

Sei also $I = \langle W, \text{vol}, B \rangle$ mit $W = \{1, \ldots, n\}$, $\text{vol} : W \rightarrow \mathbb{N}$, $B \in \mathbb{N}$ und $\forall w \in W : \text{vol}(w) \leq B$ eine Instanz von #RUCKSACK. Beachte, daß wir hier keine Warenwerte benötigen, und daß wir sie deswegen einfach weglassen.

Wir zeigen erst, daß es einen pseudopolynomiellen Algorithmus zur Lösung von #RUCKSACK gibt. Wir gehen dabei ähnlich vor wie in Abschnitt 4.1.

Für $j \in \{0, \ldots, n\}$ und $\beta \in \mathbb{Z}$ bezeichnen wir mit $F_I(j, \beta)$ die Anzahl der Füllungen eines Rucksacks der Kapazität β, für die nur die Waren aus $\{1, \ldots, j\}$ benutzt werden dürfen. Beachte, daß für $j = 0$ sozusagen gefragt wird, ob der leere Rucksack mit Volumen 0 zulässig ist oder nicht. Er ist es nicht, wenn β negativ ist. Nun ist es ziemlich einfach, sich zu überlegen, daß $F_I(j, \beta)$ der Rekursion

$$\beta < 0, j \text{ beliebig}: \quad F_I(j, \beta) = 0$$
$$\beta \geq 0, j = 0: \quad F_I(0, \beta) = 1$$
$$\beta \geq 0, j \geq 1: \quad F_I(j, \beta) = F_I(j-1, \beta) + F_\mathcal{D}(j-1, \beta - \text{vol}(j))$$

gehorcht, so daß wir das folgende Lemma haben.

8.26 Lemma:
Es ist $\#(I) = F_I(n,B)$. Der Wert kann in Zeit $O(n \cdot B)$ berechnet werden.

Diese Laufzeit ist im worst-case exponentiell in der Eingabelänge. Tabelle 8.1 zeigt ein kleines Beispiel.

Tabelle 8.1: Ein Beispiel zur Berechnung der $F_I(j, \beta)$

		0	1	2	3
$n=3$	0	1	1	1	1
$\mathrm{vol}(1)=2$	1	1	1	1	2
$\mathrm{vol}(2)=4$	2	1	2	2	3
$\mathrm{vol}(3)=1$	3	1	2	2	4
$B=5$	4	1	2	3	5
	5	1	2	3	6

Beachte, daß für eine effiziente Bestimmung von $F_I(n,B)$ nicht unbedingt alle anderen Tabelleneinträge benötigt werden.

Wir gehen weiterhin ähnlich wie bei der Entwicklung des FPAS für die Lösung des Optimierungsproblems vor. Hier reduzieren wir jetzt die Volumina der Waren und die Rucksack-Kapazität derart, daß die Laufzeit zur Berechung der Anzahl der Rucksack-Füllungen polynomiell wird. Außerdem wird jede ursprüngliche zulässige Warenauswahl auch bei der neuen Instanz zulässig sein. D. h. wir vergrößern die Menge der betrachteten Rucksack-Füllungen und nehmen diese neue Menge als das Universum zur Anwendung der Monte-Carlo-Methode.

Zu I konstruieren wir also die neue Instanz I' wie folgt, indem wir alle Volumina und die Rucksack-Kapazität (ganzzahlig) durch B/n^2 dividieren. Es ist eine interessante Übungsauf- Ü. 8.11 gabe, zu bestimmen, warum gerade um diesen Wert reduziert wird, damit die nachfolgende Untersuchung „funktioniert".

I	I'
$W = \{1,\ldots,n\}$	$W' = W = \{1,\ldots,n\}$
$\mathrm{vol}(j)$	$\mathrm{vol}'(j) = \left\lfloor \dfrac{n^2}{B} \cdot \mathrm{vol}(j) \right\rfloor$
B	$B' = n^2$

Das folgende Lemma faßt zwei die beiden Instanzen I und I' verknüpfende Eigenschaften zusammen.

8.27 Lemma:

(a) *Sei $A \subseteq W$ eine beliebige Warenauswahl. Dann ist:*

$$\mathrm{vol}(A) \leq \frac{B}{n^2} \cdot \left(\mathrm{vol}'(A) + |A| \right)$$

(b) *Jede zulässige Rucksack-Füllung A zu I ist auch eine zulässige Rucksack-Füllung zu I', d. h. $S(I) \subseteq S(I')$.*

Beweis:

(a) folgt direkt aus der Beziehung $\mathrm{vol}(j) \leq \frac{B}{n^2} \cdot (\mathrm{vol}'(j) + 1)$.

(b) Sei $A \in S(I)$. Dann ist

$$\mathrm{vol}'(A) = \sum_{j \in A} \mathrm{vol}'(j) = \sum_{j \in A} \left\lfloor \frac{n^2}{B} \cdot \mathrm{vol}(j) \right\rfloor \leq \frac{n^2}{B} \cdot \sum_{j \in A} \mathrm{vol}(j) \leq n^2 \ ,$$

und damit $A \in S(I')$, also insgesamt $S(I) \subseteq S(I')$.   □

Lemma 8.27 (b) zeigt also, daß wir $S(I')$ tatsächlich als Stichprobenraum nutzen können. Seine Größe ist $\#(I') = F_{I'}(n, n^2)$. Sie kann in Zeit $O(n^3)$ exakt berechnet werden.

Zweierlei muß nun gewährleistet ein.

- Die Expansion $\xi = \#(I')/\#(I)$ darf nicht groß sein, und

- wir müssen uniform Stichproben aus $S(I')$ ziehen können.

Wir wenden uns zuerst der Expansion zu.

8.28 Lemma: (Expansionslemma)
Seien I, I' und ξ wie oben definiert. Dann ist $\xi \leq n + 1$.

Beweis:
Sei $A \in S(I') \setminus S(I)$ eine Rucksack-Füllung, die als Lösung des ursprünglichen Problems nicht zulässig ist, d. h. es ist $\mathrm{vol}'(A) \leq n^2$ und $\mathrm{vol}(A) > B$. Sei $j^* \in A$ eine Ware, für die $\mathrm{vol}(j^*) > B/n$ ist. Würde A eine solche Ware nicht enthalten, wäre $\mathrm{vol}(A) \leq B$.

Es ist

$$\mathrm{vol}'(j^*) = \left\lfloor \frac{n^2}{B} \cdot \mathrm{vol}(j^*) \right\rfloor > n \ .$$

Nimmt man j^* aus A, so erhält man bereits eine zulässige Lösung des ursprünglichen Problems, wie folgende Rechnung zeigt:

$$
\begin{aligned}
\text{vol}(A \setminus \{j^*\}) \; &\leq \; \frac{B}{n^2} \cdot \Big(\text{vol}'(A \setminus \{j^*\}) + |A \setminus \{j^*\}| \Big) \\
&= \; \frac{B}{n^2} \cdot \Big(\text{vol}'(A) - \text{vol}'(j^*) + |A| - 1 \Big) \\
&\leq \; \frac{B}{n^2} \cdot (n^2 - n + n - 1) \leq B
\end{aligned}
$$

Andererseits kann eine Rucksack-Füllung $A \in S(I)$ von höchstens n Füllungen aus $S(I') \setminus S(I)$ erreicht werden, nämlich von denen, die zusätzlich *eine* der in A fehlenden Waren enthalten. D. h. $|S(I') \setminus S(I)| \leq n \cdot |S(I)|$, was insgesamt $|S(I')| \leq (n+1) \cdot |S(I)|$ bedeutet, womit die Aussage bewiesen ist. □

Das Expansionslemma gibt uns gemäß Satz 8.4 bereits einen deterministischen Approximationsalgorithmus für #RUCKSACK mit der relativen Güte $\sqrt{n+1}$, indem wir die Zahl

$$
A(I) = \frac{F_{I'}(n, n^2)}{\sqrt{n+1}}
$$

in Zeit $O(n^3)$ bestimmen.

Unser Ziel ist ein FPRASC, das auf der Monte-Carlo-Methode mit $S(I')$ als dem Stichprobenraum basiert. Das Expansionslemma hat uns gerade gezeigt, daß wir wegen des Estimator-Theorems (Satz 8.12) mit $\Theta(n/\varepsilon^2)$ Stichproben aus $S(I')$ auskommen. Die Werte der $F_{I'}(j, \beta)$ benutzen wir dazu, einen uniformen Generator für $S(I')$ anzugeben.

ALGORITHMUS UG_RUCKSACK

$A := \emptyset \, ; \, \beta := n^2 \, ;$

for $j := n$ **downto** 1 **do**

$\begin{cases} \text{mit Wahrscheinlichkeit } \dfrac{F_{I'}(j-1, \beta - \text{vol}'(j))}{F_{I'}(j, \beta)}: & A := A \cup \{j\} \, ; \, \beta := \beta - \text{vol}'(j) \, ; \\[2ex] \text{mit Wahrscheinlichkeit } \dfrac{F_{I'}(j-1, \beta)}{F_{I'}(j, \beta)}: & \text{tue nichts} \end{cases}$

gib A aus.

Es ist sehr instruktiv, diesen Algorithmus für das kleine Beispiel aus Tabelle 8.1 exemplarisch durchzuführen und die benutzten Wahrscheinlichkeiten mitzuprotokollieren.

8.29 Lemma:

UG_RUCKSACK *ist ein uniformer Generator für $S(I')$ der Laufzeit $O(n)$.*

Beweis:

Sei $A \in S(I')$, und sei $\frac{d_j}{z_j}$ die Wahrscheinlichkeit, die zum Tragen kommt, wenn UG_RUCKSACK die Entscheidung für die Ware j trifft. d_j und z_j werden nicht gekürzt.

Es ist leicht nachzuprüfen, daß $z_n = F_{I'}(n, n^2)$, $d_1 = 1$ und $z_{j-1} = d_j$. Dann ist

$$\Pr[A \text{ wird gewählt}] = \prod_{j=1}^{n} \frac{d_j}{z_j} = \frac{d_1}{z_n} = \frac{1}{F_{I'}(n, n^2)} = \frac{1}{\#(I')}$$

und damit UG_RUCKSACK ein uniformer Generator für I'. □

Daß es einen BEANTWORTER gibt, der in Linearzeit entscheidet, ob die Stichprobe A in $S(I)$ liegt, ist offensichtlich.

Die Kombination aller Beobachtungen liefert uns das gewünschte FPRASC.

8.30 Satz:
Mit UG_RUCKSACK *und* $T = \lceil \frac{4}{\varepsilon^2} \cdot n \rceil$ *ist* $MC(T)$ *ein FPRASC für* #RUCKSACK *der Laufzeit* $O(n^3 + \frac{n^3}{\varepsilon^2})$.

8.7   Unmöglichkeitsergebnisse für #IS

Könnte man die Anzahl der Hamiltonschen Kreise eines beliebigen Eingabegraphen schnell mit relativer Gütegarantie approximieren, könnte man das NP-vollständige Entscheidungsproblem HAMILTON schnell entscheiden, da man immer zwischen keinem und mindestens einem Hamiltonkreis unterscheiden könnte. Dieses Problem ist in der Hinsicht unfair, da es schon schwierig sein kann, überhaupt eine zulässige Lösung aus $S(I)$ anzugeben.

Anders ist die Situation bei #IS, dem Problem, die Anzahl der unabhängigen Knotenmengen eines Eingabegraphen $G = (V, E)$ zu bestimmen. Wenn n die Anzahl der Knoten bezeichnet, gibt es mindestens $n + 1$ unabhängige Knotenmengen, nämlich die leere Menge und die n Mengen, die jeweils aus einem Knoten bestehen. Eine obere Schranke ist 2^n, die angenommen wird, wenn G keine Kanten enthält. Also ist $n + 1 \leq \#(G) \leq 2^n$. Da $S(G)$ eine Teilmenge der Potenzmenge von V ist, approximiert mit Satz 8.4 die Zahl $\sqrt{(n+1) \cdot 2^n}$ die gesuchte Anzahl $\#(G)$ mit relativer Güte $\sqrt{\frac{2^n}{n+1}}$. Das ist zwar nicht besonders gut, aber es liefert eine *Garantie*. Wir zeigen im folgenden, daß man #IS unter der Annahme $P \neq NP$ deterministisch nicht gut approximieren kann.

8.31 Satz:
Sei $c \in \mathbb{N}$ *eine Konstante. Kann man* #IS *mit relativer Güte* c *approximieren, dann ist* $P = NP$.

Beweis:

Wir zeigen, daß wir das NP-vollständige Entscheidungsproblem

$$\text{IS} = \{(G,k) \mid G \text{ ist ein Graph, der eine unabhängige Knotenmenge der Größe } k \text{ hat}\}$$

entscheiden können, wenn wir #IS mit relativer Güte c approximieren können.

Was muß gemacht werden? Gegeben ist ein Graph G und eine Zahl k und die Frage „Hat G eine unabhängige Knotenmenge der Größe k?". Wir müssen nun einen Graphen G' konstruieren, der im Fall, daß die Antwort „ja" lauten muß, sehr viele unabhängige Mengen besitzen muß, und im Fall, daß die Antwort „nein" zu lauten hat, nur relativ wenige.

Die Technik, die wir anwenden, ist wieder eine *Gap Amplification*. Sei $r \in \mathbb{N}$. Betrachte für G' den folgenden Graphen $G^{(r)} = (V^{(r)}, E^{(r)})$ mit

$$
\begin{aligned}
V^{(r)} &= V \times \{1, \ldots, r\} \text{ und} \\
E^{(r)} &= \{\{(u,i),(v,j)\} \mid \{u,v\} \in E,\ i,j \in \{1,\ldots,r\}\} \ .
\end{aligned}
$$

Dieser Graph entsteht, wenn jeder Knoten aus G durch einen Block aus r Knoten ersetzt wird und Blöcke, deren Urknoten durch eine Kante aus E verbunden sind, durch vollständige bipartite Graphen verbunden werden. Für ein lineares Array der Länge 3 zeigt Abbildung 8.4 den Graphen $G^{(3)}$. Für die Größe von $G^{(r)}$ ergibt sich $|V^{(r)}| = r \cdot |V|$ und $|E^{(r)}| = r^2 \cdot |E|$.

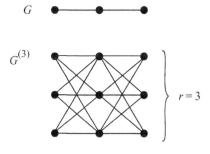

Abbildung 8.4: G und $G^{(3)}$

Aus jeder einzelnen unabhängigen Menge U werden in $G^{(r)}$ sehr viele unabhängige Mengen, nämlich genau $(2^r - 1)^{|U|}$ viele. Man kann für jeden Knoten aus U jede nichtleere Teilmenge des entsprechenden Blocks in eine unabhängige Menge von $G^{(r)}$ aufnehmen.

Wir betrachten jetzt $r = n + c^2 + 1$.

(a) Wenn G eine unabhängige Menge der Größe k hat, dann hat $G^{(r)}$ mindestens $(2^r - 1)^k$ unabhängige Mengen.

(b) Hat G keine unabhängige Menge der Größe k, dann hat $G^{(r)}$ höchstens $2^n \cdot (2^r - 1)^{k-1}$ unabhängige Mengen.

Nun ist

$$
\begin{aligned}
(2^{n+c^2+1} - 1)^k &= (2^{n+c^2+1} - 1) \cdot (2^{n+c^2+1} - 1)^{k-1} \\
&> c^2 \cdot 2^n \cdot (2^{n+c^2+1} - 1)^{k-1} ,
\end{aligned}
$$

also

$$
\frac{1}{c} \cdot (2^{n+c^2+1} - 1)^k > c \cdot 2^n \cdot (2^{n+c^2+1} - 1)^{k-1} .
$$

D. h., wir können die Fälle (a) und (b) unterscheiden, wenn wir $\#(G^{(n+c^2+1)})$ mit relativer Güte c approximieren können. Und damit können wir IS in Polynomialzeit entscheiden. $\qquad\square$

Würde es ein FPRASC für #IS geben, könnten wir mit der gleichen Konstruktion mit $c = 2$ einen randomisierten Entscheidungsalgorithmus angeben, der mit hoher Wahrscheinlichkeit und geringem relativen Fehler $\#(G^{(r)})$ approximiert und dann wieder die Fälle (a) und (b) unterscheiden kann. Wir hätten damit einen randomisierten Polynomialalgorithmus mit zweiseitigem Fehler für ein NP-vollständiges Problem. Da damit entgegen der Vermutung folgen würde (vgl. [Pap94]), daß NP = RP ist, gibt es vermutlich kein FPRASC für #IS. Hierbei ist RP die Menge aller Probleme, für die es einen randomisierten Polynomialalgorithmus mit einseitigem Fehler gibt.

Bei der *Gap Amplification* im Beweis von Satz 8.31 fällt auf, daß durch die Verwendung der vollständigen bipartiten Graphen als Blockverbindung der Grad groß wird. Interessanterweise ist es Luby und Vigoda gelungen [LV99], ein FPRASC, das auf der Markov-Ketten-Monte-Carlo-Methode basiert, für #IS anzugeben, das Eingabegraphen mit maximalem Grad 4 bekommt, während es vermutlich kein FPRASC gibt für Eingabegraphen mit maximalem Grad 25.

8.8   Literatur zu Kapitel 8

[Bol98]   B. Bollobás. *Modern Graph Theory*. Springer, New York, 1998.

[Bub00]   R. H. Bubley. *Randomized Algorithms: Approximation, Generation and Counting*. Springer Verlag, 2000.

[DFJ98]   M. Dyer, A. Frieze, and M. Jerrum. Approximately counting Hamilton paths and cycles in dense graphs. *SIAM Journal on Computing*, 27:1262–1272, 1998.

[DFJ99]   M. Dyer, A. Frieze, and M. Jerrum. On counting independent sets in sparse graphs. In *Proc. 40th IEEE Symposium on Foundations of Computer Science (FOCS)*, pages 210–217, 1999.

[DG98]   M. Dyer and C. Greenhill. A more rapidly mixing Markov chain for graph colorings. *Random Structures & Algorithms*, 13:285–317, 1998.

[Dye03]   M. Dyer. Approximate counting by dynamic programming. In *Proceedings of the 35th ACM Symposium on Theory of Computing (STOC)*, pages 693–699, 2003.

[Fel70]   W. Feller. *An Introduction to Probability Theory and Applications*. Wiley, New York, 1970.

[FV07]   A. Frieze and E. Vigoda. A survey on the use of Markov chains to randomly sample colorings. In G. Grimmett and C. McDiarmid, editors, *Combinatorics, Complexity and Chance – Festschrift for Dominic Welsh*. Oxford University Press, 2007.

[HL72]   O. J. Heilmann and E. H. Liebl. Theory of monomer-dimer systems. *Communications in Mathematical Physics*, 25:190–232, 1972.

[Jer95]   M. Jerrum. A very simple algorithm for estimating the number of k-colorings of a low-degree graph. *Random Structures & Algorithms*, 7:157–165, 1995.

[Jer98]   M. Jerrum. Mathematical foundations of the Markov chain Monte Carlo method. In *Probabilistic Methods for Algorithmic Discrete Mathematics*, volume 16 of *Algorithms and Combinatorics*, pages 116–165. Springer, 1998.

[Jer03]   M. Jerrum. *Counting, Sampling and Integrating: Algorithms and Complexity*. Birkhäuser, 2003.

[JS96]   M. Jerrum and A. Sinclair. The Markov chain Monte-Carlo method: An approach to approximate counting and integration. In D. S. Hochbaum, editor, *Approximation Algorithms for NP-Hard Problems*, pages 482–520. PWS, 1996.

[JSV01]   M. Jerrum, A. Sinclair, and E. Vigoda. A polynomial-time approximation algorithm for the permanent of a matrix with non-negative entries. In *Proc. 39th ACM Symposium on Theory of Computing (STOC)*, pages 712–721, 2001.

[JVV86]   M. Jerrum, L. Valiant, and V. Vazirani. Random generation of combinatorial structures from a uniform distribution. *Theoretical Computer Science*, 43:169–188, 1986.

[KLM89]   R. M. Karp, M. Luby, and N. Madras. Monte-Carlo approximation algorithms for enumeration problems. *Journal of Algorithms*, 10:429–448, 1989.

[LP86]   L. Lovász and M. D. Plummer. *Matching Theory*. North-Holland, 1986.

[LV99]   M. Luby and E. Vigoda. Fast convergence of the Glauber dynamics for sampling independent sets. *Random Structures & Algorithms*, 15:229–241, 1999.

[Met87]   N. Metropolis. The beginning of the Monte Carlo method. *Los Alamos Science*, 15:125–130, 1987.

[MR95]   R. Motwani and P. Raghavan. *Randomized Algorithms*. Cambridge University Press, Cambridge, 1995.

[MS99]   B. Morris and A. Sinclair. Random walks on truncated cubes and sampling 0-1 knapsack solutions. In *Proc. 40th IEEE Symposium on Foundations of Computer Science (FOCS)*, pages 230–240, 1999.

[Pap94]   C. Papadimitriou. *Computational Complexity*. Addison-Wesley, Reading, Massachusetts, 1994.

[Sin93]   A. Sinclair. *Algorithms for Random Generation & Counting: A Markov Chain Approach*. Birkhäuser, Boston, 1993.

[Tut84]   W. T. Tutte. *Graph Theory*. Addison Wesley, 1984.

[Wel93]   D. Welsh. *Complexity: Knots, Colourings and Counting*. Cambridge University Press, 1993.

Übungen zu Kapitel 8

Aufgabe 8.1

Ersetze in der Definition des FPRASC (Definition 8.7 auf Seite 158) die Wahrscheinlichkeit $\frac{3}{4}$ durch $\frac{5}{9}$. Wie muß nun T_δ in Satz 8.9 gewählt werden?

Aufgabe 8.2

Sei Π ein kombinatorisches Zählproblem, und I eine Instanz von Π, d. h. gesucht ist $\#(I) = |S(I)|$. Sei $\mathcal{U}_I$ ein Universum mit $S(I) \subseteq \mathcal{U}_I$, dessen Kardinalität bekannt ist. Sei weiter ein s bekannt mit $\#(I)/|\mathcal{U}_I| \geq s$.

Zeige: $\sqrt{s} \cdot |\mathcal{U}_I| \leq \#(I) \leq |\mathcal{U}_I|/\sqrt{s}$.

Aufgabe 8.3

Betrachte den folgenden Monte-Carlo-Algorithmus:

> ALGORITHMUS Unbekannt
>
> **for** $t := 1$ **to** T **do**
> > (1) würfle unabhängig und gleichverteilt (x, y) mit $-\frac{1}{2} \leq x, y \leq \frac{1}{2}$;
> >
> > (2) $X_t := \begin{cases} 1 & \text{falls } 4x^2 + 4y^2 \leq 1 \\ 0 & \text{sonst} \end{cases}$
>
> **done**;
>
> gib $Z := \dfrac{4}{T} \cdot \displaystyle\sum_{t=1}^{T} X_t$ aus;

(a) Berechne $E[Z]$.

   Hinweis: Welches geometrische Objekt wird durch die $\leq$-Bedingungen in (1) und welches durch den $\leq$-Test in (2) beschrieben?

(b) Gib in Abhängigkeit von $d \in \mathbb{N}$ und δ, $0 < \delta < 1$, einen möglichst kleinen Wert für T an, so daß gilt:

   $\Pr(Z \text{ und } E[Z] \text{ stimmen auf den ersten } d \text{ Nachkommastellen überein}) \geq 1 - \delta$

   Benutze dazu *zwei* Ansätze: Wende zuerst die Tschebyscheffsche Ungleichung an, um T zu bestimmen, dann bestimme T unter Anwendung der Chernoff-Schranken. Nun sollte klar sein, warum Informatiker gerne zu den Chernoff-Schranken bei Laufzeitbestimmungen für randomisierte Algorithmen greifen.

Aufgabe 8.4

Formuliere und beweise einen dem *Estimator Theorem* (Satz 8.12) entsprechenden Satz, der zur Bestimmung der Anzahl $T(\varepsilon, \delta)$ der Experimente im Monte-Carlo-Algorithmus die Tschebyscheffsche Ungleichung (Satz B.4) benutzt. D. h. bestimme ein $T(\varepsilon, \delta)$, so daß

$$\Pr[(1 - \varepsilon) \cdot \#(I) \leq \mathrm{MC}(T(\varepsilon, \delta)) \leq (1 + \varepsilon) \cdot |\#(I)] \geq 1 - \delta$$

gilt.

Aufgabe 8.5

Ein *ganz streng polynomielles Zähl-Approximationsschema* ist ein FPASC, dessen Laufzeit sogar nur $O(\mathrm{poly}(|I|, \log(\frac{1}{\varepsilon})))$ ist.

Zeige: Gibt es für ein #P-vollständiges Zählproblem ein ganz streng polynomielles Zähl-Approximationsschema, dann ist P = #P.

Aufgabe 8.6

Sei n, $n \in \mathbb{N}$, ein Vielfaches von 3 und sei folgende Instanz $\langle \vec{a}, B \rangle$ für #RUCKSACK gegeben: $\vec{a} = (1, \ldots, 1)$ als n-dimensionaler Volumenvektor und $B = n/3$ als Rucksackkapazität.

Zeige durch eine Varianzanalyse, daß der klassische Monte-Carlo-Algorithmus, der Stichproben für Rucksackfüllungen aus dem Universum $\{0, 1\}^n$ zieht, exponentiell viele Stichproben zieht, um $\#((1, \ldots, 1), n/3)$ hinreichend genau zu bestimmen.

Aufgabe 8.7

Zeige, daß für $\varepsilon \in [0, 1]$ gilt:

  (a) $(1 - \frac{\varepsilon}{cm})^m \geq 1 - \frac{\varepsilon}{c-1}$ und $(1 + \frac{\varepsilon}{cm})^m \leq 1 + \frac{\varepsilon}{c-1}$

  (b) $(1 - \frac{\varepsilon}{2})(1 - \frac{\varepsilon}{3}) \geq 1 - \varepsilon$ und $(1 + \frac{\varepsilon}{2})(1 + \frac{\varepsilon}{3}) \leq 1 + \varepsilon$

Aufgabe 8.8

Beweise Satz 8.17.

Aufgabe 8.9

Sei $\delta_u(t)$ der Variationsabstand eines ergodischen Random Walk auf einem Graphen $G = (V, E)$. Zeige:

$$\delta_u(t) = \max_{W \subseteq V} \Big| \Pr[\mathfrak{M} \text{ gestartet in } u \text{ ist nach } t \text{ Schritten an einem Knoten aus } W] - \pi(W) \Big|$$

Hinweis: Die Schwierigkeit in dieser Aufgabe besteht in der Argumentation für den Faktor $\frac{1}{2}$ in der Definition des Variationsabstands. Benutze, daß die Summe der Komponenten des Vektors $\vec{v} \cdot \mathfrak{M}^t - \vec{\pi}$ für alle t genau 0 ist.

Aufgabe 8.10

(a) Gegeben seien ein Graph G mit n Knoten und genau einer Kante, und eine Zahl $k \in \mathbb{N}$.

Berechne die genaue Zahl der verschiedenen Knoten-Färbungen von G, die mit höchstens k Farben auskommen.

(b) Nun sei ein Graph G aus n Knoten mit genau zwei Kanten gegeben. Bestimme die genaue Zahl der verschiedenen Knoten-Färbungen von G, die mit höchstens k Farben auskommen.

Hinweis: Welche Fälle müssen unterschieden werden?

Aufgabe 8.11

Begründe, warum in Abschnitt 8.6 die Volumina und die Rucksack-Kapazität ganzzahlig durch B/n^2 dividiert werden.

Anhang A

Die Landauschen Symbole

Die Landauschen Symbole, die auch die O-Notation genannt werden, beschreiben das Wachstumsverhalten von Funktionen. Bei ihnen handelt es sich um Mengen von Funktionen.

$$
\begin{aligned}
O(f(n)) &= \{g(n) \mid \exists c \in \mathbb{R}^+ \exists n_0 \in \mathbb{N} \forall n, n \geq n_0 : |g(n)| \leq c \cdot |f(n)|\} \\
\Omega(f(n)) &= \{g(n) \mid \exists c \in \mathbb{R}^+ \exists n_0 \in \mathbb{N} \forall n, n \geq n_0 : |g(n)| \geq c \cdot |f(n)|\} \\
\Theta(f(n)) &= O(f(n)) \cap \Omega(f(n)) \\
o(f(n)) &= \{g(n) \mid \forall c \in \mathbb{R}^+ \exists n_0 \in \mathbb{N} \forall n, n \geq n_0 : |g(n)| < c \cdot |f(n)|\} \\
\omega(f(n)) &= \{g(n) \mid \forall c \in \mathbb{R}^+ \exists n_0 \in \mathbb{N} \forall n, n \geq n_0 : |g(n)| > c \cdot |f(n)|\}
\end{aligned}
$$

Es hat sich eingebürgert, $g(n) = O(f(n))$ zu schreiben anstelle von $g(n) \in O(f(n))$. Beachte, daß das „=“-Zeichen keine Gleichheit bezeichnet und damit nicht symmetrisch ist! Es darf nur von links nach rechts gelesen werden. D. h. $3n^2 = O(n^3)$ darf man schreiben, aber $O(n^3) = 3n^2$ darf man *nicht* schreiben.

Gleichzeitig sind auch Schreibweisen wie $4n^2 + O(n \log n)$ gebräuchlich, um den konstanten Faktor an dem Term zu zeigen, der am stärksten wächst, und um zu zeigen, daß der Rest der Funktion, der sog. *low order term*, nur noch „unwesentlich" ist. Ebenso ist dann weiter $4n^2 + O(n \log n) = \Theta(n^2)$ in Gebrauch. $4n^2 + o(n^2)$ wird gerne geschrieben, wenn der *low order term* schwächer als n^2 wächst, aber vielleicht kompliziert hinzuschreiben wäre oder unbekannt ist.

Die Schreibweise $2^{O(f(n))}$ wird ebenfalls benutzt. Sie bezeichnet eine andere Funktionenmenge als $O(2^{f(n)})$, was man sich an $2^{O(\log n)}$ und $O(2^{\log n})$ klarmachen sollte.

Anhang B

Werkzeuge aus der Wahrscheinlichkeitsrechnung

B.1 Satz: (Markov-Ungleichung)

Sei X eine nichtnegative Zufallsvariable. Dann gilt für alle $t > 0$: $\Pr[X \geq t] \leq E[X]/t$.
Mit $t = c \cdot E[X]$ für $c \geq 1$ ergibt sich $\Pr[X \geq c \cdot E[X]] \leq 1/c$.

Beweis:

Sei $t > 0$ gegeben und definiere

$$\tau(x) = \begin{cases} 1 & \text{falls } x/t \geq 1 \\ 0 & \text{sonst.} \end{cases}$$

Es ist $\tau(x) \leq x/t$ für alle $x \geq t$ und $E[\tau(X)] = \Pr[\tau(X) = 1] = \Pr[X/t \geq 1] = \Pr[X \geq t]$. Damit gilt:

$$\Pr[X \geq t] = E[\tau(X)] \leq E[X/t] = E[X]/t \ ,$$

womit der Satz bewiesen ist. $\qquad\square$

B.2 Definition:

Sei $X : \Omega \to \mathbb{R}$ eine Zufallsvariable. Die *Varianz* von X ist

$$\mathrm{Var}[X] = E[(X - E[X])^2] = E[X^2] - E[X]^2 \ .$$

Die *Standardabweichung* ist $\sigma[X] = \sqrt{\mathrm{Var}[X]}$.

B.3 Satz: (Rechenregeln für die Varianz)

Seien X und Y unabhängige Zufallsvariablen und c eine beliebige Konstante.

(a) $\mathrm{Var}[X+Y] = \mathrm{Var}[X] + \mathrm{Var}[Y]$.

(b) $\mathrm{Var}[c \cdot X] = c^2 \cdot \mathrm{Var}[X]$.

(c) Ist X eine 0-1-Zufallsvariable, so gilt $\mathrm{Var}[X] = E[X] \cdot (1 - E[X])$.

(d) Seien $X_1, \ldots, X_n$ unabhängige Zufallsvariablen, und sei $Z = \prod_{i=1}^{n} X_i$. Dann ist

$$\frac{\mathrm{Var}[Z]}{E[Z]^2} = -1 + \prod_{i=1}^{n} \left(1 + \frac{\mathrm{Var}[X_i]}{E[X_i]^2} \right)$$

Der nachfolgende Satz zeigt, wie man mit Hilfe der Varianz ausrechnen kann, wie groß die Wahrscheinlichkeit ist, bei einem Zufallsexperiment „weit" vom Erwartungswert entfernt zu sein.

B.4 Satz: (Tschebyscheffsche Ungleichung)
Sei X eine Zufallsvariable. Für jedes $\varepsilon > 0$ gilt

$$\mathrm{Pr}[|X - E[X]| \geq \varepsilon] \leq \frac{\mathrm{Var}[X]}{\varepsilon^2} \quad .$$

Beweis:

$$\mathrm{Var}[X] \;=\; \sum_{\omega \in \Omega} \big(X(\omega) - E[X] \big)^2 \cdot \mathrm{Pr}[\omega] \;\geq\; \sum_{\substack{\omega \in \Omega \\ (X(\omega) - E[X])^2 \geq \varepsilon^2}} \big(X(\omega) - E[X] \big)^2 \cdot \mathrm{Pr}[\omega]$$

$$\geq \sum_{\substack{\omega \in \Omega \\ |X(\omega) - E[X]| \geq \varepsilon}} \varepsilon^2 \cdot \mathrm{Pr}[\omega] \;=\; \varepsilon^2 \cdot \mathrm{Pr}[|X - E[X]| \geq \varepsilon]$$

$\square$

B.5 Korollar:
  (a) Für $k > 0$ gilt: $\mathrm{Pr}[|X - E[X]| \geq k \cdot \sigma[X]] \leq \dfrac{1}{k^2}$

  (b) Für $\varepsilon' > 0$ gilt: $\mathrm{Pr}[|X - E[X]| \geq \varepsilon' \cdot E[X]] \leq \dfrac{1}{\varepsilon'^2} \cdot \dfrac{\mathrm{Var}[X]}{E[X]^2}$

Beweis:
(a) erhält man durch Einsetzen von $\varepsilon = k \cdot \sigma[X]$, (b) durch Einsetzen von $\varepsilon = \varepsilon' \cdot E[X]$. $\square$

Aus der Tschebyscheffschen Ungleichung folgt also $\Pr[|X - E[X]| < 2\sigma] \geq \frac{3}{4}$. D. h. mit ca. 75%iger Sicherheit liegen Zufallsexperimente höchstens um $\pm 2\sigma$ um den Erwartungswert herum.

Die im nächsten Satz erwähnten Chernoff-Schranken führen häufig zu stärkeren Abschätzungen als die Tschebyscheffsche Ungleichung. Eine Sammlung nützlicher Varianten dieser Formel ist der Aufsatz von Hagerup/Rüb [HR90].

B.6 Satz: (Chernoff-Schranken)
Seien $X_1, \ldots, X_n$ unabhängige 0-1-Zufallsvariablen (Poisson-Experimente). Dann gilt für $X = \sum_{i=1}^{n} X_i$ und $E[X] = \sum_{i=1}^{n} \Pr[X_i = 1]$ und jedes ε, $0 < \varepsilon \leq 1$:

(a) $\Pr[X < (1 - \varepsilon) \cdot E[X]] < e^{-E[X]\varepsilon^2/2}$

(b) $\Pr[X > (1 + \varepsilon) \cdot E[X]] < e^{-E[X]\varepsilon^2/4}$

(c) (a) und (b) kombiniert ergeben:

$$
\begin{aligned}
&\Pr[|X - E[X]| \leq \varepsilon \cdot E[X]] \\
&= \Pr[(1 - \varepsilon) \cdot E[X] \leq X \leq (1 + \varepsilon) \cdot E[X]] \\
&= 1 - \Pr\left[X < (1 - \varepsilon) \cdot E[X] \text{ oder } X > (1 + \varepsilon) \cdot E[X]\right] \\
&\geq 1 - 2e^{-E[X]\varepsilon^2/4}
\end{aligned}
$$

Beweis:
Wir beweisen lediglich (a); (b) kann analog beweisen werden.

Für jedes $t > 0$ gilt:

$$\Pr[X < (1 - \varepsilon) \cdot E[X]] = \Pr[-X > -(1 - \varepsilon) \cdot E[X]] = \Pr[e^{-tX} > e^{-t(1-\varepsilon)E[X]}]$$

Mit der Markov-Ungleichung (Satz B.1) und der Unabhängigkeit der X_i ergibt sich

$$
\begin{aligned}
\Pr[e^{-tX} > e^{-t(1-\varepsilon)E[X]}] &\leq \frac{E[e^{-tX}]}{e^{-t(1-\varepsilon)E[X]}} \\
&= e^{t(1-\varepsilon)E[X]} \cdot E\left[\prod_{i=1}^{n} e^{-tX_i}\right] = e^{t(1-\varepsilon)E[X]} \cdot \prod_{i=1}^{n} E[e^{-tX_i}] \\
&= e^{t(1-\varepsilon)E[X]} \cdot \prod_{i=1}^{n} \left(\Pr[X_i = 1]e^{-t} + (1 - \Pr[X_i = 1])\right) \\
&= e^{t(1-\varepsilon)E[X]} \cdot \prod_{i=1}^{n} \left(1 + \Pr[X_i = 1](e^{-t} - 1)\right)
\end{aligned}
$$

Nun wählen wir $t = -\ln(1-\varepsilon)$ und benutzen, daß $1 - x < e^{-x}$ („gewöhnliche" Reihenentwicklung für e^x) ist, so daß wir bekommen:

$$
\begin{aligned}
\Pr[X < (1-\varepsilon) \cdot E[X]] \;\; &\leq \;\; (1-\varepsilon)^{-(1-\varepsilon)E[X]} \cdot \prod_{i=1}^{n}(1 - \varepsilon \Pr[X_i = 1]) \\
&< \;\; (1-\varepsilon)^{-(1-\varepsilon)E[X]} \cdot \prod_{i=1}^{n} e^{-\varepsilon \Pr[X_i=1]} \\
&= \;\; (1-\varepsilon)^{-(1-\varepsilon)E[X]} \cdot e^{\sum_{i=1}^{n} -\varepsilon \Pr[X_i=1]} = \left((1-\varepsilon)^{-(1-\varepsilon)} \cdot e^{-\varepsilon}\right)^{E[X]}
\end{aligned}
$$

Schließlich benutzen wir, daß $(1-\varepsilon)^{-(1-\varepsilon)} < e^{\varepsilon - \varepsilon^2/2}$ für $0 < \varepsilon \leq 1$ ist (Anfang der McLaurin-Reihe für $\ln(1-\varepsilon) = -(\varepsilon + \frac{1}{2}\varepsilon^2 + \cdots)$), und erhalten damit direkt die Aussage (a). $\square$

Literaturverzeichnis

[ACG⁺99] G. Ausiello, P. Crescenzi, G. Gambosi, V. Kann, A. Marchetti-Spaccamela, and M. Protasi. *Complexity and Approximation – Combinatorial Optimization Problems and Their Approximability Properties*. Springer, Berlin, 1999.

[AL96]   S. Arora and C. Lund. Hardness of approximations. In D. S. Hochbaum, editor, *Approximation Algorithms for NP-Hard Problems*, pages 399–446. PWS, 1996.

[ALM⁺98] S. Arora, C. Lund, R. Motwani, M. Sudan, and M. Szegedy. Proof verification and the hardness of approximation problems. *Journal of the ACM*, 45:501–555, 1998.

[Aro98]   S. Arora. Polynomial time approximation schemes for Euclidean traveling salesman and other geometric problems. *Journal of the ACM*, 45:753–782, 1998.

[AS92]   N. Alon and J. H. Spencer. *The Probabilistic Method*. Wiley, 1992.

[AW02]   T. Asano and D. P. Williamson. Improved approximation algorithms for MAX-SAT. *Journal of Algorithms*, 42:173–202, 2002.

[Aza94]   Y. Azar. Lower bounds for insertion methods for TSP. *Combinatorics, Probability and Computing*, 3:285–292, 1994.

[Bol98]   B. Bollobás. *Modern Graph Theory*. Springer, New York, 1998.

[Bub00]   R. H. Bubley. *Randomized Algorithms: Approximation, Generation and Counting*. Springer Verlag, 2000.

[CFZ99]   J. Chen, D. K. Friesen, and H. Zheng. Tight bound on Johnson's algorithm for maximum satisfiability. *Journal of Computer and System Sciences*, 58:622–640, 1999.

[Chr76]   N. Christofides. Worst-case analysis of a new heuristic for the travelling salesman problem. Technical Report 388, Graduate School of Industrial Administration, Carnegie-Mellon University, Pittsburgh, 1976.

[CLR90]   T. H. Cormen, C. E. Leiserson, and R. L. Rivest. *Introduction to Algorithms*. MIT Press, Cambridge, 1990.

[CN78]   G. Cornuejols and G. L. Nemhauser. Tight bounds for Christofides' traveling salesman heuristic. *Mathematical Programming*, 14:116–121, 1978.

[Coo71]   S. Cook. The complexity of theorem proving procedures. In *Proc. 3rd ACM Symposium on Theory of Computing (STOC)*, pages 151–158, 1971.

[DFJ98]   M. Dyer, A. Frieze, and M. Jerrum. Approximately counting Hamilton paths and cycles in dense graphs. *SIAM Journal on Computing*, 27:1262–1272, 1998.

[DFJ99]   M. Dyer, A. Frieze, and M. Jerrum. On counting independent sets in sparse graphs. In *Proc. 40th IEEE Symposium on Foundations of Computer Science (FOCS)*, pages 210–217, 1999.

[DG98]   M. Dyer and C. Greenhill. A more rapidly mixing Markov chain for graph colorings. *Random Structures & Algorithms*, 13:285–317, 1998.

[DSST97]   J. Díaz, M. J. Serna, P. Spirakis, and J. Torán. *Paradigms for fast parallel approximability*. Cambridge University Press, 1997.

[Dye03]   M. Dyer. Approximate counting by dynamic programming. In *Proceedings of the 35th ACM Symposium on Theory of Computing (STOC)*, pages 693–699, 2003.

[Fei99]   U. Feige. Randomized rounding for semidefinite programs – Variations on the MAX CUT example. In *Proc. Int. W'shops on Approximation Algorithms for Combinatorial Optimization Problems and on Randomization and Computation (RANDOM-APPROX)*, pages 189–196, 1999.

[Fel70]   W. Feller. *An Introduction to Probability Theory and Applications*. Wiley, New York, 1970.

[FNW79]   M. L. Fisher, G. L. Nemhauser, and L. A. Wolsey. An analysis of approximations for finding a maximum weight hamiltonian circuit. *Operations Research*, 27:799–809, 1979.

[FS02]   U. Feige and G. Schechtman. On the optimality of the random hyperplane rounding technique for MAX CUT. *Random Structures & Algorithms*, 20:403–440, 2002.

[FV07]   A. Frieze and E. Vigoda. A survey on the use of Markov chains to randomly sample colorings. In G. Grimmett and C. McDiarmid, editors, *Combinatorics,*

Literaturverzeichnis 199

Complexity and Chance – Festschrift for Dominic Welsh. Oxford University Press, 2007.

[GJ79] M. R. Garey and D. S. Johnson. *Computers and Intractability – A Guide to the Theory of NP-Completeness*. Freeman, New York, 1979.

[GKP95] R. L. Graham, D. E. Knuth, and O. Patashnik. *Concrete Mathematics*. Addison-Wesley, Reading, MA, 2nd edition, 1995.

[GP99] M. Grötschel and M. Padberg. Die optimierte Odyssee. *Spektrum der Wissenschaft*, pages 76–85, April-Heft 1999.

[GV96] G. H. Golub and C. F. Van Loan. *Matrix Computations*. The Johns Hopkins University Press, 3rd edition, 1996.

[GW94] M. X. Goemans and D. P. Williamson. New $\frac{3}{4}$-approximation algorithms for MAX SAT. *SIAM Journal on Discrete Mathematics*, 7:656–666, 1994.

[GW95] M. X. Goemans and D. P. Williamson. Improved approximation algorithms for maximum cut and satisfiability problems using semidefinite programming. *Journal of the ACM*, 42:1115–1145, 1995.

[GW96] M. X. Goemans and D. P. Williamson. The primal-dual method for approximation algorithms and its application to network design methods. In D. S. Hochbaum, editor, *Approximation Algorithms for NP-Hard Problems*, pages 144–191. PWS, 1996.

[Had75] F. Hadlock. Finding a maximum cut of a planar graph in polynomial time. *SIAM Journal on Computing*, 4:221–225, 1975.

[Hal93] M. M. Halldórsson. A still better performance guarantee for approximate graph coloring. *Information Processing Letters*, 45:19–23, 1993.

[Hal98] M. M. Halldórsson. Approximations of independent sets in graphs. In *Proc. Int. W'shop on Approximation Algorithms for Combinatorial Optimization (APPROX))*, pages 1–13, 1998.

[HF04] D. Harel and Y. Feldman. *Algorithmics – The Spirit of Computing*. Pearson, 3rd edition, 2004.

[HL72] O. J. Heilmann and E. H. Liebl. Theory of monomer-dimer systems. *Communications in Mathematical Physics*, 25:190–232, 1972.

[Hoc96a] D. Hochbaum. Approximating covering and packing problems: set cover, vertex cover, independent set, and related problems. In D. S. Hochbaum, editor, *Approximation Algorithms for NP-Hard Problems*, pages 94–143. PWS, 1996.

[Hoc96b] D. S. Hochbaum, editor. *Approximation Algorithms for NP-Hard Problems*. PWS, Boston, 1996.

[Hol81]   I. Holyer. The NP-completeness of edge-coloring. *SIAM Journal on Computing*, 10:718–720, 1981.

[HR90]   T. Hagerup and C. Rüb. A guided tour of Chernoff bounds. *Information Processing Letters*, 33:305–308, 1990.

[HR97]   M. M. Halldórsson and J. Radhakrishnan. Greed is good: Approximating independent sets in sparse and bounded-degree graphs. *Algorithmica*, 18:145–163, 1997.

[Hro01]   J. Hromkovič. *Algorithmics for Hard Problems*. Springer, Berlin, 2001.

[Hur92]   C. A. J. Hurkens. Nasty TSP instances for farthest insertion. In *Proc. 2nd Integer Programming and Combinatorial Optimization Conf. (IPCO)*, pages 346–352, 1992.

[IK75]   O. H. Ibarra and C. E. Kim. Fast approximation for the knapsack and sum of subset problems. *Journal of the ACM*, 22:463–468, 1975.

[Jer95]   M. Jerrum. A very simple algorithm for estimating the number of k-colorings of a low-degree graph. *Random Structures & Algorithms*, 7:157–165, 1995.

[Jer98]   M. Jerrum. Mathematical foundations of the Markov chain Monte Carlo method. In *Probabilistic Methods for Algorithmic Discrete Mathematics*, volume 16 of *Algorithms and Combinatorics*, pages 116–165. Springer, 1998.

[Jer03]   M. Jerrum. *Counting, Sampling and Integrating: Algorithms and Complexity*. Birkhäuser, 2003.

[Joh74]   D. S. Johnson. Approximation algorithms for combinatorial problems. *Journal of Computer and System Sciences*, 9:256–278, 1974.

[JS96]   M. Jerrum and A. Sinclair. The Markov chain Monte-Carlo method: An approach to approximate counting and integration. In D. S. Hochbaum, editor, *Approximation Algorithms for NP-Hard Problems*, pages 482–520. PWS, 1996.

[JSV01]   M. Jerrum, A. Sinclair, and E. Vigoda. A polynomial-time approximation algorithm for the permanent of a matrix with non-negative entries. In *Proc. 39th ACM Symposium on Theory of Computing (STOC)*, pages 712–721, 2001.

[JVV86]   M. Jerrum, L. Valiant, and V. Vazirani. Random generation of combinatorial structures from a uniform distribution. *Theoretical Computer Science*, 43:169–188, 1986.

[Kar91]   H. Karloff. *Linear Programming*. Birkhäuser, Boston, 1991.

[KLM89]   R. M. Karp, M. Luby, and N. Madras. Monte-Carlo approximation algorithms for enumeration problems. *Journal of Algorithms*, 10:429–448, 1989.

[KMR93]   D. Karger, R. Motwani, and G. D. S. Ramkumar. On approximating the longest path in a graph. In *Proc. 3rd Workshop on Algorithms and Data Structures (WADS)*, pages 421–432, 1993.

[Knu97]   D. E. Knuth. *The Art of Computer Programming, Volume 1: Fundamental Algorithms*. Addison-Wesley, Reading, Massachusetts, 3rd edition, 1997.

[Kuč91]   L. Kučera. The greedy coloring is a bad probabilistic algorithm. *Journal of Algorithms*, 12:674–684, 1991.

[Kun04]   R. Kunze. *Die Aura der Wörter – Denkschrift zur Rechtschreibreform*. Radius, 2004.

[LLRS85] E. L. Lawler, J. K. Lenstra, A. H. G. Rinooy Kan, and D. B. Shmoys. *The Traveling Salesman Problem*. John Wiley & Sons, 1985.

[LP86]   L. Lovász and M. D. Plummer. *Matching Theory*. North-Holland, 1986.

[LV99]   M. Luby and E. Vigoda. Fast convergence of the Glauber dynamics for sampling independent sets. *Random Structures & Algorithms*, 15:229–241, 1999.

[Met87]   N. Metropolis. The beginning of the Monte Carlo method. *Los Alamos Science*, 15:125–130, 1987.

[Moo65]   G. E. Moore. Cramming more components onto integrated circuits. *Electronics*, 38:114–117, 1965. Reprinted in *Proc. of the IEEE*, Vol. 86(1):82–85, 1998.

[Mor98]   B. M. Moret. *The Theory of Computation*. Addison-Wesley, Reading, MA, 1998.

[MPS98]   E. W. Mayr, H. J. Prömel, and A. Steger, editors. *Lectures on Proof Verification and Approximation Algorithms*. Springer, Berlin, 1998.

[MR95]   R. Motwani and P. Raghavan. *Randomized Algorithms*. Cambridge University Press, Cambridge, 1995.

[MR99]   S. Mahajan and H. Ramesh. Derandomizing semidefinite programming based approximation algorithms. *SIAM Journal on Computing*, 28:1641–1663, 1999.

[MS79]   B. Monien and E. Speckenmeyer. 3-Satisfiability is testable in $O(1.62^r)$ steps. Technischer Bericht Nr. 3, Universität-GH Paderborn, 1979.

[MS99]   B. Morris and A. Sinclair. Random walks on truncated cubes and sampling 0-1 knapsack solutions. In *Proc. 40th IEEE Symposium on Foundations of Computer Science (FOCS)*, pages 230–240, 1999.

[Pap94]   C. Papadimitriou. *Computational Complexity*. Addison-Wesley, Reading, Massachusetts, 1994.

[PS82]   C. H. Papadimitriou and K. Steiglitz. *Combinatorial Optimization: Algorithms and Complexity*. Prentice-Hall, 1982.

[QW06]   J. Qian and C. A. Wang. How much precision is needed to compare two sums of square roots? *Information Processing Letters*, 100:194–198, 2006.

[Rei94]   G. Reinelt. *The Traveling Salesman: Computational Solutions for TSP Applications*. Springer, New York, 1994.

[RSL77]   D. J. Rosenkrantz, R. E. Stearns, and P. M. Lewis II. An analysis of several heuristics for the traveling salesman problem. *SIAM Journal on Computing*, 6:563–581, 1977.

[RSST96] N. Robertson, D. P. Sanders, P. Seymour, and R. Thomas. Efficiently four-coloring planar graphs. In *Proc. 28th ACM Symposium on Theory of Computing (STOC)*, pages 571–575, 1996.

[RT87]   P. Raghavan and C. D. Thompson. Randomized rounding: A technique for provably good algorithms and algorithmic proofs. *Combinatorica*, 7:365–374, 1987.

[Sin93]   A. Sinclair. *Algorithms for Random Generation & Counting: A Markov Chain Approach*. Birkhäuser, Boston, 1993.

[Sip92]   M. Sipser. The history and status of the P versus NP question. In *Proceedings of the 24th ACM Symposium on Theory of Computing (STOC)*, pages 603–618, 1992.

[SS01]   T. Schickinger and A. Steger. *Diskrete Strukturen, Band 2: Wahrscheinlichkeitstheorie und Statistik*. Springer, Berlin, 2001.

[Ste01]   A. Steger. *Diskrete Strukturen, Band 1: Kombinatorik – Graphentheorie – Algebra*. Springer, Berlin, 2001.

[Tut84]   W. T. Tutte. *Graph Theory*. Addison Wesley, 1984.

[Vai89]   P. M. Vaidya. Geometry helps in matching. *SIAM Journal on Computing*, 18:1201–1225, 1989.

[Vaz01]   V. V. Vazirani. *Approximation Algorithms*. Springer, Berlin, 2001.

[Wel93]   D. Welsh. *Complexity: Knots, Colourings and Counting*. Cambridge University Press, 1993.

[WSV00]   H. Wolkowicz, R. Saigal, and L. Vandenberghe, editors. *Handbook on Semidefinite Programming*. Kluwer, 2000.

Index

Teubner Lehrbücher: einfach clever

Juraj Hromkovic

Theoretische Informatik

Berechenbarkeit,
Komplexitätstheorie,
Algorithmik,
Kryptographie.
Eine Einführung

2., überarb. u. erw. Aufl. 2004. 339 S. Br.
EUR 29,90
ISBN 3-519-10332-X

Alphabete, Wörter, Sprachen und Aufgaben
- Endliche Automaten - Turingmaschinen -
Berechenbarkeit - Komplexitätstheorie -
Algorithmik für schwere Probleme - Rando-
misierung - Kommunikation und Krypto-
graphie

Das Buch versteht sich als einfache Einführung in die grundlegenden algorithmischen
Konzepte der Informatik. Die Konzepte werden in ihrer historischen Entwicklung und
in größeren Zusammenhängen dargestellt,
um so die eigentliche Faszination der Informatik, die viel kontraintuitive Überraschun-
gen bereithält, zu wecken.

Stand Juli 2006.
Änderungen vorbehalten.
Erhältlich im Buchhandel
oder beim Verlag.

B. G. Teubner Verlag
Abraham-Lincoln-Straße 46
65189 Wiesbaden
Fax 0611.7878-400
Teubner www.teubner.de

SUCHEN IST WOANDERS.

Wählen Sie aus dem umfassenden und aktuellen Fachprogramm und sparen Sie dabei wertvolle Zeit.

Sie suchen eine Lösung für ein fachliches Problem? Warum im Labyrinth der 1000 Möglichkeiten herumirren? Profitieren Sie von der geballten Kompetenz des B.G. Teubner Verlages und sparen Sie Zeit! Leseproben und Autoreninformationen erleichtern Ihnen die richtige Entscheidung. Bestellen Sie direkt und ohne Umwege bei uns. Willkommen bei **teubner.de**

www.teubner.de   Teubner Lehrbücher: einfach clever!

Teubner